国家自然科学基金项目
“团队异质性如何促进新创企业绩效——基于创业拼凑的过程机制研究”(项目批准号：71862001)资助

杨 齐 魏 华◎著

团队异质性与新创企业绩效
——创业拼凑视角的研究

Team Heterogeneity and Startup Performance
Research Based on the Entrepreneurial Bricolage Perspective

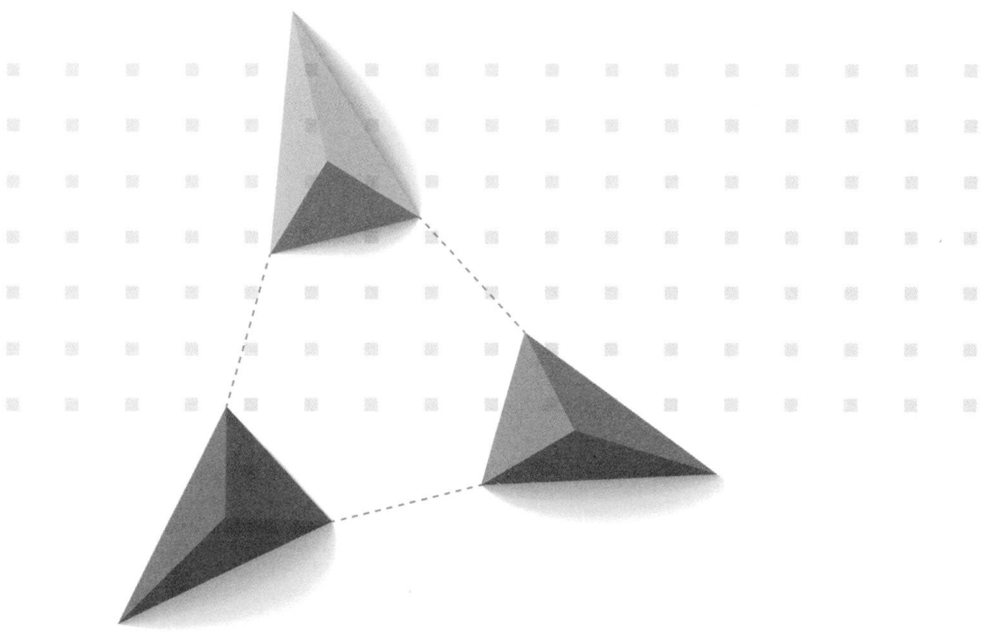

中国财经出版传媒集团

经济科学出版社
Economic Science Press
·北京·

图书在版编目（CIP）数据

团队异质性与新创企业绩效：创业拼凑视角的研究 / 杨齐，魏华著．-- 北京：经济科学出版社，2024.1
ISBN 978-7-5218-5578-4

Ⅰ.①团… Ⅱ.①杨… ②魏… Ⅲ.①团队管理-关系-企业绩效-研究 Ⅳ.①F272

中国国家版本馆 CIP 数据核字（2024）第 038753 号

责任编辑：杜　鹏　胡真子
责任校对：李　建
责任印制：邱　天

团队异质性与新创企业绩效
——创业拼凑视角的研究
TUANDUI YIZHIXING YU XINCHUANG QIYE JIXIAO
——CHUANGYE PINCOU SHIJIAO DE YANJIU
杨　齐　魏　华◎著
经济科学出版社出版、发行　新华书店经销
社址：北京市海淀区阜成路甲 28 号　邮编：100142
编辑部电话：010-88191441　发行部电话：010-88191522
网址：www.esp.com.cn
电子邮箱：esp_bj@163.com
天猫网店：经济科学出版社旗舰店
网址：http://jjkxcbs.tmall.com
固安华明印业有限公司印装
710×1000　16 开　18.25 印张　340000 字
2024 年 1 月第 1 版　2024 年 1 月第 1 次印刷
ISBN 978-7-5218-5578-4　定价：128.00 元
（图书出现印装问题，本社负责调换。电话：010-88191545）

推荐序

关注团队创业实践　促进创业前沿研究

在当今快速变革的经济环境中，创业已成为推动创新和经济增长的引擎之一，是实现国民经济增长质量、增长模式全面升级的重要途径之一。由于创业活动的高风险和复杂性，绝大多数创业项目采用了团队创业的形式。创业团队成员往往在年龄、性别、受教育水平、专业、产业经验、价值观等方面存在差异，即异质性。创业团队异质性与新创企业绩效关系研究虽然取得了丰富的成果，但还存在团队异质性特征影响新创企业绩效作用机制不清、路径不明以及研究结论不一致的问题。

该书拓展了创业团队异质性对新创企业绩效作用机制的研究框架，将影响新创企业生存和成长的两大关键要素——团队结构特征和创业拼凑纳入一个统一的研究模型，实现了高阶理论和创业拼凑理论的对话。该书在理论上澄清了什么样的创业团队如何通过拼凑取得更好的绩效，这一发现超越了现有基于团队结构与创业拼凑分离的分析框架，对创业团队理论和创业拼凑理论均有重要的拓展。同时，该书作者基于资源拼凑将创业拼凑划分为物质拼凑、知识拼凑、网络拼凑，并开发了相应的测量工具，为后续研究提供了可用的基于中国情境的测量工具。值得一提的是，该书作者不仅开发了基于中国情境的创业拼凑测量工具，还尝试采用了三种不同方法开展研究，通过相互印证提高了研究的科学性与有效性。

该书作者系统整合了拼凑理论、创业理论、高阶理论等多种理论观点，构建了一个包含创业团队异质性、创业拼凑、新创企业绩效和创新氛围等要素的研究框架。通过多种研究方法的运用，作者深入剖析了团队异质性与企业绩效之间的关系，推动创业研究从向外看到向内看转变，为解决当前创业团队异质性与新创企业绩效关系研究中结论不一致的问题提供了新的理论视角。

该书既是杨齐、魏华两位学者从事教学和研究工作多年的智慧结晶，也是杨齐教授承担的国家自然科学基金项目的标志性成果。期待这本书的出版能够推动创业研究向前沿迈进，激发更多学者开展基于中国实践的创业研究，更好服务于国家、政府的创新创业战略。

武汉大学经济与管理学院教授、博士生导师

刘明霞

2023 年 11 月 12 日

目　录

第一章

绪　论

当下的中国，经济领域中最活跃的活动就是创业。国家市场监督管理总局发布的数据表明，截至2022年底，全国登记在册的市场主体有1.69亿户，较2021年底增长10.03%。其中，企业5 282.6万户，个体工商户1.1亿户，农民专业合作社223.6万户；全国新设市场主体2 907.6万户，同比增长0.71%。①。但是创业是一项具有很高风险的活动，失败率远远高于成功率。虽然对创业失败率没有权威的统计结果，但是相关研究学者、创业教育者普遍认为，在中国创业失败率高达90%甚至以上。而创业失败不仅会给创业者带来沉重的精神打击，而且会带来不菲的经济损失。因此创业者不得不考虑创业风险以及创业失败后带来的各种困境和压力。于是为了分散创业风险、减轻创业失败带来的损失，创业者倾向于“组团”创业。团队创业不仅可以分散创业风险，而且团队成员也会带来更多的创业所需资源，因此以团队形式创业也成了创业者的首选。这一点也得到了创业实践的印证，即绝大多数创业活动的确采取了团队创业的形式。当以团队形式开始创业时，一个显而易见的客观事实就是团队成员间彼此存在各方面的差异，比如年龄、性别、受教育情况、工作经历、创业经历、行业经验等必然存在差异。这些差异被称为创业团队异质性。创业团队异质性是创业团队的重要特征之一，也是创业研究学者们关注的重要议题。其中，创业团队异质性与新创企业绩效的关系更是得到了学术界的普遍关注，也产出了较为丰富的研究成果。但是创业团队异质性对新创企业的绩效究竟有何种影响却众说纷纭，难以得出统一的结论。有研究认为两者间存

① 孔德晨．截至2022年底，全国登记在册市场主体1.69亿户，较2021年底增长10.03%——为企业发展营造更优市场环境［EB/OL］. http：//news. youth. cn/qdc/pic_list/202304/t20230403_14430384. htm.

在正向影响，也有研究认为没有影响，甚至有学者研究后认为两者间有负向影响。不统一甚至是相互矛盾的研究结论对创业实践以及创业绩效形成机理的深入研究产生了明显的不良影响，不仅阻碍了对新创企业绩效形成机理的科学认知，也导致了研究成果对创业实践活动难以进行有效指导。因此，对创业团队异质性与新创企业绩效关系进行再研究和审视有着理论和现实的急迫需求。

基于此，笔者通过对当前两者关系研究中存在的不足进行适当的回顾与剖析，并借助相关理论对创业团队异质性与新创企业绩效关系进行深入的理论分析；在此基础上构建出两者间关系理论模型，对两者间关系形成机制和作用路径进行理论解释；在理论模型构建完成后，为检验理论模型的科学性，还开展了实证研究对理论模型进行验证，检验该模型是否得到了现实支持。具体而言采用了以下三种实证研究方法对模型进行了实证检验：一是通过问卷调查方式收集需要的数据，利用多元统计回归方法对两者间关系进行验证，检验作用机制与路径；二是通过基于模糊集定性比较分析方法，从组态视角对两者间关系进行分析；三是通过案例研究对创业团队异质性影响新创企业绩效的过程进行深入分析，进一步挖掘两者间关系的发生机理。本书通过综合运用理论研究与定量、定性相结合的实证研究方法，较为深入地探索了创业团队异质性作用于新创企业绩效的过程及其机理，为解释两者间关系提供了新的视角和新的经验证据，有力地推动了对两者间关系的认知。研究结论不仅有助于平息当前学术界对两者间关系的争议、推动创业团队与创业绩效关系研究的深入，而且也为指导创业团队的实践提供了有效的理论支持。

第一节　研究背景、目的与意义

一、研究背景

创业是推动一个地区乃至一个国家经济社会向更高质量发展的关键活动之一。从我国改革开放以来的经验来看，创业活动在推动我国经济社会发展和改革开放进程中发挥了至关重要的作用（张维迎，2006）。2014 年 9 月，李克强总理在夏季达沃斯论坛上提出“大众创业、万众创新”，随后政府工作报告中多次提出创新创业，而且就如何推动创新创业作出了部署安排。① 此后，各省份都纷纷响应中央政府的号召出台多项举措、政策积极推动当地创新创业活动的开展。一时间，创新创业成为中国的热词，也成了学术研究的热点。随着我国各项支持创新创业政策的出台，创业已经成为当前我国经济中最具活力、最具影响力的活动，为促进中国经济高质量发展、解决就业提供了坚实支持。单单从每年新注册的企业数量就可以看到国人创业的热情。据不完全统计，2015年前三季度中国新登记企业315.9万户，也就是说在2015年前三季度，中国平均每月约有30万个新企业诞生，每天新注册企业超过1万家。② 而到了2020年，一年全国新登记注册市场主体数量为2 502万户，比2019年净增124.6万户，增长5.2%；日均新登记企业2.2万户，年末市场主体总数达1.4亿户③，连续数年保持了高速增长。创新创业的开展和活跃对社会、经济产生了重要影响，不仅推动了地区经济高质量发展、促进了就业，同时也在不断改变社会，推动社会方方面面都在不断发生变化，深深地改变了人们的价值观念。许多人的生活甚至命运都因为创业而得到了改变。可以说“大众创业、万众创新”已经成为当前转变我国经济发展方式，实现国民经济增长质量、增长模式全面升级的重要途径。

然而，创业是一项高风险的活动，在新增注册企业数量不断创出新高的同时，每年宣告注销、清算的企业数量也居高不下。中国社科院联合企查查发布的《2020中国企业发展数据年报》中的数据显示，2020年全国共注销、吊销企业1 004.28万家，同比增长18.6%，是近几年数量最多的一年。从注吊销月度数据来看，2020年1~4月均呈现同比下降趋势，5~12月均呈现同比增长趋势。其中，6月注吊销量达到全年最高的172.92万家，同比增长26.4%。最大增幅则出现在11月，当月注吊销量为81.05万家，同比增长73.4%。④

---

① 2015年李克强总理在政府工作报告又提出：“大众创业、万众创新”。政府工作报告中如此表述：推动大众创业、万众创新。2018年9月18日，国务院下发《关于推动创新创业高质量发展打造“双创”升级版的意见》。

② 日均新注册企业逾万家 中国初创企业数量全球领跑［EB/OL］. http：//www. gov. cn/zhengce/2015 - 12/15/content_5024394. htm? gs_ws = tsina_635857979203970855.

③ 中华人民共和国2020年国民经济和社会发展统计公报［EB/OL］. https：//www. gov. cn/xinwen/2021 - 02/28/content_5589283. htm.

④ 资料来源：企查查大数据研究院联合中国社科院城市与竞争力研究中心发布的《2020中国企业发展数据年报》。此处数据为注销、吊销企业数据，不是破产倒闭企业数据。

依据国家市场监督管理总局发布的数据，2021 年第一、第二、第三产业退出企业分别为 9.0 万户、58.7 万户、353.3 万户。① 从大量企业的吊注销、退出可以看出创业具有高度的失败率。同时，基于学术界与实务界对新创企业生存时间平均少于 18 个月的共识可知，创业失败已是常态化事件。特别是在互联网、大数据、区块链等新技术、新模式、新业态不断出现的当今，创业的难度与复杂度也与日俱增，创业所需要的各种资源（比如资金、人脉、技术等）也越来越多，且愈发难以获得，进行创业活动所需要承担的风险越来越高。因此，为了能够获得需要的资源、分散风险以提升应对创业困境的能力，绝大多数创业活动都采取了团队创业的形式，希望能够利用团队的资源和力量来分散风险并提高创业成功率。

创业团队往往由具有不同学习、生活、工作背景的人员组成，各个成员间往往在年龄、性别、受教育水平、专业背景、产业经验、创业经验等方面存在差异，这种差异性被称为创业团队异质性，是反映团队结构特征的一项重要指标（曾楚宏、叶冬秀和朱仁宏，2015；朱仁宏、曾楚宏和代吉林，2012）。在当前的研究中学术界普遍认为创业团队异质性对新创企业绩效有着重要影响。并基于组织行为理论的“投入—过程—产出”（input - process - outcome）模型、“投入—转化—产出”（inputs - mediators - outcomes）模型，以及基于产业经济学的“结构—行为—绩效”（structure - conduct - performance）模型，学者们构建了创业团队异质性影响新创企业绩效的研究框架，认为创业团队的异质性结构特征会影响到创业团队的决策方式、战略选择、活动开展、资源获取等，从而对新创企业绩效产生重要影响。在上述研究框架和研究思想的指导下，学术界对创业团队异质性与新创企业绩效间关系进行了大量的研究。其中，大多数研究以一手数据（主要是问卷调查）、二手数据为主展开，运用了较为严格规范的计量经济学方法，通过控制各个相关变量，研究了团队异质性与新创企业绩效间的净效应；少量研究以描述性案例展开，力图揭示异质性团队影响新创企业绩效的机理。在研究初期，学术界持有的一个普遍观点是，团队创业的价值高于个人创业的价值，团队创业的绩效应当好于个人创业绩效，即团队创业对创业绩效有积极影响。这一观点也得到了早期研究成果的支持。

① “四新经济”新设企业同比增长 15.8%！产业结构持续优化 发展新动能不断增强——从市场主体变化看中国经济发展潜力之五［EB/OL］. https：//www.samr.gov.cn/djzcj/gzdt/art/2023/art_8e2c992bc7044457ad023b69f5d62610.html.

早期研究表明从创业绩效来看，团队创业无论是成功率还是所设立的新创企业的绩效确实都比个人创业要好（Lechler，2001；Harper，2008）。随着研究逐步深入，学者们开始关注不同结构特征的团队在创业绩效方面是否有着差异，而团队异质性作为重要的团队结构自然受到了研究者的关注，但是关于创业团队异质性与新创企业绩效间关系的研究结论却出现了不可调和的矛盾。有学者研究后认为两者间是正相关关系，即创业团队的异质性越高新创企业的绩效越好，还有学者研究后却得出两者间是负相关关系，即创业团队的异质性越高新创企业的绩效越差，甚至还有学者研究后认为两者间没有关系（即不相关的结论），在同一个问题上研究结论表现出严重的分歧。研究结果的不一致，不仅在学术界引发了团队异质性与新创企业绩效关系认知的混乱，严重制约了创业团队理论的建构与发展，而且在实践上无法对新创企业在选择创业团队成员、团队组建甚至团队管理等方面作出有效指导，导致了创业研究与创业实践的脱离。更进一步而言，这些矛盾的结论不仅加大了学术研究之间的争论，而且让更多人感到管理研究愈发成为一种无关管理实践，只是学术研究者的游戏而已。这种情况在诱发更多关于学术研究与管理实践相脱离的批评的同时，也极大地影响了管理学研究的价值与学术生存能力。因此厘清两者间的真正因果关系，平息两者间研究结论的矛盾与争议，不仅对创业团队相关研究具有重要意义，而且对推动理论指导实践能力的提升，进而提升管理学科的价值与生存能力都有着重要意义。

对于矛盾的研究结论，学术界进行了深入的思考。有研究者认为创业团队异质性只是团队结构特征的外在表象，对异质性与创业绩效关系的研究还需要深入探究创业团队异质性作用于创业绩效的过程（Dufays & Huybrechts，2016），只关注团队异质性与绩效的统计关系却缺乏对中间转化过程的研究，是导致结论不一致的原因。即强调在“结构—行为—绩效”范式下，需要更深入研究“行为”是如何发生以及如何影响绩效的。简而言之，就是团队的异质性并不能直接转化为创业绩效，需要对异质性结构如何影响“团队行为”，进而“团队行为”如何影响绩效进行深入研究。这或许是揭示两者间关系为何会出现不一致研究结论的关键。而这需要借助从微观视角挖掘创业团队成员之间互动质量以及认知体验等因素的中介作用（Stewart & Barrick，2000）。因此，对创业团队异质性与新创企业绩效关系的研究，学术界更应注重“向内看”，由关注创业企业外部结果转向对内部过程进行研究，探索创业企业内部过程在获得竞争优势中的作用。① 这就需要深入剖析创业团队独特行为与创业团队结构特征、新创企业绩效的因果关系。另外，关于创业拼凑的研究表明，创业拼凑是新创企业突破资源约束、创造性解决问题，实现新创企业生存和发展的重要手段，也是创业团队的重要活动（Baker & Nelson，2005）。新创企业往往受到资源匮乏的影响，与成熟的在位企业相比在合法性、可利用资源方面都存在明显不足。对于创业团队而言，在面临激烈的市场竞争时能够利用的资源有限，因此，如何利用手头资源解决发展中的问题并创造性获取绩效是实现企业生存的关键核心活动。而如何提升新创企业对各种资源的创造性组合及使用能力，通过巧妙的拼凑达到对在手不起眼资源的利用则是新创企业成长的关键。

新创企业的拼凑行为不仅与资源使用者如何认知、看待在手资源有关，也与资源使用者是否有创新的思维有关。团队异质性反映了创业团队多样性的知识、经验和认知风格（Hambrick et al.，1996），因此异质性团队必然会对创业拼凑行为产生影响。关于创业拼凑的研究表明，“拼凑”是新创企业具有特色的资源利用行为，因此这一独特行为很可能是实现团队异质性向创业绩效转化的关键内部过程，因此以创业拼凑为中介机制，借助创业团队异质性影响创业拼凑行为，继而通过创业拼凑影响新创企业绩效的逻辑链条来研究创业团队异质性与新创企业绩效关系，可能是打开创业团队异质性与新创企业绩效关系作用机理这一“黑箱”的关键，也是解释当前研究结论不一致现象的新思路。

此外，也有学者提出在对创业团队异质性与创业绩效关系的现有研究中，对一些情境因素的作用缺乏研究（Zhou et al.，2014；胡望斌、张玉利和杨俊，2014）是导致现有创业团队异质性与创业绩效关系研究结论不一致的又一重要诱因。社会科学的研究表明，管理行为与结果之间并不存在绝对意义的完全因果关系，这种因果关系受到当时情境的影响。具体到本书，异质性创业团队的活动是处在一个具体的环境中，其行为与结果间的关系也必然受到创业团队所处环境的影响。比如我们之前的一项研究表明高可靠、可信的组织氛围可以促进团队成员的建言行为（Yang & Liu，2014）。在创业团队中，团队氛围是重要的情境因素，创业团队的行为发生及其结果在很大程度上受到团队氛围的影响。创业拼凑是对资源的重新组织利用、变“废”为“宝”的一个过程，本

① 张玉利于 2017 年在中山大学创业与家族企业成长国际研讨会上的交流发言。

质上是一种创新活动，因而团队创新氛围很可能会对创业团队异质性、创业拼凑、新创企业绩效间关系产生调节作用。因此，考虑团队创新氛围的情境作用很可能有助于解释现有研究中创业团队异质性与新创企业绩效关系不一致的矛盾。

综上所述，创业团队异质性与新创企业绩效关系的研究取得了丰富的成果，但还存在以下问题：首先，创业团队异质性对新创企业绩效有何种影响？两者间的关系到底是怎样的？目前还存在诸多争议，急需再进行深入研究。其次，创业团队异质性影响新创企业绩效的作用机制是什么？目前的研究中对两者间关系发生机制和作用机理的研究较为匮乏，严重限制了对两者间关系的认知。最后，对创业团队异质性与新创企业绩效关系间情境因素的研究还有不足，这也是造成对两者间关系认识不一致的重要原因。

基于此，本书开展了以下三个方面的研究。

首先，基于多元统计方法开展研究。本书通过整合拼凑理论、创业理论、高阶理论、信息加工理论、社会分类理论、团队氛围理论，系统构建了包含创业团队异质性、创业拼凑、新创企业绩效、创新氛围的研究框架开展研究。该研究围绕以下核心问题展开。第一，如前所述，创业拼凑行为可能是团队异质性影响新创企业绩效的关键中间过程。那么创业拼凑是不是团队异质性与新创企业绩效间的重要中介变量？其发挥作用的机理如何？第二，创业团队的异质性特征对创业拼凑有什么影响？虽然有研究指出组织成员的背景差异化程度越高代表组织的协作能力越强，会促进创业拼凑（Banerjee & Campbell，2009），但缺乏实证研究的支持和对其机理的研究。第三，创业拼凑对新创企业绩效有何影响？其机制是什么？关于创业拼凑与新创企业绩效的研究比较丰富，但是研究中却依然存在研究结论不一致的问题，还需再进行研究。第四，在团队异质性与创业拼凑间关系中，团队的创新氛围是否发挥了调节作用？其作用机理如何？第五，如何科学合理地测量创业拼凑行为？由于创业拼凑研究尚处于起步阶段，在研究中学者们对创业拼凑中采用了不同的测量方法。测量方法的不同导致了研究结果不具有令人信服的可比性，因此如何科学合理地测量创业拼凑是急需解决的问题之一。

其次，团队异质性由多个维度构成。基于多元统计的研究方法主要是关注了某一个异质性特征与创业绩效的关系，虽然在研究中控制了相关因素，但是却不能很好地反映多个异质性特征间的交互效应。但显而易见的是，在一个团队中，多个异质性特征间的相互影响、交互作用必然存在并无法忽视。因此，还采取了基于模糊集的质性比较分析方法，基于组态视角对团队异质性特征的整合效应对创业绩效的影响进行了研究。这为理解团队异质性特征与创业绩效关系提供了新的视角。

最后，如前所述，要科学认识团队异质性特征与创业绩效间关系，平息现有研究结论不一致的争议，其关键在于打开团队异质性特征通过拼凑作用于创业绩效的过程。而案例研究方法在研究“how”“why”问题方面具有独特的优势，是基于计量的多元统计方法所不能比拟的。因此，本书还采取了案例研究方法来探析创业拼凑影响创业绩效机理及过程。通过案例研究更为细致和深入地揭示出创业拼凑影响创业绩效的过程及其机理，为深入理解拼凑行为对创业绩效的影响提供了更丰富的认识。

通过采用不同方法对团队异质性特征影响创业绩效的路径、机理、过程进行研究，不仅有效揭示了创业团队异质性影响新创企业绩效的路径、边界条件及过程，更为打开两者间关系黑箱提供了新的知识。这既对平息学术界关于两者间关系的争议具有一定的参考价值，同时也为创业团队的构建与管理提供了有效的指导。

二、研究目的

本书基于学术界对创业团队异质性与新创企业绩效关系的争议而展开，研究的主要目的是厘清创业团队异质性影响新创企业绩效的机理及其过程机制，希望通过研究能够在理论上解释两者间关系发生作用的机理以及作用的路径，既为平息学术界对此问题的争议提供新的知识与贡献，同时也从实践上为创业团队的构建及管理提供一定的指导。具体而言有以下几个目标。

（一）理论研究方面

本书研究的第一个目的是打开创业团队异质性与新创企业绩效间关系黑箱，而打开关系黑箱的关键是探寻两者间关系的作用机理及其作用过程。为深入、科学地探索和理解两者间关系的作用机理、揭示出作用过程，首先，本书构建了以创业拼凑为中介，创业团队异质性为自变量、新创企业绩效为因变量、创新氛围为调节变量的理论模型来深入探寻创业团队异质性影响新创企业绩效的机理及路径。在该部分研究中采用大样本数据对构建的理论模型进行验证，检验创业团队异质性、创业拼凑、新创企业绩效间的关系。特别是对创业拼凑的中介作用机制进行探究，同时通过检验团队创新氛围的调节作用，揭示创业团队异质性与新创企业绩效关系的作用边界，为深入理解两者间关系提供更多证据支持。这部分研究为揭示创业团队异质性与新创企业绩效关系，打开作用黑箱提供了经验数据支持。其次，基于模糊集定性比较方法，从组态视角对创业团队六个异质性组合与创业绩效关系进行研究。通过该研究能够整合理解团队异质性作用于新创企业绩效的路径及其机理，为理解创业团队异质性与新创企业绩效关系提供整体视角支持。最后，利用案例研究方法，对创业拼凑行为如何发生及其过程进行深入剖析，厘清创业拼凑的发生机理及其作用效果，通过对作用过程的深描，为理解创业团队异质性与新创企业绩效关系提供更丰富的支持。

通过上述研究，首先，能够利用传统的多元统计方法探明团队异质性影响新创企业绩效的路径及其作用边界，揭示出团队异质性经由创业拼凑的中介作用影响新创企业绩效的机制以及创新氛围的调节作用及其机理，初步打开创业团队异质性与新创企业绩效关系的黑箱；其次，利用基于模糊集定性比较方法深入剖析创业团队各维度如年龄、性别、受教育程度、创业经验、行业经验、职能经验异质性的组态效应对新创企业绩效的影响。从组态视角剖析创业团队异质性与新创企业绩效的关系，进一步解释两者间关系的作用机理；最后，基于案例研究方法对创业拼凑作用于创业绩效的过程进行研究。将案例研究结果与上述两项研究结果结合，有助于全面理解创业团队异质性影响新创企业绩效的机理及其过程，为解释创业团队异质性为何、如何影响新创企业绩效提供更为全面科学的支持，最终在理论方面为解决当前创业团队异质性与新创企业绩效关系研究结果不一致这一问题提供新的解释。这不仅能清晰地揭示两者间关系作用机理，打开创业团队异质性与新创企业绩效关系的黑箱，而且为理解当前研究为何会出现诸多矛盾、不一致的结论提供解释，与此同时，实现在理论方面促进对创业团队异质性和创业拼凑研究的深化和丰富，为该领域的研究增添新的知识。

（二）测量工具方面

本书研究的第二个目的是开发适合中国情境的创业拼凑测量量表。创业拼凑是一个引自国外的研究构念，是拼凑与创业相结合的产物。拼凑一词最早起源于人类考古学，由人类考古学研究学者列维－斯特劳斯（Lévi-Strauss）于1967年在其著作《野性的思维》中提出，后来被引入组织管理、创业管理等研究领域。拼凑概念在创业领域的发展形成了创业拼凑这一独特的构念，指代新创企业利用手头各类廉价、低值可用资源解决问题的行为。经过多年的研究，国外学术界开发了多种工具用于对创业拼凑进行测量，其中一部分量表在国内也得到了较为普遍的应用，表现出较高的信效度。但是，追根溯源，创业拼凑概念起源于西方学者的研究，其内涵、测量内容、测量题项都是基于国外文化而形成的，在实际应用中有不适应于中国情境的情况。新创企业在资源使用中有着不同于国外创业者的独特之处。但是这些独特之处在现有的国外学者开发的测量工具中并没有得到反映。这些不足难以准确反映国内新创企业的资源利用情况。为了弥补这一缺陷，国内学者不得不从研究问题出发开发适用却不通用和公认的测量工具。虽然解决了部分问题，但也导致了国内同类研究缺乏可比性，加剧了研究结论不一致的矛盾。因此，开发基于中国情境的创业拼凑测量工具确有必要。基于此，本书结合创业拼凑的本源与中国情境特征，先利用访谈、案例分析提炼具有中国情境的创业拼凑行为，然后采用量表开发的标准流程，以科学方法开发创业拼凑量表。希望能够为国内学术界同仁们开展中国情境下的创业拼凑研究提供基础工具，推动具有中国独特性的创业行为研究，丰富和深化创业行为研究的中国化，为学术界贡献中国智慧。

（三）实践应用方面

本书研究的第三个目的是为新创企业在团队构建、团队行为管理方面提供建议指导。团队创业绕不开的一个问题是团队成员之间的协作配合。由于团队成员在多个方面存在差异必然会对团队决策、团队行为产生重要影响，因此，如何组建团队，发挥不同成员的优势成了创业团队管理的核心问题。但是目前关于团队异质性与创业绩效关系的研究结论还很不一致，甚至还存在彼此矛盾的情况。这种混乱、不一致的结论无法对创业团队构建、团队行为管理提供任何有效的指导建议。本书首先采用基于大样本的数据，通过研究厘清创业团队异质性中年龄、性别、受教育程度、创业经验、行业经验、职能经验异质性对新创企业绩效的单独作用。其次在此基础上从模糊集定性比较分析视角进一步探索上述六类异质性组合效应对新创企业绩效的作用。最后通过多案例研究再深入剖析创业拼凑行为的发生及影响过程。通过研究，能够较为清晰地揭示出创业团队异质性作用于创业绩效的机理与过程，帮助创业者理解团队异质性作用于新创企业绩效的机制、路径及过程，让创业者不仅能够认识到单个异质性的作用，同时也能够理解各个异质性组态整体发挥作用时对创业绩效的影响，不仅为创业者选择、组建创业团队提供有效的指导，而且还通过对创业拼凑行为作用机制、发生机制的研究为创业者管理、激发这一独特的创业行为提供建议。

三、研究意义

本书着眼于当前学术界关于“创业团队异质性与新创企业绩效”关系的争议，基于“投入—过程—产出”（input - process - outcome，IPO）逻辑，构建以创业拼凑为传导机制的研究模型，深入探析创业团队异质性作用于新创企业绩效的过程及作用机制，力求打开两者间关系的“黑箱”。通过研究，能够在理论上厘清创业团队异质性影响新创企业的绩效及其作用过程，在实践上为创业团队的组建、管理提供一定的指导，具有较好理论意义的同时还具有一定的实践意义。

（一）理论意义

首先，本书的研究成果将为平息学术界关于“创业团队异质性与新创企业绩效”关系的争议作出一定的贡献。在研究中以创业拼凑这一独特行为为中介，探索研究发现了创业团队异质性特征影响新创企业绩效的路径与机制。研究结果打开了“创业团队异质性与新创企业绩效”关系黑箱，即创业团队异质性是通过对创业拼凑行为的影响进而作用于创业绩效，创业团队异质性对创业绩效的影响并不是直接作用，而是通过中介发挥作用，而且“创业团队异质性与新创企业绩效”关系并不是简单的线性关系，两者间是倒“U”型关系，即在创业团队异质性过低、过高的情形下，新创企业绩效都不佳，只有在创业团队异质性适中的情形下，新创企业绩效才会较高。这一研究发现得到了理论以及数据的支持，研究结果为理解“创业团队异质性与新创企业绩效”关系提供了新的视角，较好地解决了学术界关于两者关系的争议，具有较为重要的理论贡献。

其次，本书拓展了创业团队异质性对新创企业绩效作用机制的研究框架，开拓性地将影响新创企业生存和成长的两大关键要素——团队构成的结构特征（团队异质性）、创业团队行为（创业拼凑）纳入一个统一的研究模型，实现了高阶理论和创业拼凑理论的对话，将静态的团队特征（创业团队异质性）与动态的行为（创业拼凑）有机结合，构建了从静态特征到动态行为再到静态结果的研究框架，克服了以往研究中只注重静态特征（创业团队异质性）到静态结果（新创企业绩效）而忽视了中介动态行为作用的弊端。在研究中实现了对创业研究从向外看到向内看的转变，打开了创业团队异质性作用于新创企业绩效"过程黑箱"，并且在研究中考虑了情境变量的作用。研究结果不仅在理论上澄清了什么样的创业团队，通过什么样的行为，在什么样的氛围下更可能取得更好的创业绩效，而且还得到了实证研究的支持。研究结果在打开创业团队异质性作用于新创企业绩效"过程黑箱"的同时，超越了现有创业团队异质性与新创企业绩效关系的静态研究框架，拓展了研究视角，丰富和拓展了创业团队、创业拼凑领域的研究。

再次，本书将创业拼凑划分为物质资源拼凑、知识资源拼凑、人际资源拼凑，丰富和补充了创业拼凑的内涵维度，并开发了相应的量表，为后续研究的开展提供了具有本土化特色的测量工具，有助于推动创业拼凑研究的本土化。长期以来学术界在创业拼凑的测量上一直采用国外学者开发的工具，其弊端显而易见。本书基于中国创业情境特征，开发出具有本土特色的测量工具，一方面是对管理学界呼吁开展更多具有中国特色研究的回应；另一方面将为国内学者开展创业拼凑相关研究提供新的工具，将有力促进创业拼凑实证研究的开展。

最后，创业拼凑概念一经引入便得到了国内学者的关注，但是此外当前对创业拼凑结果变量研究较多，但对其前置因素的研究却相对缺乏（朱秀梅、鲍明旭和方琦，2018）。在理论上还不清楚创业拼凑是如何发生的，哪些因素会对创业拼凑产生影响。这一缺憾严重制约了学术界对创业拼凑行为的认知，同时也无法有效指导创业团队在实践中如何开展有效的"拼凑"。本书通过基于大样本的计量方法以及案例法，深入研究创业拼凑行为的发生机理及其前置影响因素，研究结果不仅可以扩展和丰富创业拼凑前置因素的研究，而且有助于理解拼凑行为的发生机制。

（二）实践意义

本书的研究结果不仅有坚实的理论分析做支撑，而且也得到了实证研究的支持，因此研究结论可以作为参考建议为创业实践提供指导。具体而言，研究成果可以为新创企业组建团队、开展有效的创业拼凑活动提供指导。

首先，研究结果为创业团队选择团队结构提供了参考。现有关于创业团队异质性与新创企业绩效关系的研究数量较多，但结论不一致。这为新创企业组建创业团队带来了困惑。本书研究成果从多元统计、模糊集定性分析等方法研究了创业团队异质性对创业绩效的作用，有助于创业（者）企业理解团队异质性的不同特征对绩效的影响作用、传导机制，为新创企业有针对性地组建创业团队提供决策参考。比如，研究发现创业团队异质性过高、过低都不利于新创企业绩效，因此创业团队在组建团队时应当注意将团队异质性水平控制在适当的范围内。

其次，已有研究普遍认同创业拼凑是新创企业突破资源约束得以生存、成长的关键，但对如何促进创业拼凑却研究不够。本书的研究发现，拼凑行为的发生不仅受到团队异质性的影响，而且还受到多种其他因素的影响。比如，过高或过低的异质性不利于拼凑行为的开展，这一研究成果为新创企业从团队构建层面促进创业拼凑提供了思路。再如，基于案例的研究发现，包容、创新、鼓励冲突的氛围有利于创业拼凑行为的开展。这为创业团队开展拼凑、促进拼凑行为提供了参考。

最后，关于创业拼凑的研究已经发现，拼凑行为并不一定会对创业绩效产生积极作用，甚至对长期绩效产生负面影响。这一点在本书的案例分析中也有发现。本书基于案例的研究发现，通过树立战略意识、商业思维、工匠精神，不仅可以持续提高拼凑行为的发生，而且能够将拼凑与市场需求、短期问题解决与长远发展相结合，有效减少基于短期利益、短期问题解决的拼凑行为，产生更多符合市场需求、长期利益的战略性拼凑行为，从而保障拼凑行为对绩效的积极作用。这一研究发现为创业团队开展更有利于创业绩效的拼凑行为提供了参考，为新创企业开展符合市场需求、利于长期发展的拼凑活动提供了理论指导。

第二节 创新与研究难点

一、研究的创新之处

创业团队异质性特征与创业绩效关系是当前学术界研究的热点关注问题，

对此问题开展深入研究既具有较好的理论价值同时也具有良好的现实意义。虽然对此问题的研究较多，但是现有研究结论却并不一致。本书通过构建新的研究框架、采取定量定性相结合等多种方法进行研究，在以下几个方面有所创新。

首先，在研究视角上有所创新。本书的视角与现有研究有所不同。现有研究更多研究了创业团队异质性与创业绩效的关系，只注重了团队异质性特征对创业绩效的影响，却未能很好地解释创业团队异质性为何会影响新创企业绩效，即两者关系间的机理与路径的“黑箱”并没有被打开，两者间关系的作用机制还没有被很好地挖掘。这也是导致现有研究结论存在诸多不一致的重要原因。而要清晰明确两者间的关系机制就需要打开作用路径这一黑箱，切实揭示出创业团队异质性作用于新创企业绩效的路径和机制，需要对中间转化过程进行探索。本书将团队异质性理论和创业拼凑理论有机结合起来，构建异质性团队特征影响拼凑行为，进而影响新创企业绩效的整合分析框架，深入剖析创业团队异质性特征经由创业拼凑活动影响创业绩效的过程，较好地打开了创业团队异质性影响新创企业绩效的机制及过程，强调在研究视角上向内看，通过对创业团队内部活动的挖掘揭示两者间关系作用机制。在研究视角上实现了对新创企业绩效的研究从“向外看”到“向内看”的转变，有助于科学揭示创业团队异质性影响新创企业绩效的过程及其机制，为解释创业团队异质性与新创企业绩效关系提供了新视角。

其次，本书在研究方法上也有所创新。现有研究中关于创业团队异质性与新创企业绩效关系的研究主要采取了基于问卷调查的多元回归统计方法。基于问卷调查的回归统计方法对研究变量间的关系净效应具有很好的作用。但是在揭示变量间因果关系以及因果关系是如何发生方面存在较大不足，这也导致了团队异质性影响创业绩效是如何发生的并没有得到很好的解释。本书在研究方法上不仅采用了传统的问卷调查与多元统计回归方法，利用大样本验证了创业团队异质性与新创企业绩效间的关系，同时还采用了案例研究方法对这一作用过程进行了深入剖析。特别是采用了基于模糊集的定性比较方法，从组态视角研究了创业团队不同异质性特征组合对新创企业绩效的影响。该研究方法不仅从整体组态视角开展研究，为研究团队异质性特征对创业绩效的影响提供了新的思路，而且更能够恰当解释因果关系。

再次，开发了基于中国情境的创业拼凑测量工具。创业拼凑的研究始于国外，这一概念最早源于考古学，后来被引入到创业研究中，因而创业拼凑概念具有鲜明的国外特征，其测量方法与测量工具也具有明显的西方特点。比如，在对创业拼凑资源的划分与测量上并没有考虑中国情境下“关系”这一重要资源对创业的影响。在本书的研究中，通过对创业团队的访谈发现，在中国的创业情境下，对人际关系资源的利用和拼凑是创业团队的主要活动之一。受访的创业团队成员普遍认可人际资源的利用对创业具有积极作用。但是现有关于创业拼凑的测量中都忽视了人际资源拼凑，这显然与中国情境不相符。基于此，本书将人际资源看作是创业团队具有的重要资源，将人际资源拼凑这一中国情境下的特色活动引入到创业拼凑测量中来，拓展和丰富了创业拼凑的内涵，并且在此基础上开发了更具中国情境的创业拼凑测量工具，在推动创业拼凑研究中国化的同时，也为开展创业研究提供了更为丰富的测量工具。

最后，本书的研究丰富和深化了创业团队异质性作用机理的认知。创业团队的成员类似于组织的高管，对其研究可以借用高阶理论进行。现实中关于创业团队成员的大部分研究也的确借用了高阶理论，这也导致了在研究方法上更多地解决了传统战略管理的研究方法，即以多元统计思想为指导，在控制相关变量的前提下对单个异质性特征的效应展开研究，忽视了团队异质性之间的交互效应，缺乏从团队整体视角对作用效应的研究。本书采用 fsQCA 方法的研究发现，团队异质性彼此间存在交互效应，异质性特征组态对创业绩效的作用大于单个异质性特征的效应，并且基于 fsQCA 方法的研究发现，在生成高创业绩效的路径中职能经验异质性具有重要作用，而创业经验异质性作用并不明显。这与基于多元统计回归的研究结果存在矛盾，说明了当把多个异质性特征作为一个整体来考虑时，单个异质性特征对创业绩效的影响与多元统计研究结果有所不同。因此，对创业团队异质性特征影响创业绩效的认知不能只考虑单个异质性特征的作用，要将各个异质性放在一个整体内来考虑其作用，这一研究结果极大地深化和丰富了对创业团队异质性作用机理的认知。

二、研究难点

本书旨在探寻创业团队异质性与新创企业绩效间的关系，为了揭示两者间关系及作用机理采用了以创业拼凑为中间过程的研究视角，通过研究创业团队异质性对创业拼凑的影响，以及创业拼凑对新创企业绩效的作用机制，深入揭示创业团队异质性影响创业绩效的过程机制。虽然相关研究已较为丰富，但现有研究仍然面临两个一直未解决的问题：首先，现有关于创业团队异质性与创业绩效的研究虽然较为丰富，但是大多都采用了基于多元统计的研究方法，在揭示因果关系方面存在先天不足，而且没有对创业团队异质性与创业绩效的作用机制作出合理解释；其次，现有研究还存在创业拼凑测量工具不统一，且在测量中缺乏对中国情境考虑的问题。直接导致无法做到对创业拼凑行为的准确测量，也不能体现中国情境下创业团队的拼凑实践。具体而言本书的研究面临以下三个难点。

（一）对创业拼凑的准确测量

创业拼凑是新创企业突破资源约束、创造性地解决问题，实现新创企业生存和发展的重要手段，因此创业拼凑引起了学术界的广泛关注与研究。然而学者们对创业拼凑的构成维度、测量方法有着不同的认知，这直接导致了存在多种创业拼凑测量方法，形成了研究者各自为政采用不同测量方法的现象，严重影响了创业拼凑测量结果的可比较性。测量结果的不可比必然导致创业拼凑相关研究中出现矛盾和不一致，为学术研究埋下争议的隐患。从创业拼凑测量研究现状来看，首先，国内外研究更多强调了基于方式的拼凑测量，忽略了基于对象的拼凑测量，尤其忽略了对人际资源拼凑的测量；其次，在测量方法上存在问卷、案例分析、内容分析等多种方法。测量方法的不同必然会导致不同的结果，这就会严重影响研究结果的普适性；最后，在当前国内创业拼凑研究中主要以借鉴国外测量工具为主，缺乏适应中国情境的测量工具，不利于本土化研究的开展。因此，深入理解“创业拼凑就是整合和凑合利用手头上的资源以解决新问题和开发新机会的过程”的内涵，对创业拼凑进行准确的测量是本书研究的难点之一。对此问题的解决在研究中先通过结构化访谈以及听取创业团队和专家意见，准确提炼出符合中国创业情境实际的创业拼凑行为，而后利用问卷数据，采用量表开发的标准化流程开发出符合中国情境的创业拼凑测量工具，较好地解决了这一难题。

（二）创业团队异质性影响新创企业绩效机理的科学解释

传统的多元统计方法在检验两个变量间的关系时具有很好的效用，能够通过大样本数据和控制相关变量的方式较为精确地验证两者间的净效应关系，但是在解释变量间作用机理以及影响作用是如何发生方面存在明显不足，这也是统计研究方法的固有不足。如果不能对作用机理进行有效科学的解释，那么对因果关系的解释以及发生机制就无从谈起，因为仅仅依靠统计显著性并不能保证因果关系存在。从本质上来说，创业团队异质性是静态属性，其并不能直接作用于新创企业绩效，更多可能是通过影响团队的行为进而影响到创业绩效。因此，探究创业团队异质性影响新创企业绩效的关键是打开作用发生的过程与机制。但现有研究却未能很好地解释作用机理，并没有打开这一“黑箱”。这也是创业团队异质性与新创企业绩效关系研究结论一直未能得到统一，成为学术界争议焦点的重要原因。解决该争议的核心是深入挖掘团队异质性影响创业绩效的机理与作用过程。当前学术界对两者关系机理的解释有两种观点：一是基于高阶理论，认为团队异质性能够为组织带来异质性、丰富的资源，有助于促进新企业的创业绩效；二是基于信息交流理论，认为团队的异质性会导致团队成员间形成小圈子，不利于团队信息的交流和团队间的协作，从而对创业绩效产生负面影响。但是现有多元统计的方法不能很好地检验两者间的关系机理，即便是利用时序数据可以较好地验证两者间的因果关系，但是依然无法揭示出这种因果关系是如何发生的，这也是统计研究方法固有的缺陷。因此，要想解释作用机理就必须采用其他研究方法作为补充。考虑到案例研究方法在解释“how”“why”问题方面的有效性，本书还采用了案例研究方法，期望通过案例研究与多元统计相结合的方法打开团队异质性影响创业绩效的机理与过程。同时为了从整体视角理解团队异质性特征对创业绩效的影响，本书还采用了基于模糊集的质性比较方法（fsQCA），通过组态视角研究多个团队异质性特征的组合状态对创业绩效的影响。通过将多元统计、案例研究、fsQCA 三种方法的研究结果有机结合，确信能够很好地解释创业团队异质性影响新创企业绩效的机理与过程。

（三）数据采集

本书的第三个主要难点是数据的采集。基于多元统计的研究方法的需要，要对团队异质性、创业拼凑、创业绩效等多个变量进行测量。这就要求对创业团队每个成员的特征进行细致完整的数据采集。通常每个创业团队的成员少则三人，多则十几人，每个成员都涉及年龄、性别、受教育程度、创业经验、行业经验、职能经验数据的采集。而且，基于多元统计样本数量的要求，这类数据需要采用大样本，需要数百个创业团队的数据，这将极大地耗费大量的时间和精力。此外，本书还采用了案例研究方法，虽然案例研究不要求大样本，但是需要对多个创业团队进行现场访谈，并从多个来源收集案例分析所需要的数据，而案例数据、资料的分析同样需要耗费大量的时间和精力。这构成了本书研究的第三个难点。研究中采取了与地方市场监督管理局、产业园区、创业孵化园合作的方式，较好地解决了数据的收集问题。

三、解决的关键科学问题

（一）探究创业团队异质性影响新创企业绩效的机理及过程

创业团队异质性与新创企业绩效间的关系是当前学术界争议的问题之一。对于两者间存在何种关系有多种观点，有正相关、负相关甚至不相关多种研究结论。解决这一争议的关键在于厘清创业团队异质性影响新创企业绩效的机理及其过程，即揭示出作用机理及路径。因此本书研究解决的关键科学问题之一是从理论上揭示并用经验数据验证团队异质性是如何影响新创企业绩效的，通过揭示这一过程来厘清两者间的关系。研究中采用了多元统计研究、案例研究方法、基于模糊集的定性比较方法，利用通过大样本问卷调查、实地访谈、新闻报道等获得的数据展开研究。在研究中利用案例研究方法，通过选择典型案例深入剖析，为探究作用机理及过程提供了支持。最终较为有效地探明了创业团队异质性影响新创企业绩效的机理及过程。

（二）对关键变量维度的分析及准确测量

创业拼凑是本书研究的核心变量，科学划分创业拼凑维度并准确测量是研究开展的重要基础，也是需要解决的关键问题之二。现有基于资源视角的创业拼凑测量工具并没有包含人际资源的拼凑。这不仅与中国情境不符，同时在社会网络、创业网络研究日益深入的今天，创业者人际资源对新创企业的影响已经得到了证实。因此，现有测量工具对创业团队人际资源拼凑的忽视不可不说是一个重要缺憾。基于此，本书研究将人际资源拼凑看作是创业拼凑的重要组成部分，提出了包含物质拼凑、知识拼凑、人际资源拼凑的三维度创业拼凑构念。这一维度划分更加符合创业拼凑的实际情况，能够更好地反映创业团队的拼凑行为，在此基础上，开发了基于物质拼凑、知识拼凑、人际拼凑三个分维度的创业拼凑测量工具，为深入研究创业拼凑及各维度对新创企业绩效的影响提供了工具支持。

（三）探索创业团队异质性的组态效应

在本书中，创业团队异质性包含年龄、性别、受教育程度、创业经验、行业经验、职能经验异质性六个子维度。采用多元统计回归方法研究时，可以利用大样本数据在引入控制变量并检验内生性和稳健性的方法，能够较好地验证每个子维度与新创企业绩效间的关系。但是这样的研究只考虑了单个子维度与创业绩效间的关系，割裂了每个子维度间的相互作用，没有考虑六个子维度彼此交互效应对新创企业绩效的影响。而作为一个创业团队，这六个异质性特征显然是同时存在的，也必定存在交互影响，应当是共同作用于创业绩效的。因而，基于多元统计回归方法的研究显然与创业团队的运行实际相脱节，研究结果自然也就缺乏实际价值，必然无法对创业者构建团队进行有效指导。因此，综合考虑各个维度彼此间的交互影响以及不同维度的组合效应对新创企业绩效的影响就具有现实必要性，其研究结果也必然对创业团队的组建与管理更具有指导意义。从组态视角探寻各个子维度的组合效应对创业绩效的影响，以及进一步探明各个子维度异质性在其中作用的强弱（核心或非核心条件）具有很强的现实价值，也是指导创业者组建创业团队、选择团队成员的关键。

第三节　研究方法与研究路线

针对不同的研究问题、研究目的应当选用不同的研究方法。本书既涉及因果关系的研究，也涉及作用机理的研究，因此采用了多种研究方法展开，即基于多元统计的计量研究方法、fsQCA 方法、案例研究方法。

一、研究方法

首先，本书通过理论分析、文献研究、创业团队初步访谈以及听取专家意见，形成基本研究框架。研究框架重在突出研究的问题、研究的目的，以及研究问题的初步解决思路和逻辑。然后以大样本数据分析了创业团队异质性对创业拼凑的影响，以及创业拼凑对新创企业绩效的影响。该研究重在刻画核心变量间的关系。其次，从整体视角研究创业团队异质性特征组态对新创企业绩效的影响，这一研究重在探索异质性特征组合对创业绩效的作用。最后，通过案例研究，深入剖析创业拼凑行为的发生过程及机理，该研究重在分析创业拼凑行为的产生与作用机制。具体而言根据不同的研究阶段和研究内容，本书采用了文献研究法、基于多元统计的计量研究方法、基于模糊集的定性比较方法以及基于扎根理论的案例研究方法，利用大样本问卷调查、企业访谈（深度访谈、小组访谈）以及新闻报道、视频转录等方法获得了研究所需的数据，研究中既用到大量一手数据也用到了丰富的二手数据，有效保障了研究结论的科学性与合理性。

（一）文献研究法

文献研究法是基于现有文献开展的研究，旨在通过对相关领域研究文献的系统梳理与归纳，获取研究问题的初步理论认知。此方法一方面可以帮助研究者深入掌握相关问题的研究现状，明晰现有研究的重点和不足；另一方面也可以帮助研究者进一步深化、细化所要研究的问题，形成较为完善的框架体系，为研究的开展提供理论指导。文献研究法是以现有文献为对象进行研究，所研究对象虽然不是客观现象，但是可以对现有研究结果的概念、知识结构、逻辑体系进行归纳和整理，不仅可以实现对相关领域知识的快速掌握，也可以初步勾勒出研究的理论框架，因此也是一种常用的研究方法。本书所涉及的创业团队异质性、创业拼凑、创业绩效等概念比较成熟，学者们有大量的表述，但是在现有研究中这些概念及内涵都或多或少存在内涵不统一、概念不一致的问题。通过文献研究有助于厘清各个概念的内涵，清晰界定本书涉及的概念，并且有助于构建出概念间因果关系的理论框架。在具体的研究过程中，本书通过利用 CNKI、Web of Science、EBSCO、Elsevier Science Direct、Sage 等国内外文献库展开研究。通过对现有文献的研究明晰了核心变量的概念内涵、形成了科学的研究框架。

（二）案例研究方法

案例研究方法是重要的质性研究方法之一，适用于解答过程和机理的问题，对回答“how”“why”问题有很好的效果。案例研究法能够有效展示研究过程的整体性、动态性和辩证性，可以深入剖析现象之间关系发生的原因以及过程。通过对典型案例的深入剖析，有助于真正发现变量之间独特的因果关系（Welch et al.，2011）。案例研究具有归纳特性，可以为理论的形成提供坚实的基础。案例研究有其特定的适用范畴，特别适用于“如何”和“怎么样”（即“how”）以及“为什么”（即“why”）的问题（Eisenhardt，1989；Yin，2010）。案例研究采用的是归纳逻辑，其研究设计、抽样方法、理论贡献与定量研究有显著的差异（毛基业和陈诚，2017）。

案例研究通常分为单案例研究和多案例研究。单案例研究可以深入分析剖析某一个经典现象，有助于从极端的案例中发现独特的因果关系，最为形象的比喻是极端案例好比是只会说话的猪（Siggelkow，2007）。多案例研究适用于3种情况：构建更具普适性的理论；探究自变量的不同变异水平或者不同过程对因变量的影响；研究不同结果是如何获得的（毛基业和陈诚，2017）。多案例研究强调应用“复制逻辑”，在比较中从多角度、多维度提炼理论，识别潜在因果关系并提高案例研究的外部效度，使研究结论更具普适性、稳健性和精练性（Graebner，2007）。本书中采用了多案例研究方法开展研究。通过对筛选出的案例进行研究，利用扎根理论对收集的数据进行编码，发现概念并构建理论模型，然后还进行了理论饱和度检验，为构建具有普适性的理论提供了坚实的基础与经验证据。

（三）多元统计回归研究方法

多元统计回归研究方法是社会科学研究中最为常用的经典实证研究方法之一。多元统计回归研究方法为检验两个变量间的净效应提供了严谨的方法，所得到的结论具有较高的信度和普适性，因此该方法在创业研究领域也得到了广泛的应用。本书通过多元统计回归研究方法、利用问卷调查所获得的大样本数据对团队异质性特征与创业绩效间关系进行了研究。具体而言，在研究中采用描述统计、信效度检验、多元回归分析、中介检验、调节检验等方法开展研究，验证了提出的假设，证实或证伪了变量间的关系，初步揭示了团队异质性特征、创业绩效、创业拼凑之间的关系。

（四）模糊集定性比较方法

定性比较分析（qualitative comparative analysis，QCA）方法是一种将个案分析和定量分析相结合的研究方法，一方面弥补了仅依靠数据进行实证分析而忽略企业个性特征的缺点，另一方面也弥补了仅仅进行单个或几个案例分析而缺乏大数据支持的缺陷（闫佳祺、罗瑾琏和贾建锋，2018）。QCA 方法以集合论和布尔运算为方法论基础，既可以达到“条条大路通罗马”的效果，探究多个影响因素的联合作用，寻找导致结果发生的多种前因变量的组合，也可以分析同一因素在不同的原因组合中产生的作用，体现了“具体情况具体分析”的哲学思维。同时为解释和理解不同学者针对同一研究问题（比如团队异质性与创业绩效关系这类充满争议的问题）存在的相互背离观点提供了新的途径。

定性比较分析包括清晰集分析、多值集分析、模糊集分析、时间集分析和两阶段集分析。其中清晰集比较分析方法（csQCA）主要用于二分数据的处理；多值集定性比较分析（mvQCA）能接受 0 ~ 1 之外别的值，减少数据丢失；模糊集定性比较分析（fsQCA）主要用于连续变量数据的处理，它可以让研究者将程度校准到 0 ~ 1 之间，同时不违反集合论的一般规则；时间序列 QCA 考虑了前因变量的出现顺序对结果的影响；两阶段 QCA 将前因条件分为两类，分别对两类原因进行 QCA 分析，然后将两者进行对比得出结论。本书选取的变量均为连续型变量，通过校准变量取值在 0 ~ 1 范围内，且条件之间没有先后顺序，所以本书选取模糊集定性比较分析方法进行研究。

本书之所以采用组态方法是基于以下考虑。

首先，传统的回归研究方法主要用于处理线性相关关系，而对非线性关系挖掘比较困难，即便采用二次回归的方式可以检验“U”型或倒“U”型关系，也不能很好解释因果关系，而且二次项的实际意义难以解释，导致研究结论缺乏实际意义的支持。QCA 基于集合论可以发掘存在于多个因素之间的相当复杂的非线性关系（Ganter & Hecker，2014）。这为研究前因变量与结果变量的非线性关系提供了新的方法。而已有研究表明，异质性与创业绩效的关系很可能属于非线性关系，因此采用 QCA 方法作进一步的检验具有很好的合理性。

其次，长期以来主流管理研究采用的回归分析法要求各变量之间相互独立，以探究各个前因变量对结果的主效应为主，虽然也通过分析二元或三元交互作用来研究变量间的联合作用，但对这种多重交互作用，却难以解释清楚变量间交互效应的意义。QCA 方法则与之不同，作为最适合组态视角研究的方法，QCA 方法并不强调析出各变量的独立净效应（Bell et al.，2013），而是重在分析引致某特定结果的多个条件组合（Judge et al.，2014；Castro et al.，2013）。本书中有六类异质性同时对创业绩效产生作用，而且彼此间有着交互效应，超过了传统回归方法三元交互上限的研究，因此考察这些前因的交互效应对创业绩效的作用就必须借助 QCA 方法。

二、研究路线

本书在综合运用文献研究法、统计回归法、fsQCA 法、案例研究法的基础上展开研究，对应着循序渐进、逐步深化的研究路线。具体而言，在研究过程中按照以下路线逐步展开。

（一）准确界定研究构念、研究模型和研究框架

本阶段的目的主要是进一步凝练和完善研究变量、研究模型与研究框架。准确界定研究构念、构建科学的研究模型和框架是开展研究的关键。理论模型的构建既需要对相关理论文献进行研究，也需要通过实地调研访谈等来检验，是一个理论文献分析与实地调研访谈相互验证的过程。本书充分运用了文献梳理、企业深度访谈、专家交流等方法，对研究中涉及的构念、团队异质性对创业拼凑、创业拼凑对创业绩效的影响进行深入剖析，构建了相对科学完善的理论模型。具体而言，先选取了国内 5 个团队创业开展得比较成功的典型企业进行初步访谈，通过访谈来修正完善研究的理论模型，加深对团队异质性、创业拼凑等概念的理解，同时对创业团队异质性影响新创企业绩效的机制与过程有了初步的认知，以及对团队异质性影响创业拼凑的机理也有了初步认识。在此基础上，进一步梳理了高阶理论、创业拼凑、团队异质性、创业绩效、团队创

新氛围等研究领域的相关文献，并尝试运用现有文献研究解释所观察到的现象。对暂时无法用当前理论解释的部分，形成初步研究问题和模型，为后续运用扎根理论方法开展研究奠定基础。

（二）发展和完善研究中需要的测量量表

本书的核心内容之一是团队异质性特征与创业绩效的关系及其机制。这一部分的研究采用了以多元统计回归为主的方法，因此对实证研究模型中每个构念的准确测量是开展研究的基础，只有准确测量每个核心构念后才能够对研究中的理论观点、相关假设进行验证。此阶段的具体工作如下：第一，通过前期对 5 个案例企业的访谈和理论分析发展出各构念所需要关注的一些特性和维度；第二，结合已有相关文献中的测量量表，整合后形成新的测量量表；第三，通过对部分新创企业进行预调查，获取初步研究需要的探索性数据；第四，通过主流统计软件，利用探索性因子分析（exploratory factor analysis）法和量表信度分析等方法，初步形成构念的测量量表；第五，利用初步形成的构念量表，开展大样本调查，获取数据并进行验证性因子分析（confirmatory factor analysis），以验证量表的结构效度；第六，设计和制作正式测量问卷，为后续研究提供工具支持。该阶段的工作完善和确定了测量中使用到的量表，并经过小样本测试后完全能够符合研究要求。需要指出的是，对于前面拟解决关键科学问题所提及的创业拼凑的测量，除了深入企业调研，也与国内外该领域学者进行了多种方式的交流、咨询，以便对创业拼凑的内涵、发展有更深刻理解，保证创业拼凑测量量表的质量。

（三）检验团队异质性、创业拼凑与新创企业绩效关系

构建出的理论模型以及提出的假设还需要经验数据的支持。虽然基于统计回归的研究方法对变量间因果关系机理的解释有所欠缺，但是在描述刻画变量间的关系、检验模型、验证假设方面却非常有效。只有通过了严格的统计学检验，所构建的理论模型才能作为理论来指导实践。具体研究步骤是：第一，抽取不同行业的新创企业进行大范围的正式问卷调查，经过半年时间的大样本调查，获取到了研究需要的相关数据；第二，对数据进行编码和整理，并用主流统计软件进行相关分析；第三，进行多元回归分析，检验各自变量对中介变量以及中介变量对因变量的影响，并利用 Bootstrap 法检验中介变量的中介效应、

调节变量的调节作用以及中介调节效应；第四，对检验结果和研究模型进行解释和分析，对潜在的问题通过后续补充研究中进行完善。本阶段研究取得了较为理想的研究成果，所构建的模型及假设基本得到了支持，表明了基于理论分析形成的模型与变量间关系假设具有科学性。

（四）基于模糊集的定性比较分析研究

虽然建立的理论模型和假设得到了基于大样本数据统计回归方法的检验验证，但是统计回归方法研究只是从两个变量的视角（虽然加入了控制变量）探究了两者间的关系，却忽略了多个异质性特征间相互作用对新创企业绩效的影响。虽然可以采用增加交互项的方式进行研究，但是受限于交互项数量及对交互项实际含义无法合理解释的不足，这一方法不能很好地解释多个变量交互情况的作用。而通过 fsQCA 方法、采用组态视角研究创业团队异质性特征对创业绩效的影响，有助于研究多个异质性特征组合对创业绩效的作用，并利于从组态视角来理解和认知两者间的关系。本阶段研究发现了形成高创业绩效的团队异质性特征的不同组态，为理解团队异质性特征的作用提供了不同于多元统计回归研究方法的视角，进一步深化了创业团队异质性特征与创业绩效关系的研究。此外，通过将研究结果与多元统计回归研究方法得到的结果互相比对，为探索研究结果的异同、后续理论拓展和管理实践建议的形成提供了多视角的支持。

（五）案例研究

基于多元统计的研究固然对揭示变量间的关系有着很高的效用，但是对因果关系的解释却力不从心，而在以问卷调查获取数据的研究中，采用面板数据研究也不具备现实可能性。同样，基于 fsQCA 方法的研究，虽然发现了形成高创业绩效的“路径”，但对“路径”的作用机理却难以作出有效解释。而本书的目的不仅在于探索发现创业团队异质性特征对创业绩效的作用关系，更期望能够打开作用黑箱，解释、勾勒作用的过程和机理。在本书中，基于理论分析构建了创业团队异质性特征影响创业绩效的路径模型，其核心的机制是创业团队的拼凑行为。虽然基于统计回归的方法支持了创业拼凑的中介桥梁机制，但是这一中介桥梁机制到底是如何发挥作用的并不清楚，因此通过案例研究剖析创业拼凑是如何发生作用的以及受哪些因素的影响是进一步打开和解释团队异质性特征作用于创业绩效黑箱的关键。在此阶段的研究中，首先，基于案例要有典型性、代表性的要求，选取了在创业实践中高效、创新利用各种资源（即拼凑）的创业团队作为案例研究对象，通过分别剖析此类企业为何能够高效利用资源（拼凑）的过程及机理，归纳并识别出拼凑行为发生的原因与特点，特别关注创业者的特征在其中发挥了何种作用；其次，采用复制逻辑，通过多案例研究，进一步分析拼凑行为对创业绩效的影响及其作用过程；最后，通过对研究发现的综合分析，结合定量研究的结果进一步深入分析创业团队异质性、创业拼凑、新创企业绩效的关系及其作用机理。本阶段的研究中，对获取到的案例数据利用扎根理论方法进行数据编码，最终形成了创业拼凑作用于创业绩效的理论模型，并发现了利于拼凑活动开展的支持系统。

（六）对不同研究方法所得结论进行综合解释

在本书中针对不同的研究目的采用了不同的研究方法。对不同研究方法所得结论进行整合分析是本研究的核心内容，也是整个研究中的难点。本书实证部分采用多元统计回归、fsQCA、案例研究方法，虽然是一次创新和探索，但是对于研究中出现的结论不一致问题如何理解和解释却是一件棘手的问题。在具体的研究过程中，我们先对研究中存在的不同结果进行了初步分析，通过文献对比、组内讨论提出初步的解释理论；然后通过召开小型学术会议，听取业内专家、创业团队核心成员的意见建议，对研究结论进行整合解释，最后形成较为完整、科学的研究结论。在最后的综合解释中既保留了不同研究方法的研究结论，也对其中存在的不同之处进行了实事求是的探讨。整个研究能够为理解创业团队异质性特征与创业绩效的关系机理、作用过程提供科学、合理的解释框架，能够为将来进一步理论研究以及创业团队实践活动提供理论支持与经验证据。

三、技术路线图

技术路线图是研究工作开展的主导逻辑与进路，基于上述的研究规划，本书采用的路线如图 1 – 1 所示。

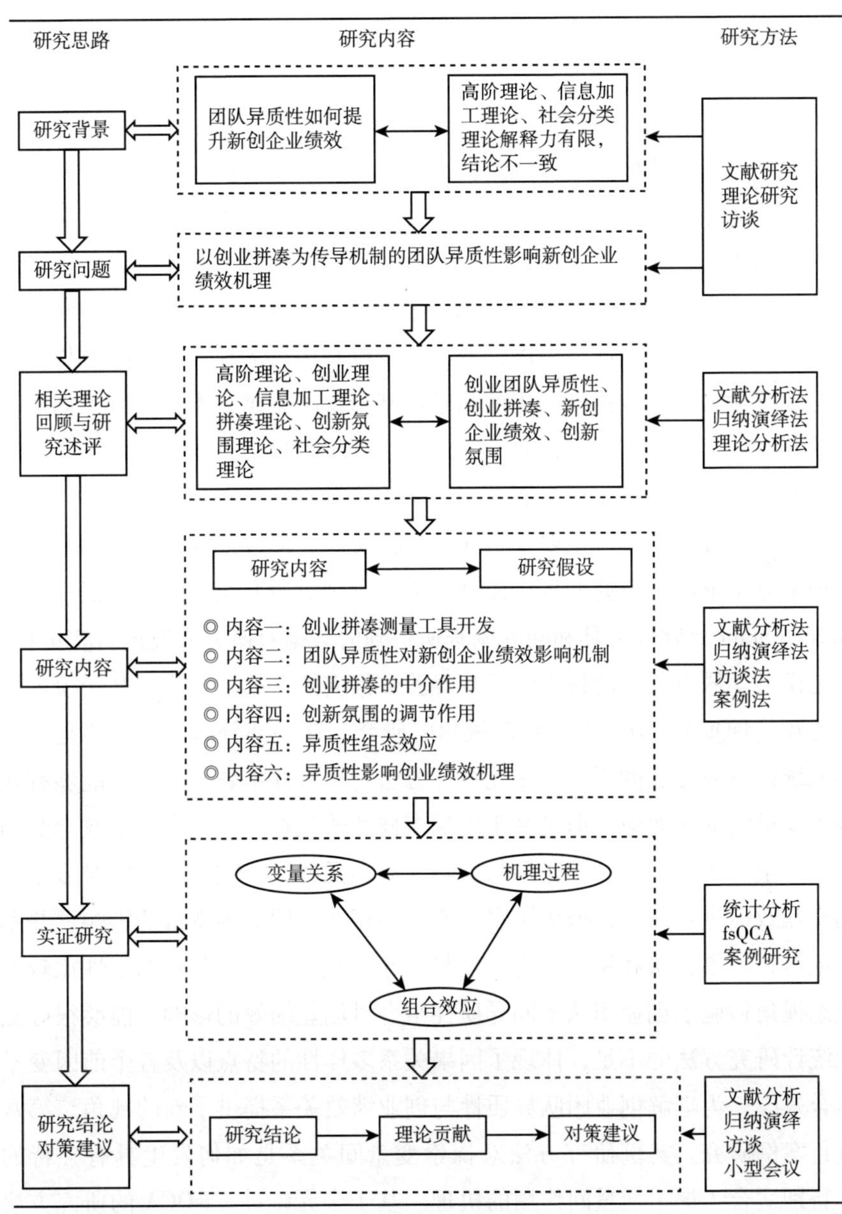

图 1－1　研究技术路线

四、结构安排

本书结构安排如下：第一章是绪论。第二章是对相关研究领域理论基础的回顾与述评。通过理论分析，为本书研究的开展奠定坚实的理论基础，对研究工作的开展起到理论指导作用，并对现有理论不能完全解释的问题进行初步探索。第三章是对相关研究现状的回顾与梳理。通过梳理，可以进一步明确研究的问题和框架、厘清研究中所用到概念的内涵及测量方法，为后续研究的开展提供良好的指导。第四章是对创业拼凑量表的开发。创业拼凑是一个从西方研究中引进的概念，属于舶来品，本意是对手头现有廉价、闲置资源的创造性应用，被国内学者引入后逐渐得到学术界重视。由于这一概念的内涵与测量方法都是源于西方情境，因此与中国创业团队资源利用行为存在一定的差异，典型不足是缺乏对人际资源拼凑利用的测量。基于这一不足，本书进行了创业拼凑量表的开发，为后续多元统计研究的开展提供了测量工具。第五章则是理论模型与研究假设。本章基于理论回顾和初步访谈基础，对之前形成的研究框架作进一步的深入分析，完善主要变量间的逻辑关系、形成变量间关系的假设，并基于理论分析形成了研究的理论模型。第六章则对研究假设进行实证检验。利用 SPSS、Stata 等软件工具和问卷调查所得到的数据对研究假设进行实证检验，为理论模型、假设关系的科学性寻找经验数据支持。第七章采用基于模糊集的定性比较（fsQCA）方法开展组态视角的研究。这一部分的研究主要是为了克服多元统计研究方法的不足。多元统计方法基于大样本数据展开，能够有效检验两个变量间的净效应，但是基于因果多样性的观点，新创企业绩效会受到创业团队多个异质性特征共同作用的影响，而多元统计研究方法不能对多个变量间的交互效应进行研究，掩盖了多个变量间相互作用对因变量的影响，并不能很好地解释因果关系和用于理论构建与指导实践。基于模糊集的定性比较方法从组态视角检验了创业团队不同异质性组合对创业绩效的影响，能够很好克服多元统计研究方法的不足，体现了因果关系多样性的特点以及各个前因变量间的组合效应，为理解创业团队异质性与创业绩效关系提供了新的视角。第八章则进行案例研究。案例研究方法对探索变量间关系是如何发生具有独特的价值，特别适合于揭示变量间作用的机理。基于多元统计、fsQCA 的研究方法对解释现象发生的机理缺乏足够能力，而案例研究可以通过多作用机制过程的深度描画有效弥补上述研究方法的不足。通过案例研究可以有效解释创业团队异质性影响创业绩效的过程及机理，为理解两者间的关系提供更为深入、丰富的指导，有助于理论的完善和拓展。第九章则是对研究的总结。这一部分既是整体研究结果的展示，也是对整个研究的高度总结。本书采用了三种有着显著区别的研究方法，虽然各研究方法有着明显不同，但都是基于研究内容与目的需要而选用。因此，三种方法是有机的组合，研究结果互相补充、互相印证，并未造成研究结果的割裂。本部分对三种研究方法所得到的结果进行了比较分析，综合相关研究，构建出了科学合理的理论框架，对完善创业团队理论、创业拼凑理论以及指导创业实践活动都具有重要意义。同时，本部分除了总结研究的理论贡献与实践价值之外，还提出了研究的不足与展望，为后续研究的开展提供了方向性指导。

第二章

理论基础

以科学的理论为指导是一项研究开展的前提，只有在适切理论的指导下开展研究方能事半功倍。通过对研究涉及的理论与相关研究内容进行回顾，不仅有助于进一步厘清研究问题的逻辑结构、优化完善研究模型，同时也为后续的理论拓展提供了基础。

第一节　高阶梯队理论

创业团队成员可以近似看作是新创企业的高管团队，因此可以参考高阶梯队理论对其进行分析。现有研究也基本遵循这一思路展开。高阶梯队理论（upper echelon theory）的研究对象是企业中的高管及高管团队，强调和重视企业高层管理者在企业发展过程中的作用，其理论渊源可以追溯到卡内基学派。理论基础源于如下认知：在一个企业内部处于高层位置的管理人员，如 CEO、董事长、总经理等高层管理者通常对于企业重大事项的决策发挥着决定性的作用，不仅对企业的战略规划、执行有着重要影响，而且对企业内资源的配置有着决定权，进而影响甚至决定着企业的绩效。可以说高层管理者是企业绩效的关键决定因素，因此，高阶梯队理论聚焦于企业高层管理者，研究高层管理者及其团队的特征对企业绩效的影响及其机制。

一、高阶梯队理论的产生与发展

高阶梯队理论由汗布里克和马森（Hambrick & Mason，1984）正式提出。

在高阶梯队理论刚刚被提出时其主要包含两个观点：一是虽然同一企业中的高层管理者都面临相似的经营环境和相似的经营信息，但是不同的高层管理者对于其所处环境的理解以及对经营信息的认知、解释和判断存在巨大的差异；二是面对同一个问题，高管们在进行选择或决策时往往会有很大的不同。造成高管们作出不同决策或选择的原因很大程度上取决于其过去的经历、背景和价值观。高阶梯队理论包含的一个基本假设是：由于个人精力的限制，高管并不能全面掌握组织和企业所处环境的信息，同时基于有限理性，高管的认知有一定的偏好，其关注领域也有所不同，获得的信息和认知就存在偏差。因此，高管团队成员都是非理性的人，其在认知和决策上都不是完美的。此外，基于对高管认知分析能力的假定以及高管在企业中的重要作用，汗布里克和马森（1984）进一步指出，要想深刻了解一个企业作出何种选择、实施何种行为的原因，就要深刻了解其高管的特征，特别是价值观、认知等。比如，企业选择何种竞争战略以及如何实施竞争战略都和高管的特征有密切关系。已有的研究表明，企业作出的战略选择、竞争行为等除了受到其所处的竞争环境、政府政策、竞争对手的反应等的影响之外，还受到人特别是企业高层管理者价值观、认知能力的影响，而高阶梯队理论则着重考虑这些因素的作用。

高阶梯队理论自被提出后得到了学术界的认可和重视，但是一直却没有能够得到实证研究的很好支持。究其原因在于对高管成员的特征，如价值观、认知等的测量在实际的操作过程中存在许多困难。在对价值观念、认知过程等重要变量的实际收集过程中，包括汗布里克和马森（1984）也认为，虽然研究者可以提前与高管沟通，并出具书面承诺保证对收集到的信息保密，但是在实际的数据收集过程中，由于价值观、认知心理等数据的敏感性，绝大多数的高层管理人员并不很情愿将自己真实的价值观或认知特征进行反馈和记录以用于学术研究中。对此，借鉴了早期心理学领域的研究方法。在早期消费者心理学的研究中，学者们通常利用人口统计学的诸多特征来进行量化和度量消费者的偏好和选择性，这些研究得到了广泛的认可，这些成功的研究表明人口统计学特征作为对于个体认知、心理特征的表征的背景变量具有可靠性。而从数据的可获得性来表明，人口统计学中变量的可获得性将会比性格、思想等因素更容易获得和更加容易从客观的角度来进行度量，因而可以借鉴心理学的研究方法以人口统计特征来反映高管成员的认知和心理特征。在后续的研究中，汗布里克和马森（1987）对高阶梯队理论作了进一步的完善，提出了两个具有实践价值的补充观点：第一个观点是关于高管特征有效性的方面，他们认为整个团队特征对企业决策行为的解释有效性要高于单个高管特征的解释力；第二个观点则认为对于高管团队在价值观及其认知方面的不同可以从人口统计学的角度来测量，即高管年龄、性别、受教育程度、经历的不同可以反映高管的价值观和认知。上述第二个观点，为高阶梯队理论实现理论与实践的较好结合提供了方法指导，既实现了在理论层面为高管团队认知能力及其重要性提供了理论上的科学逻辑，同时也为实际测量高阶梯队的认知、价值观等提供了具有可操作性的方法论。这些补充观点对于推动基于高阶梯队理论的高管团队研究起到了非常重要的作用。

此后，人口统计学变量就成为研究高层管理者决策、认知特征的可行代理变量，相关实证研究也开始大量出现。而且大量的研究表明，利用人口统计学特征作为高管成员认知与决策的表征具有较好的信效度。经过大量的实证研究表明，高阶梯队理论可以成为研究企业决策及行为的指导理论。通过对当前研究的梳理与分析，当前学术界用于表征高层管理者决策、认知特征的人口统计学代理变量主要包括以下几个。

（一）年龄

早期关于领导力的研究表明，高层管理者的年龄对企业成长能力、创新活力等具有重要影响（Peter et al.，1970）。汗布里克和马森等其他学者普遍认为，高层管理者的年龄之所以会影响企业行为是基于以下三个原因。第一，随着年龄的增长，老年人的身体状况必然逐步下降，因此年龄较大的高层管理者并没有太多的体力和耐力去进行长久的复杂管理活动，并且由于年龄的不断增大，其行为也会更加趋于保守。第二，年长的高管对组织现状有更强的承诺（Stevens et al.，1978）。他们更倾向于保持而不是改变现状，因而不愿接受变革或开拓新业务。第三，年龄较大的高层管理者通常在企业中已经拥有较高的收入和地位，他们更加注重保持其已经拥有的财富和在企业中的地位，对自己在企业中的地位、决策中的话语权以及对于相关的待遇等事情考虑较多，而对创新等事物投入的精力和时间会明显少于年轻时代。

（二）职能背景

主要指高层管理者所从事的与企业管理相关工作的经历。高层管理者在面对出现的问题时，其决策和选择都会受到其自身所拥有的功能性背景的影响，往往都偏好从自己最为擅长的领域来寻找解决问题的办法和途径（Hambrick & Mason，1984）。比如，从事过财务工作的高管，往往倾向于从资本运营方面来寻找解决问题的办法，而从事过研发工作的高管则倾向于从产品研发、技术创新方面来寻找解决办法。以往的研究者将高管的职能背景归为三类："产出型"职能、"生产型"职能以及"外围型"职能。"产出型"职能指包含市场营销、销售和产品开发等在内的、强调新市场的探索和发现的工作；"生产型"职能指包含生产、会计等在内的、致力于提高过程效率的工作；"外围型"职能指包含法律、行政等在内的，与公司生产、研发、销售等主营业务活动相关性较小的支持性工作（何明钦，2020）。汗布里克和马森（1984）进一步指出，具有"产出型"职能背景的高管可能会对新产品开发、多元化和前向等战略更感兴趣，而具有"生产型"职能背景的高管可能会对企业自动化、生产设备更新、工艺改进和后向等战略更为偏爱；在稳定的、同质化的行业中，"生产型"职能背景与企业盈利能力正相关，而在动荡的、差异化的行业中，"产出型"职能背景与企业盈利能力正相关，高管的"外围型"职能背景与公司的非相关多元化及行政复杂性呈正相关关系。

（三）其他任职经历

其他任职经历是指高层管理者在其他组织、行业（区别与当前组织、行业）中的工作经历。高管在不同组织、行业的职业经历在一定程度上也塑造了他们审视当前企业战略机遇和问题的视角，其他任职经历从高管的内部任职年限、外部任职年限出发，探索其与公司发展、变革的关系。针对在需要进行企业变革时的高层管理人员决策、行为的研究中，可以发现，高层管理人员长期从事某项工作，其在处理问题时会表现出一定的局限性（Hambrick & Mason，1984）。汗布里克和马森（1982）指出相比于内部晋升的高管，从外部引进的高管则更倾向于变革，而内部晋升者所享有的行业熟悉度和工作关系稳定度可能会在稳定时期很好地服务于组织，但面临环境中断危机时，其只能利用有限的知识进行有限的搜索，则不利于公司的成长发展。

（四）受教育背景

教育学和心理学的研究表明，教育对于一个人的影响至关重要，它对于一个人价值观念的形成和习惯的养成都有着不可磨灭的作用和影响。但是，教育经历对于一个高层管理人员而言，其管理能力的培养和塑造的影响却又是复杂的。比如，有研究表明，高管的教育水平对企业的创新绩效有着积极影响（Kimberly & Evanisko，1981），但是也有研究表明两者间作用关系并不稳定。而且教育会不断地影响一个人的价值观念，这不仅仅体现在其在受教育的过程之中，更为重要的是即使其在后期的工作中，其行为与思维方式也会持续受到教育经历的影响。比如，大家都认可的，工科背景和社会科学背景的个体在思维方式上就有很大的不同。同时，受教育水平的高低也会对个体的认知产生影响，通常受过更高教育者的视野和认知会更为宽广，通常在面对问题时有更为多样和灵活的思维。

（五）社会经济背景

高层管理团队成员的社会经济背景通常是指自身的收入状况、拥有的财富数量、社会地位等，这些被认为和企业采取何种并购策略以及多元化业务决策等有着密切的相关。汗布里克和马森（1995）两位学者认为，社会经济地位越高的企业家或高层管理人员，会更加地具有扩张性，也更愿意采用激进策略。此外，有学者也提出，高阶梯队理论中的财务状况，主要指高管的股票期权、工资、奖金（Hay & Morris，1979）等，与高管的收入、财富等相关，也属于社会经济背景。随着研究的推进，高管的社会经济背景内涵逐渐扩大，包含了任期、政治背景甚至家庭背景等。高阶梯队理论的支持者认为，高管的社会经济背景对其认知和决策有着深刻影响，其在战略制定、选择方面会受到社会经济背景的影响。但是学界对其原因和机理却没有做深入的研究，可能的原因是决策、认知的形成太过复杂。

高阶梯队理论与之前研究高管特征与企业绩效关系的理论最大的不同在于，在高阶梯队理论提出之前，大多数研究主要集中在对高层管理者个体的研究上，集中研究了 CEO、董事长、总经理的特征在企业决策、战略选择中的作用。而高阶梯队理论的研究对象是高级管理人员所组成的团队。因为随着现代管理工作复杂性的提升、环境动荡性的日益增强以及竞争的越发激烈，一个企业的发展无法做到只依靠一两个人来发展，因而即使如 CEO、董事长等在整个团队中虽然拥有很高的职能权力，但是在进行决策的过程中，CEO、董事长也需要征询管理团队成员的意见，其决策、行为也会受到整个团队的影响。这一观点将研究的重点从关注单个人的作用转移到了对团队整体特征的研究，其理论逻辑更加具有说服力和解释力，其研究结果也更符合现实。

二、高阶梯队理论的发展趋势

高阶理论自 1984 年提出以来，得到了学术界的普遍重视，学者们也展开了大量研究，使得该理论得以不断发展和完善。汗布里克和马森也主动对高阶梯队理论进行了三次重大的修正。主要的修正表现在以下三个方面：（1）加入管理自主权（managerial discretion）作为调节变量。管理自主权又被称为“经理自主权”，最早源于汗布里克和芬克尔斯坦（Hambrick & Finkelstein, 1987）在《组织行为研究》（*Research in Organizational Behavior*）上所发表的论文《管理自主权：一座连接起组织绩效两极观点的桥梁》，是指管理人员在进行战略选择时采取行动方案的范围或行为自由度。基于中国情境的研究，学者们发现，我国企业高层管理者的管理自主权主要取决于三类因素，分别是环境可接受的多样性和变化程度、组织提供并授权管理者制定和执行特定行为的程度以及中国特殊情境下政府对企业的干预程度（杨林、顾红芳和李书亮，2018）。（2）加入行为交互（behavioral integration）作为调节变量。1994 年，汗布里克又对高阶梯队理论进行了完善，加入了高管团队的交互行为作为调节变量，用于解释企业的战略决策选择。但是从现有研究来看，由于统计回归方法的局限，交互项的数量通常不会超过 3 个。（3）加入高管工作需求（executive job demands）作为调节变量。汗布里克等（2005）指出，高管工作需求与一般的工作需求不同，受到工作挑战（task challenge）、业绩挑战（performance challenge）、高管渴望（executive aspiration）的影响，是解释企业战略决策和领导行为的重要概念。后续学者的实证研究表明，上述调节变量的加入对于研究高层管理团队的战略决策、战略选择行为有着积极的意义。

虽然学术界围绕高阶梯队理论对高管在企业战略决策、选择中的作用进行了大量的研究，该领域也是战略管理中长盛不衰的研究话题，研究成果可谓汗牛充栋。但是基于目前的研究结果来看，学术界并没有解释清楚高层管理者的行为对于企业的成长行为以及企业的绩效方面有着怎样的影响，其具体作用的机制又是什么，以及如何并且通过什么因素对其产生影响，都是亟待研究的领域。正如汗布里克早期所指出的那样，高阶梯队理论在研究的未来有着以下可以拓展的空间。

其一，不同的高层管理者是否愿意去探索自己不擅长的新领域，在面对新的信息和环境出现重大改变的情况下，如何进行自身的转变和企业行为的转变。在这个过程之中，高层管理者需要考虑什么因素进行决策。时至今日，这依旧是需要研究的方向之一。

其二，反向因果关系。高阶梯队理论提出高层管理者的行为会受到过去行为的影响。但是高层管理者作出战略选择可能不是受到自身经历和过去行为的影响，而可能是受到董事会或者管理团队中其他人的影响（Hambrick，2007）。比如，在企业实践中董事会选择了一个空降的高层管理人员作为 CEO，这名 CEO 也依据自己的经历、认知对企业作出战略变革行为。这看似是这名 CEO 依据自身过往的经历和认知作出的战略决策，但也可能是由于空降的高层管理者背负着企业董事会的期望而在进行战略调整，这也是董事会选择他成为 CEO 的原因。这样成了董事会变革期望导致了 CEO 的选择战略变革，表现为反向因果关系。

其三，汗布里克和马森（2007）认为，高管的价值观、经历和背景对企业战略选择和绩效有着重要影响，却忽视了宏观经济文化等的作用。实际上，梳理相关研究不难发现，宏观层面的经济、文化因素将会对高层管理者产生直接或间接的影响，这将会对高层管理者的人格进行不同程度的塑造和影响，从而在其进行战略选项和决策中表现出不同的行为和结果。因此，在高阶梯队理论的应用中必须重视不同国家和地区经济、文化差异带来的影响，因为这些对高管价值观、认知的形成具有重要影响。

上述问题虽然提出较早，但是从现有研究来看并没有得到全部解决，依然还有值得研究的空间。

三、高管团队相关的研究

由高阶梯队理论内容可知，高管团队对企业战略行为和绩效有着重要影响，基于此，学术界开展了大量实证研究。研究结果表明，高管团队对企业战略、绩效的影响并不能简单理解为线性关系，而是线性与非线性关系并存，高管团队的研究还需要再深入进行。

（一）高管团队与企业绩效

国内学术界对此问题的研究不可谓不多，但是研究结论却并没有达成一致。利用中国 2002 年以前上市制造行业公司为样本进行的一项研究，发现高管团队规模与企业绩效之间呈倒“U”型关系（贺远琼、杨文和陈昀等，2009）；而以中国纺织行业和信息技术行业的上市公司为样本的研究发现了高管团队的大小和任职时间与企业短期绩效有着正向关系，平均教育水平与企业长期绩效正相关（孙海法、姚振华和严茂胜，2006）；还有研究以 2004～2010 年中国信息技术行业上市公司为样本，检验不同的高管职能背景对企业绩效的影响，最后发现“生产型”职能背景的高管团队对企业绩效、创新绩效均有正向促进作用（王雪莉、马琳和王艳丽，2013）。但是也有学者研究发现高管团队职能异质性对企业绩效有负向影响，比如，一项以中国上市公司为样本的研究表明，上市公司高管团队职能异质性对企业绩效有显著的负向影响，而公司 CEO 的结构权力、所有权权力和专家权力可以有效缓解高管团队职能异质性对企业绩效的负向作用；CEO 的声誉权力则加强了这一负向关系（姚冰湜、马琳和王雪莉等，2015）。

不一致的研究结果吸引了更多学者的关注。李倩和焦豪（2021）的研究发现，高管团队内薪酬差距与企业绩效之间为倒“U”型的曲线关系，即随着高管团队内薪酬差距的增大，企业绩效先增加后降低；顾客需求不确定性正向调节两者之间的关系，随着顾客需求不确定性程度的提高，高管团队内薪酬差距与企业绩效之间的倒“U”型关系会得到加强；企业成长性同样正向调节两者之间的关系，随着企业成长性的提高，高管团队内薪酬差距与企业绩效之间的倒“U”型关系会得到加强，进一步的研究表明，不同所有制结构、治理水平和企业规模中，高管团队内薪酬差距对企业绩效的影响表现出一定的异质性。邓兴明、罗欢和龙贤义等（2021）研究发现，高管团队教育异质性对竞争复杂性具有显著的正向影响，而高管团队任期和职能背景异质性对竞争复杂性的影响不显著；竞争复杂性对企业市场绩效的影响呈现显著的“U”型曲线关系，表明在企业处于竞争复杂性低水平时，市场绩效会随着竞争复杂性的增加而降低，当超过某个竞争复杂性水平临界值时，即企业处于竞争复杂性高水平时，其市场绩效会随着竞争复杂性的增加而增加。郄海拓、綦萌和李晓意等（2021）选取首次并购的 73 个跨界技术并购案例为样本，运用多元回归方法对高管团队职能背景异质性与企业跨界技术并购绩效的关系进行实证分析。结果显示，高管团队职能背景异质性对企业跨界技术并购绩效具有正向影响；市场化程度和可用冗余均正向调节上述作用。孙凯、刘祥和谢波等（2019）研究发现，高管团队平均受教育水平、社会资本、海外背景、薪酬差距分别对创业企业绩效具有正向影响，而高管团队平均年龄、专业背景异质性分别对创业企业绩效具有负向影响，高管团队薪酬差距分别在平均受教育水平和专业背景异质性对创业企业绩效影响中起调节作用。张兆国、曹丹婷和张弛等（2018）研究发现，高管团队稳定性与企业技术创新绩效正相关；在高管团队稳定性影响企业技术创新绩效中，股权激励和同乡关系的正向调节作用较显著，而货币薪酬和校友关系的正向调节作用则不显著。还有研究表明，高管团队中海外背景高管比例对企业专利申请量存在积极作用；海外背景高管与本土高管的年龄、任期差异和受教育水平差异有利于企业专利申请量的提升；两者之间的年龄和任期差异对企业净资产收益率存在负向影响，教育水平差异则对净资产收益率存在正向影响（刘凤朝、默佳鑫和马荣康，2017）。但是一项纳入 118 篇实证文献、341 个效应值、82 278 个独立样本所进行的 Meta 分析发现：（1）有别于之前实证研究及其他 Meta 研究的结果，高管团队异质性对组织绩效仅具有微弱的促进作用。（2）高管团队职能背景异质性对组织绩效的促进作用强于教育背景异质性和任期异质性，但年龄异质性却阻碍了组织绩效的提升。（3）高管团队异质性更多带来组织创新绩效的提升而非财务绩效。（4）使用一手数据时，高管团队异质性对组织绩效的促进作用比使用二手数据时强（崔小雨和陈春花等，2018）。

（二）对企业战略的影响

高管团队对企业战略的影响渗透在企业管理之中。团队通过自身的影响力、权利和各自的职能作出不一样的战略选择，将会对整个企业的战略产生不同的影响。杨林（2014）研究发现，除教育背景测量指标外，高管团队年龄、性别和职业经历垂直对差异均对创业战略导向产生显著正向影响，分组多元回归分析结果表明：高管团队垂直对差异在动态型产业环境的影响效应大于稳定型产业环境；高管团队垂直对差异在国有企业的影响效应大于非国有企业。古家军等（2016）的研究表明：TMT 内部社会资本的不同维度对 TMT 行为整合均有积极的预测作用；TMT 行为整合对战略决策速度具有积极的预测作用；

TMT 行为整合在 TMT 内部社会资本与战略决策速度之间起中介作用。卫武和易志伟（2017）研究表明：高管团队的任期异质性和职能背景异质性正向影响企业的创新战略；高管团队的断层线负向影响企业的创新战略；高管团队的注意力配置对其异质性、断层线与企业创新战略的关系起调节作用。白景坤、李红艳和屈玲霞（2017）指出，高管团队年龄异质性、任期异质性和职业背景异质性与战略变革显著正相关，高管团队的教育背景异质性与战略变革呈显著负相关关系。谷盟、弋亚群和王栋晗（2020）的研究发现，命令型领导削弱了高层管理团队任务冲突与战略变化速度的倒“U”型关系，却增强了高层管理团队情感冲突对战略变化速度的负面作用；授权型领导则缓解了高层管理团队情感冲突对战略变化速度的不利影响。杨林、和欣和顾红芳（2020）实证检验发现：高管团队职能经验异质性、团队共享管理经验以及行业经验对企业战略突变产生显著正向影响；高管团队职能经验异质性与创新能力之间具有显著正相关关系、与适应能力之间具有显著负相关关系；创新能力和适应能力在高管团队职能经验异质性与战略突变之间存在显著中介效应；环境自主权在高管团队职能经验异质性与创新能力之间存在显著调节效应，组织自主权在高管团队职能经验异质性与创新能力、适应能力之间存在显著调节效应。王倩楠和葛玉辉（2021）研究发现，新创企业高管团队的内部团队过程和外部团队过程与决策的质量和满意度均有显著的正相关关系，且认知需要和认知能力对这种关系具有调节作用，在认知需要和认知能力较高的情况下，内、外部团队过程对决策质量和满意度的正向影响更强。

从国内研究现状可以看出，对高层管理团队的研究虽然比对单个管理成员的研究更能对企业决策以及绩效产生解释力，但是研究结论中存在多种矛盾。究其原因就是以团队视角的研究必然会引发另一个问题，即高管团队异质性。由于每个高管成员在人口统计学、社会经济背景、工作职能背景方面必然存在差异，因此所组成的团队必然是异质性的团队。在高阶梯队理论诞生之初，学术界就开始对高管团队异质性与企业绩效关系展开了大量的研究，但是研究结论却没有取得一致，原因在于异质性团队各种异质性自身的交互对企业战略行为及绩效的影响并不是简单的线性关系。创业团队同高层管理团队相似，也是企业的最高管理团队，必然对新创企业的绩效产生重要影响，因此借鉴高阶梯队理论可以为研究创业团队提供必要的指导。当然创业团队也必然是异质性团队，对创业绩效的作用不可能是简单的线性关系，需要进行深入、细致的研究。当然对创业团队异质性与新创企业绩效关系的研究，其结果也对高管团队与企业绩效的研究具有借鉴意义。

第二节　社会分类理论

在社会生活中，每一个个体都从属于各色各异的社会群体中。而社会化的本质就是建立与他人的联结感，即寻求与他人相似的归属感，因而在社会交往中，人们通过分类成群、形成共同体来建立自我满足的归属感。社会分类（social categorization）作为个体的主观心理过程（Dovidio & Gaertner，2010），有利于人们创建社会认知，理解人与人之间的关系（佐斌、温芳芳和宋静静等，2019），在促进人际交往、创建社会秩序（Philogène，2012），以及个体和群体间的互动等方面具有重要作用。

一、社会分类理论的提出

社会分类的概念最早起源于挪威学者巴斯（Barth）提出的族群边界理论（潘泽泉，2007），他指出，人口迁移会让原本不同的族群间形成差异性的组织文化和社会结构，族群间又会通过认同和归属来进行再分类，各个族群利用不同的标志和符号进行相互区别，形成族群边界和某种社会分类。在社会认同理论（social identity theory）中，个体对自身身份的认知分为三个阶段，社会分类、社会比较和社会认同（Turner，1975）。社会分类作为社会认同的基础，是指个体通过一种或多种标准将自己与他人划分为不同的社会类别（social category），社会分类是个体基于共享相似性而将他人划分为不同群体的主观过程，不同社会类别间的成员具有不同的特征（Tajfel & Turnel，1979）。社会类别一方面界定了明显的群体特征，使得对个体特征的判断能够从其群体特征入手；另一方面个体可通过社会类别对自身进行定位判断。由此人们在社会认同理论的基础上逐步形成发展了自我分类理论（self - categorization theory），自我分类理论关注于自身的心理认知过程，而自我概念主要包含两方面：一方面是对自身异质性的关注，寻求自身与他人与众不同的地方，例如性格、爱好等；另一方面是对自身特征的群体归类，将自身归属于同类特征的社会群体中，以此建立归属感（Mael & Ashforth，1992）。在社会分类的基础上进行比较，并通过内群体与外群体比较的方式来实现社会认同。

概括而言，社会分类即是社会认知和社会认同的过程。从社会认知来看，社会分类是个体感知加工的过程；从社会认同来看，社会分类是形成社会认同的基础，自我分类促使人们从内群体角度来审视自己，并通过比较的方式形成社会认同。

二、社会分类的线索

人们在进行社会分类时，往往基于一些线索（cues）来进行而非随意的划分，参照温芳芳和佐斌（2019）的研究，可将这些线索概括为以下几类。

（一）明显线索和模糊线索

人们在进行社会分类时，通常会根据一些明显的线索来进行，例如性别和种族等可视的、稳定的明显线索。此外，人们通过明显线索进行社会分类时往往是自身无意识的行为（Rule & Sutherland，2017）。除了此类外显性的分类线索，内隐化的特征也常被人们用作社会分类，例如亲族血缘关系、性格特点、价值观等，通过内隐化的模糊线索进行社会分类时，人们常常会低估自身分类的能力，但是在其分类的准确性上却高于随机分类的概率（Tskhay & Rule，2013）。

（二）自然线索和社会线索

自然线索主要包括性别、种族和年龄，这三大线索更是被称为社会分类的“大三（big three）维度”（Weisman & Johnson，2015）。性别、年龄和种族同样作为明显线索在社会分类线索选择中具有优先效应，但三者之间仍具有优势差异，其中性别是最为本质和稳定的分类线索，相对来说，种族线索主要对于年龄较大的人们才具有分类意义，已有研究表明婴儿并未表现出种族偏好。

社会线索则主要是对语言、职业和社会阶层身份等线索的概括，是个体进行社会分类的另一方式。语言线索能够显现出多种身份信息，如民族和地域来源等，人们通过语言进行社会分类时多表现出对本族母语口音者的偏好（Kinzler & Shutts，2009）。语言作为沟通传播的主要途径，对群体成员身份的确定具有重要作用。职业在社会分类中同样扮演着重要作用，在社会生活中，人们常会将职业与社会声望地位相关联，且在对职业的性别认知中，人们也表现出特定的职业性别特点，与性别相比职业线索更具灵活性（Diesendruck & Goldfein－Elbaz，2013）。社会阶层身份同样会对社会分类产生一定的影响，是十分重要的分类线索。研究发现，人们对于高身份、高财富的社会群体更具偏好（Horwitz & Shutts，2014），这也可以解释为什么人们都渴望财富、渴望成功。

（三）静态线索和动态线索

静态线索主要包括一些文本信息，例如档案、简历等，其中静态的姓名检索是社会分类的一个重要标准。个体通常会偏好与自己有着相似经历的他人成为共同体，比如以共同求学经历形成的校友群体，以及以共同从军经历形成的战友群体等。动态线索指人们通过视觉、听觉、感觉和触觉等方式来对成员进行分类判断，在社会分类中具有重要作用。比如，当听到低沉的嗓音、魁梧的体格时，会倾向于将对方归类为男性化的群体。再如，依据和他人共处时的心理感觉将对方归类为不同群体。

三、社会分类的动机过程

人们在进行社会分类时，往往会具有自动化、灵活性和潜在模糊性等特点（佐斌和温芳芳等，2019）。自动化是指人们本身具有多重社会属性，即多重社会维度时，知觉者会利用自动化机制（general automaticity）来对目标对象进行类别划分。在对他人进行社会分类时，人们往往采用性别、年龄、种族等自然线索进行类别划分。除一般自动化机制外，人们还会通过特定自动化（specific automaticity）机制对目标对象所处的群体类别进行划分。社会分类还表现出一定的灵活性（Kinzler & Shutts，2010），灵活性主要体现在分类主体的灵活性和分类目标的灵活性。分类主体的灵活性是指基于自身动机、情感意图和自我归类的影响，社会分类表现出灵活的特点；分类目标的灵活性是指人们在分类时会依据目标对象的特点进行灵活处理。潜在模糊性是由于人们所处社会具有多样性和复杂性等特点，社会分类难以明确，故其表现出不稳定性和模糊性，主要体现在进行社会分类判断时，群体属性边界具有一定的模糊性。

在大多数的情境中，社会分类源于个体自发的过程，自我是社会分类的核心。而自我分类认知过程的核心又为去人格化，人们在进行自我分类时主要受到两个基本动机的引导：一是自我提升（self enhancement）；二是减少不确定性（uncertainty reduction）。这两个动机表明了群体竞争性与差异性的特点。

（一）自我提升

驱使人们进行自我分类的一个重要动机是自我提升，人们通过提升内群体的威信和地位来获得自我提升和自尊。在群际之间，当个体处于较高声望、拥有积极认同的群体之中，人们的自尊会得到提升。当人们处在贬损的社会群体中，群体所带来的可能是削弱自尊，但人们能够通过多种方式对其进行反应，如强调自我认同，离开地位较低的群体，以此获得缓冲和恢复。

（二）减少不确定性

在社会生活中，人们希望明确了解“我是谁”“我该如何做”，以及他人是谁，他们又会表现出何种行为，减少因不明确而造成的不确定性。社会类别突出自我概念，将自我概念对应行为，并对行为进行描述和规定，以此减少不稳定性。自我概念的稳定性使人们能够感知、预测自己的行为，从而进行高效的行动。个体的特征会影响其对群体的选择，主要表现在当个体的自我概念越不稳定时，个体越期望归属于高度一致化的群体，以此获得自身的行为规范。

四、社会分类的主要模型

（一）优势维度效应

在社会分类线索中，因不同维度相对权重不同而产生优势维度效应，优势维度效应是指当由多种维度构成对分类目标的类别划分时，所发挥权重更大的维度形成了优势维度效应，与之相对应的是，不同维度间相互影响所产生的交叉分类效应。这种优势效应主要表现为感知者对多维度的整合形成的单一心理表征（Hampton，1987）。在确定维度权重问题上，往往存在个体主观性，个体多会对具有积极作用的维度赋予较高的权重。在分类组合中，人们会对消极效价的因素选择性地抑制和忽略，进而凸显出积极效价的维度（Kang & Chasteen，2009），由此形成优势维度效应。优势维度效应在选择上会受到个体情感特征和动机的影响，具有个体主观性，由此对于优势维度效应的研究不应仅包含维度本身，更重要的是要关注感知者情感动机与情境变化，以此加深对社会分类的研究。

（二）相似吸引范式

相似吸引范式（similarity - attraction paradigm）最早由拜恩（Byrne）提出，该范式的核心观点是：相似性是人际吸引的重要诱因（Byrne，1971），团队成员根据人际相似性来判断成员的态度、价值观和信仰，进而推动成员间的沟通交流，由此对团队的凝聚力及决策产生影响（郭葆春和刘艳，2015）。个体通过对相似性的判断，形成“群体内”和“群体外”的判断，相似特征越多，则越能促进“群体内”的沟通，进而使得子群体间的断裂带愈加明显（马连福、张燕和高塬，2018）；且认知复杂的人更有可能感知和评价他人的相似或不同之处，即认知复杂性能缓和吸引力法则（Leonard，1976）。蒙托亚（Montoya）等通过元分析方法评估实际相似性与感知相似性对人际吸引力的影响，结果表明人际吸引力与实际相似性和感知相似性的关系显著，且在现有关系中，感知相似性被认为是吸引力的预测（Montoya et al.，2008）。

（三）CEM 模型

研究者从不同视角出发探讨团队多样性与绩效之间的关系，有不同的结论，社会分类理论认为，相似性和差异性是将自我和他人分类为群体的基础，进而划分出自己的内群体和一个或多个外群体，相较于群外人员，人们更倾向喜欢和信任群内成员，且不易发生冲突，由此认为团队的同质性较高时，团队的绩效将更好（Jehn & Neale，1999）；而信息决策理论则认为不同的群体更有可能拥有更广泛的与任务相关的知识。这不仅给不同的群体提供了更大的资源池，且可能会产生更有创意和创新的想法和解决方案（Ancona & Caldwell，1992），进而提高绩效。基于团队多样性与绩效间关系的不同提出的分类—细化模型（categorization - elaboration model）如图 2 - 1 所示（Van Knippenberg et al.，2004）。

之前对多样性的研究将信息/决策过程和社会分类过程孤立，而 CEM 认为信息/决策和社会分类过程是相互作用的，综合信息/决策和社会分类的观点，克尼彭伯格等（Knippenberg et al.，2004）提出，细化和社会分类过程相互作用，具体而言，由社会分类导致的群体间偏见可能会破坏与任务相关的信息和

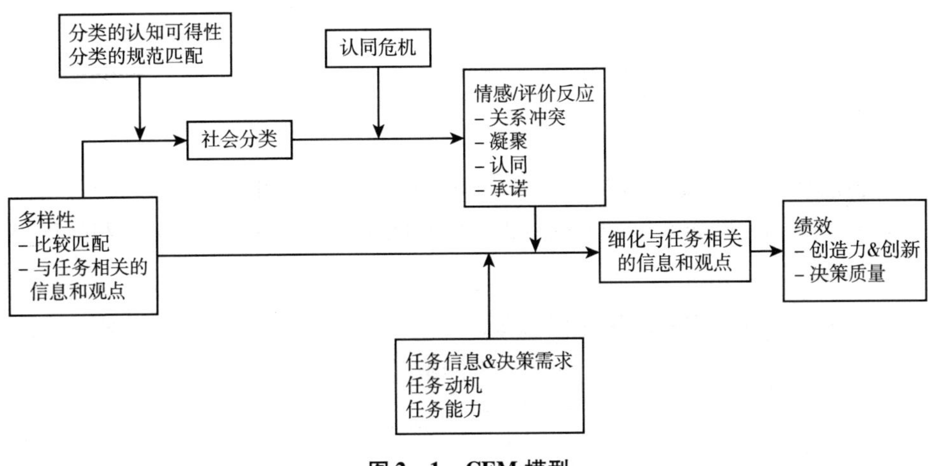

图 2-1　CEM 模型

引自 Van Knippenberg D，et al. Work group diversity and group performance：An integrative model and research agenda［J］. Journal of Applied Psychology，2004，89（6）：1008-1022.

观点的细化，且多样性的所有维度都可能引发任务相关信息的细化以及社会分类过程。

（四）最简群体范式

最简群体范式（minimal group paradigm）最早由泰弗尔和毕利希（Tajfel & Billig，1971）提出，基于对理解社会歧视的基本决定因素的兴趣，研究了在没有现实利益冲突的情况下，社会分类对群体间关系的影响，以及对新的社会分类的影响（Otten & Sabine，2016），意在用最简单的操作程序所形成的社会分类来检验群际偏见与歧视，其被认为是研究群际关系最具影响力的范式之一（温芳芳和佐斌，2018）。最简群体范式具有以下三个特征：首先，分类是新的，成员没有内群体或者外群体的经历；其次，分类是匿名的，小组成员之间没有面对面的互动；最后，群体间的分类不能直接服务于任何功利主义的自身利益（Otten & Sabine，2016）。目前的研究表明，最简群体范式不仅针对群体内的偏袒和社会歧视，而且成功地应用于广泛的研究领域，如社会认知加工、社会心理偏好、神经生理反应等，证明了它的多功能性和巨大的价值。

（五）跨越（交叉）分类模型

以前人们在分类建模方式上只专注于学习解释所有特征的单一类别系统，

很大程度上忽略了跨属性特征进行分类的问题，帕特里克等（Patrick et al.，2011）认为人类具有跨属性范畴能力的认知基础，且联合推断多个类别系统的方法可以最好地解释人们的行为，并提出交叉分类模型（cross – categorization model）。交叉分类是指在社会分类时采取多维度，而多维度间所形成的相互交叉现象（Crisp & Hewstone，2007），形成多维度上的内外群体身份交叉，如按照国籍和性别维度交叉后，形成包含中国女性、外国女性、中国男性和外国男性等多个群体。

交叉分类被认为对减少群际偏见、降低刻板印象偏见具有重要作用，由此产生交叉分类效应，现在对于交叉分类的解释模型主要包括代数模型和非代数模型两大类，代数模型有平均模型、相加模型和等价模型，非代数模型包括类别优势模型（category dominance pattern）、类别联结模型（category conjunction pattern）和层次顺序模型（hierarchical ordering pattern）（黎情、佐斌和胡聚平，2009），当交叉类别中的内群体身份被强化时，交叉分类会带来积极影响；反之，当交叉类别中的外群体被凸显时，交叉分类会带来消极影响。严磊等（2018）的研究则进一步指出交叉分类不仅对刻板影响具有积极作用，还存在消极影响。

社会分类在帮助人们创建社会认知与构建社会认同方面发挥了重要作用，人们在社会分类时会自动区分内群体与外群体，并将内群体的特征赋予自我，从而完成自我定型与社会认知。与社会认同理论不同，自我分类理论将重点放在心理群体的解释上，发展了社会认同理论中的关于自我概念的讨论。但是社会分类理论仍存在着分类情境、分类线索权重等问题，此外，对于社会分类理论的研究多聚焦于西方群体，由此社会分类的本土化研究仍有待考证。不可否认的是社会分类在社会认知以及人们人际交往中发挥着重要作用，对于社会秩序以及社会和谐方面发挥着重要作用。社会分类理论可以用于对创业团队中成员自我分类情况予以指导，为理解异质性团队的信息交流、决策互动提供了理论视角。

第三节　社会认同理论

在人类历史的长河中，人类面临的一个重要的认知任务就是“我是谁”

及如何“认识自己”。柏拉图、弗洛伊德等学者对这一问题都有着自己的诠释，而社会认同理论也在各个社会科学领域有着广泛的应用。

一、社会认同理论的提出

认同（identity）一词从拉丁文“idem”产生，有无差异的、相同的意思，也被学者们翻译为同一性、共识性。在心理学的研究中，弗洛伊德最早将其引入，他认为在社会学研究中，认同阐释了群体成员之间的类似性，以及群体与群体中成员之间的差异性，在社会或群体中，个体行为受到群体意识的影响。然而对于社会或群体如何影响个体心智从而对个体行为进行塑造却没有明确说明。

个体与群体、人际间行为与群体间行为都是不同的。人际间的行为是基于个体特征进行的活动，与其所属群体特征无关；群体间的行为是基于群体间存在的竞争、冲突关系进行的活动，不仅具有共识性行为，也有冲突性行为。为了更好地解释群体成员间的行为差异，泰弗尔等（Tajfel et al.，1971）进行了最简群体实验范式（minimal - group paradigm）。实验表明，即使成员间未产生互动，只要成员自己感觉到“被分类”就会有内群体与外群体概念的产生，从而对内群体的成员表现出积极的态度、评价或者行为，对外群体的成员表现出消极评价或冲突行为。

在最简群体范式研究的基础上，作为自我概念的一部分，社会认同是自己对所属群体以及所属关系给自己带来的情感与价值的认知（Tajfel，1978）。自我决定我们怎样对与“我”有关信息的处理，如情感、能力、动机（Klein et al.，1989）。我们会对自我有威胁的信息进行“屏蔽”，保护自我不受其干扰，维护自我的一致性，建立起对自我的态度（Tschanz & Rhodewalt，2001）。个人对自己的评价所产生的就是自尊。社会认同理论认为，个体存在获取自尊的基本动机，对于自我评价的信息主要来自他人，即人们通过社会比较来对自己进行评价。人们可以选择不同类型的人与自己进行比较，但同一个社会比较结果会受到参照群体的不同而有所改变。自我为了满足获得积极自尊的需要，会对群体进行积极区分，通过内群体中有利的比较，获得积极的自我评价或者所在群体的社会认同，以提升自尊（张莹瑞和佐斌，2006）。

二、社会认同的过程

泰弗尔对社会认同的过程分成了三部分，它们对社会认同的产生有着积极作用，具体如下。

（一）社会分类

在社会中，根据某种标准对人类进行划分就是社会范畴，如按照种族划分为东亚人种与高加索人种，按照性别划分为男人与女人等。为了对他人的行为有更加方便的理解，我们在对其进行范畴化时，也会对自身范畴化。这种自我范畴化可以让我们感知到与群体成员之间的相似性，对不属于群体的成员产生异质感，使得在群体内的自己遵守群内规范，作出合适的行为。自我范畴与社会范畴两者相辅相成，自我范畴是社会范畴的基础，两者共同对个人范畴化感知起到促进作用，这就使得个体与其他群体相区分，同时归属于某一特定群体，促使个体在内群体中表现出更多的相似性。

（二）社会比较

费斯汀格（Festinger）认为，社会比较是一种驱动力，它可以让个体对自己的观点与能力进行评价，当没有相对“客观”的手段来评估自身的能力与观点时，一个人将通过与他人的比较来判断（Festinger，1954）。作为正常心理功能的一部分，积极的自我概念可以帮助我们有效的面对世界。社会比较的概念就是指当我们对自己评价时，会与相似的人进行对比。泰弗尔（Tajfel，1979）将费斯汀格（Festinger）的比较过程由个体扩展到群体，他认为群体间的比较是获得明确认同的一种重要手段。人们习惯于对内部群体打上正面特征的标签，而对外部群体打上负面特征的标签。一个人的自我评估可以在内群体和外群体区别化的比较和评价中得到提升，反之就会离开所在群体或者努力让自己的群体变得更好。

（三）积极区分

所谓积极区分的原则就是为了满足自尊心或激励自己，个人强调了自己的一些优势，使他们在群体比较中的表现优于群体成员。这种积极区分的结果具有两面性。一方面，在成功开展积极区分后可以提高内群体成员的认同与自尊；另一方面，外群体成员的自尊或自我价值会受到打击或者威胁，群体之间的偏见、不满、冲突等态度或行为就会慢慢产生。

三、社会认同的动机

（一）个体加强自尊

泰弗尔（Tajfel，1982）对社会认同的动机提出了如下假设：个体为了提高自尊水平，需要在所认同的群体中建立社会身份，即社会认同有助于提高个体的自尊水平，这也是个体社会认同的动机。从这一假设可以推出社会认同的三个基本原理。首先，人们在对不同社群的声誉、地位、优劣进行对比评价后，努力将自己纳入优秀的群体内，并认为自己具备该群体成员的优秀特征；其次，当人们认同的社会身份遭受威胁时，就会在思想上对群内成员价值进行肯定，在行动上进行捍卫；最后，为了维护自尊，处在弱势群体的成员在感知到所在的群体不及其他群体时，他们就会采取相应的行动，例如仿效优势群体，辨析其他群体的优势或者离开所在群体，转向认同的优势群体中（Abrams & Hogg，1988）。

（二）获取社会认同的安全感

对于社会认同，人们不仅希望可以提高自尊，也希望借助社会认同来减少在生活中的无常感。社会认同帮助人们对自己、所在群体的成员有哪些特点、他人或其他社群又有着怎样的特征与行为有所了解与认知。基于这些认知，人们便可从社会生活中预测各种人的社会身份与行为，并懂得如何与其进行社会交往（Hogg & Mullin，1999）。因此，社会认同可以降低生活中的无常感，给予人们在社会认同中的安全感（赵志裕、温静和谭俭邦，2005）。当然，若在生活中人们有能力和资源处理这种无常感时，便不需要通过社会认同来提高安全感。基于此又可推出社会认同的两个原理，其一，不是所有成员都可以降低生活中的无常感，只有在一些认同界限清楚、成员构成简单的群体，才会降低这种无常感；其二，认同界限清楚、成员构成简单的群体的倾向强弱会受到性格、地理等因素的影响（赵志裕、温静和谭俭邦，2005）。

（三）满足归属感和个性的需要

人们在社会生活中不仅需要个性的存在，也希望通过所在群体获得归属感。理论上，既想拥有个性又想获取归属感的这两种心理需要是可以独立存在的。然而在社会认同上，两者就会显示出一种焦灼的关系。当人们认同某个特定的群体时，会认为自己是该群体的一员，群体内成员越多，归属感越强。可是在实际过程中，会产生去个性化的情况，也就是说，当个体把群体的规范特征放在自己身上时，就在群体中看不到自己与其他成员的不同，这样就无法实现保持个性的需要，而伴随群内成员的不断增加，便觉得与其他人更无区别。因此，人们会选择适合自己的社会认同，使两者达到平衡，即满足归属感的需要越强烈，人们就会倾向于认同可容纳较多成员的群体，反之，当满足归属感的需要越小，便会倾向认同成员较少或比较排外的群体（Brewer，1991）。

四、社会认同的策略

当群体成员的自尊遭受威胁时，社会认同理论认为，他们往往会采取社会流动（social mobility）、社会竞争（social competition）、社会创造（social creativity）三种策略。

社会流动，即离开所在的群体从而去向更好的群体的"流动"。如果没办法实现这种"流动"，他就会减少对这个群体的认同，去关注其他群体，或是着重强调个人认同而非社会认同。社会竞争，即当个体所在的内群体相对外群体较差时，就会努力证明自己，找寻其中缘由，提高内群体社会地位，或者通过某种方式对外群体进行攻击来提升内群体价值。因此，社会竞争是造成群体间冲突的主要诱因。社会创造，当内群体认同受到威胁时，群体成员会将自己所在的群体同其他群体比较，即成员们会将外群体作为参照对象来评价内群体。

因此，当群体成员的社会认同受到威胁时，为了维护个人尊严，会作出一些行动来抵抗社会中存在的不平等。社会认同理论认为，成员们究竟会采取哪种行动来抵抗这些不平等，主要在于他们对社会流动所持的信念（mobility belief）（赵志裕、温静和谭俭邦，2005）。当他们感觉社会流动性低，弱势群体的成员没有办法脱离现有群体背景而转向其他优势群体，在走投无路时，就会加大对弱势群体的认同，寻找他们的优势，让社会对弱势群体的负面评价重新进行测定；反之，如果社会流动性高，弱势群体就会努力让自己归属于更有优势的群体中。

社会认同理论首次将人际行为与群际行为做了区分并进行比较，包括个体认同与社会认同、个体自尊和集体自尊的区分，这些概念对社会心理学的研究有着深远的影响。与美国认知心理学将“社会的”认知放在个体层面不同，社会认知理论将“社会的”置于群体关系背景下，将个人对群体的认知放在首要位置，更深层次地对社会心理进行研究，成为欧洲心理学重要理论成果之一。当然这一理论从提出时就面临多种挑战，无论是支持者还是反对者都提出了其能否适用于实验背景之外的问题，例如在群体间评估和偏见（Crisp & Hewstone，1999；Hewstone et al.，2002）、群体间消极的歧视性行为（Migdal et al.，1998）、自尊的最大化（Rubin & Hewstone，1998）等现象的验证问题上有待完善。然而，不可否认的是社会认同理论对于研究群体内偏见、冲突、不平等的社会地位等现象有着很大的帮助，社会认同理论的深入研究对社会的和谐发展有重要意义。

第四节　团队决策理论

一、信息决策理论

信息决策理论（information and decision - making theory）是解释团队决策行为的一种观点，它的核心思想是团队根据信息进行决策。当信息作为决策的基础时，多样化的群体就会拥有更加广泛而全面的知识与信息储备，以此来弥补个人知识与技能的不足（付颖，2019）。信息使用需要先对信息进行管理，而信息使用的主要目的则是支持管理决策。以信息决策理论的视角来看，更多的信息标志着更加丰富和多元的态度、观点与角度，这就便于组织选择最佳的决策来帮助提升企业绩效（汪罗娜，2014）。实际上，组织本身就是一个信息处理系统，管理者需要通过信息处理来进行战略决策（Daft et al.，1993），信息经过处理识别有关决策的重要变量信息。决策过程本质上是信息流动与再生的过程，团队成员在制定战略的过程中获得、处理、解释信息，在执行的时候将信息传递出去（Daft et al.，1993），最后开展行动。

信息决策理论认为决策的核心在于信息，但是个体在信息决策过程中起到了关键的作用。个体差异化的年龄、学历、专业等一系列因素让群体具有多样性，而这种多样性不仅带来了差异化的认知、价值观、专业知识，还带来了信息的全面性。当拥有全面的信息时，就会帮助团队在决策中可以避免因个人决策而引发的偏见，以此确保了整体决策的科学性，有利于企业高质量战略决策的制定（郝静琳，2016）。因此群体的多样性可以增强群内与任务相关的信息、观点的探讨，可以促进对相关任务的见解、想法进行整合（Van Knippenberg et al.，2004）。同时，信息决策理论也认为成员间因多样性程度高而会引发认知、观念、价值观等深层次的差异，这种差异就会导致成员间存在分歧或冲突从而激发学习行为，而这些分歧可能在决策过程中是有价值的资源（韩立丰和王重鸣，2010）。从信息决策理论角度出发，正是这些分歧或冲突的观点被暴露出来，所以当大家围绕这些分歧与冲突的观点进行探讨时，也是一种学习的途径，它提高了团队成员对问题的认识，有利于激发成员的创新思维，帮助团队在面临一些不确定或非常规的问题时可以作出有效的、富有创造性的决策。

综上所述，从信息决策理论的角度，成员间的多样性有助于扩大群体认知资源，为群体带来了不同的观点与视角，有助于群体作出高质量、高效率、富有创造性的决策。如果说社会类化理论强调了群体多样性对整体凝聚力的消极影响，那么信息决策理论则更多展现出群体多样性对团队决策有利的一面。

二、共享心智模式

（一）心智模式概述

心智模式（mental models）又称心智模型，最早由苏格兰心理学家肯尼思·克雷克（Kenneth Craik，1950）提出，他指出个体在经历某件事情后，会对事件进行事后总结思考，找出其发展规律，当事情再度发生时，个体便会用先前总结的规律经验来指导预测事情的发展。换言之，心智模式是个体感知周围事物的心理模型，是个体认知系统为解释环境而创造的内部表征。心智模式并没有统一明确的定义，多认为心理模式是人们通过心理机制来描述系统的目标和形式，解释系统的功能，观察系统现存状态以及预测系统的未来状态，是一种个体心理机制。心智模式的作用主要是对周围的环境进行描述、解释和预测（Rouse & Morris，1986）。心智模式的核心作用是帮助个体预测并推论事件的发展，形成对现象的理解，进而采取行动或控制措施（Johnson - Laird，1983）。因此，心理模式是个体认知、分析、决策的一种“范式”，对于深化个体认知、提高决策具有重要作用。

（二）共享心智模式内涵

人们在对团队活动的研究中发现，有效的团队中成员对团队事物的认知理解具有很大的相似性，这种对于事物的共同理解能够帮助团队提高工作效率（Langan - Fox et al.，2000）。这就表明，团队中存在群体层面的共享模式。基于此，后来的研究者提出了共享心智模式（shared mental model）这一概念，认为共享心智模式是团队层面的知识结构和心智模式，是团队成员之间共享的认知体系，可以帮助成员对团队事务作出相似的认知和解释，进而协调团队成员活动以适应团队作业，促进复杂工作的完成、实现预期效果（Cannon - Bowers et al.，1993）。有学者认为共享心智模式是对知识的建构，这种建构则源于先前的经验或学习，是团队成员对团队事物的共同理解（Klimoski & Mohammed，1994）。在对共享心智模式的进一步研究进程中，有学者发现共享心智模式不仅包含知识，还包含了成员对团队任务及目标的态度、判断标准和共享预期，即共享心智模式的内涵已经从知识结构扩展到了态度、信念或价值观层面。

（三）共享心智模式的类型

对于共享心智模式类型的划分，很多学者都对其进行了研究。学术界较为认同其是一个四维结构，并将共享心智模式划分为团队任务模式、设备或技术模式、团队成员模式、团队交互作用模式（Cannonbowers et al.，2001）。也有学者将其分为与任务相关的和与团队相关的两种模型（Mathieu et al.，2000）。共享心智模式的价值就在于可以使团队成员快速有效地调整策略以适应任务环境，提高团队之间的工作效率。对共享心智模式作用效果的研究表明，共享心智模式可以优化团队认知过程、决策机制、促进团队成员间的合作与沟通、保证团队任务的顺利进行，进而促进团队绩效的提升。

第三章

研究综述

第一节 创业团队研究综述

一、创业团队界定

要正确认识和理解创业团队异质性，就需要先界定创业团队。虽然关于创业团队的研究已经非常丰富，但不幸的是对如何界定创业团队（entrepreneurial team）尚没有达成共识。而主要的争议在于创业团队的人员构成、经济利益的取得方式等方面（黄昱方和秦明青，2010）。有研究者提出创业团队应当由两个或两个以上的个人组成，团队成员在新创企业中拥有同等的财务利益，而且应当参与了公司的创立和经营（Kamm et al.，1990）。该定义是较早对创业团队进行界定的研究，但是该观点与实践并不相符，典型的一点就是创业团队成员的财务利益通常是不平等的，而是取决于团队成员所持有的公司股份，股份不同财务利益与权力自然就会不同。此外，现实中，创业团队成员也可能没有参与公司创立，而是在成立几年内才加入创业团队。因此，也有学者强调创业团队应当是由积极参与公司经营且有重大利益的人（Cooney，2005），但是何为积极参与、何为有重大利益并没有标准，该作者并没有界定。此外，还有学者将创业团队定义为由两个或更多个人组成，在新创企业中既有财务利益也有其他利益，在企业中从事管理工作，认为团队成员在企业中的利益不仅限于财务利益，还包括非财务的其他利益，比如事务的参与、决策权等（Schjoedt et al.，2009）。

朱仁宏和曾楚宏等（2012）在综合相关研究后，认为创业团队是由两个或两个以上具有共同愿景、共同创办新企业或参与新企业管理、拥有一定的股权且直接参与战略决策的人组成的特别团队。这个定义强调团队成员“共同”完成了公司的创办与早期管理，而且明确指出创业团队成员集所有权和经营权于一身，不仅从事行政管理而且还直接参与战略决策。而高管团队（top management team，TMT）与工作团队（work team）并不要求持有公司股权，也不一定参与战略决策，这就凸显了与创业团队的区别。在现实中，部分高管团队成员也可能持有股权，但其持股比例往往远低于创业团队成员。此外，高管团队成员虽具有经营管理权，但他们极少直接参与战略决策，通常只是战略决策的执行者。

综上所述，我们认为对创业团队的定义学术界作了大量的讨论，更为普遍接受的准则有：团队成员应当持有较高比例的股份，较早积极参与公司经营（可能在公司成立前参与创立活动）、参与公司重大决策、除了有重要的财务利益之外还有其他利益。

二、创业团队异质性及其测量

团队都是由两个或两个以上成员组成，因而团队成员间必然存在差异，这种差异被称为团队的异质性。对创业团队异质性的认识更多沿袭自团队异质性的研究。汗布里克等（1990）认为团队异质性是指团队成员在人口统计特征、掌握的技能、拥有的经验、所持价值观等方面表现出来的差异。团队异质性为研究高管团队与企业战略决策、企业绩效提供了新的框架。经过研究发现，团队各异质性属性都与工作绩效有关，但是密切程度不同，其中，性别、年龄、种族等异质性与工作绩效相关性较低，而教育和经验异质性则与工作绩效相关性较高（Williams et al.，1998）。有学者提出应当对异质性进行区别考察，并将团队异质性分为社会类别异质性、信息异质性、价值观异质性（Jehn，1999）。这一分类划分方式较为科学也得到了学术界的认可，但是由于价值观的抽象性和隐蔽性，对价值观异质性的测量则成了至今未解的难题。哈里森等（Harrison et al.，2000）则提出另一种异质性分类办法，他将团队异质性分为浅层异质性和深层异质性。浅层异质性容易观察和测量，主要指人口统计特征（年龄、性别、种族等）方面的差异，这类差异可以直接测量；深层异质性则指团队成员在人格特质、价值观、态度、偏好、信念等方面的差异，这类异质性不容易被观察或测量。一项利用发表于1997～2002年的63项成果的研究表明，一些团队异质性与关系导向相关，一些团队异质性与任务相关。与关系相关的异质性主要是团队成员的性别、年龄、种族等人口统计特征变量；与任务相关的异质性则主要是团队成员的工作年限、受教育水平、职能经验等（Jackson et al.，2003）。牛芳和张玉利等（2011）则将创业团队异质性分为与身份相关的异质性和任务相关异质性。前者主要包括性别、年龄、种族等属性，后者则包含了成员的产业经验、职能经验、受教育程度等属性。胡望斌、张玉利和杨俊（2014）则提出了将创业团队异质性分为功能性异质性和社会异质性的观点，虽然有所不同，但总体上与前人的观点较相似。

回顾相关研究可以看出，关于团队异质性分类的研究非常丰富，但尚未取得共识。这既说明了创业团队异质性研究的重要性，也说明了对此问题的研究有必要再深入开展。特别是关于创业团队异质性的测量。比如，目前对于容易观察的异质性有比较公认的测量方法，但是对于深层次的异质性（如价值观异质性）目前还没有好的测量方法。虽然有关脑科学的研究对此正在做不懈的努力，但是目前还没有取得明显的成效。所以我们的研究也主要采用了人口统计、教育、职能经验等易于观察测量的异质性，而对价值观等深层次异质性没有涉及。

对于易于观察的团队异质性的测量目前已经有了比较成熟的方法。常见的一些异质性，比如年龄和产业经验都是连续变量，创业学者基本采用了在社会科学研究中常用的标准差系数来测量（Ensley & Pearson，2005），即用变量的标准差除以均值来计算。对于教育水平异质性，则基本采用了赫芬达尔—赫希曼指数（Herfindal－Hirschman）系数（Blau，1977）来测量，计算公式为：

$$H = 1 - \sum_{i=1}^{n} P_i^2$$

其中，P_i 表示具有某类教育背景成员占创业团队成员总数的比例；n表示教育背景类别数量。对于职能经验异质性，采用的计算方法如下：

$$H = \sum_{i=1}^{n} P_i \log \frac{1}{P_i}$$

$$H' = H/\log I$$

H'为职能经验异质性，取值范围为（0，1）。I为类别总数，其中，P_i 表示具有某类职能经验成员占创业团队成员总数的比例；n表示职能经验类别数量。上述测量方法也是当前国内学者常用的测量方法。为了保持和国内学者研究的一致性，我们在测量团队异质性时也采用上述方法。

三、创业团队异质性与新创企业绩效

创业团队异质性对新创企业绩效有何影响是学术界长期关注却未取得一致认知的问题（石书德、张帏和高建，2011）。从现有的研究来看，要取得统一、公认的结论还有许多工作要做。

一方面，有研究者从信息加工理论出发，提出异质性团队有利于公司业绩的增长，因为异质性团队能为经营决策提供多元的信息和观点，有助于作出科学的决策（程江，2017）。因为从信息加工理论的视角来看，异质性团队拥有丰富的资源、成员间对问题的认识存在差异，而多元的视角和多样的知识，有助于促进组织学习，帮助团队作出有效科学的决策，进而提升企业绩效（Heavey & Simsek，2015；Qian et al.，2013；Hambrick et al.，2015）。基于该理论的实证研究支持了这一论断（Horwitz & Horwitz，2007；Jehn et al.，1999；Joshi & Roh，2009；Harrison & Klein，2007）。

另一方面，根据社会分类理论，由于异质性团队中成员间存在不同的价值观，认知方面必然存在差异，这种差异不可避免会引致成员间冲突，对企业绩效产生消极影响。除了引发冲突之外，异质性团队中会出现社会分类现象，这对团队成员间合作和组织绩效产生负面影响（O'Reilly Iii et al.，1998；Williams，2016；Ensley et al.，1998）。基于社会分类理论的研究也得到了经验数据的支持，大量研究也表明异质性会带来团队分裂，降低凝聚力，阻碍企业绩效（Andrevski et al.，2011），比如创业团队教育背景异质性对全球性创业企业增长有负向影响（2015）。还有研究显示，在创新程度高的新创企业中，高层管理团队的年龄、受教育水平、专业异质性与创业绩效间呈负相关关系（Amason et al.，2006）。

此外，还有学者认为，创业团队异质性与创业团队有效性之间没有显著关系（Jr & Lee，2008；Chowdhury，2005），异质性作为一种团队的静态属性并不能直接转化为生产力，其对企业绩效的作用，应当是通过团队行为来实现的。因此，要想厘清异质性团队与新创企业绩效的关系需要借助微观视角来挖掘创业团队成员之间的互动质量以及与认知决策相关的因素（Stewart & Barrick，2000），即理解异质性是如何向绩效转化的“过程”是理解创业团队异质性与新创企业绩效的关键。

国内学者的研究结果表现出明显的分歧。张秀娥等（2013）认为，创业团队异质性对创业绩效有积极效应。吴岩（2014）的研究表明，团队的知识异质性与创业绩效有积极线性关系。杜海东（2014）的研究结果表明，经验异质性与新创企业绩效的线性关系。赵文红和薛朝阳（2017）研究指出，异质性对资源获取有积极影响，但与认知合法性为倒“U”型关系。樊传浩和王济干（2013）的研究表明，产业经验异质性、价值观异质性对绩效有正向影响，而教育背景对创业绩效没有影响。胡望斌、张玉利和杨俊（2014）的研究表明，技术创业团队异质性与新企业绩效呈倒“U”型关系。牛芳等（2011）研究发现，产业经验异质性对新企业绩效有正向影响，而年龄异质性对新企业绩效有负向影响。陈忠卫和常极（2009）则发现团队年龄异质性、成员任期异质性对组织创新能力、公司绩效有积极影响。杨俊等（2011）研究发现，创业者的先前管理职位异质性、行业相关经验有利于新技术企业绩效。

为解释研究结果的不一致，学者们从环境因素以及中介、调节变量的角度进行了探索。其中，环境因素主要包括行业环境、市场环境、企业成长阶段、企业发展状况（扩张还是收缩）、企业类型（是否创新企业）等。中介或调节变量包括管理复杂性、领导者风格、领导者乐观心理、集体创新力、团队氛围、团队学习方式等（程江，2017）。但争议尚未得到解决。

四、小结

通过对创业团队相关研究的梳理可以看出，首先，关于创业团队异质性对新创企业绩效的影响，学术界还存在不同的意见，研究结论还有不一致甚至矛盾之处。造成这一局面的原因可能在于新创企业绩效本身就受到多种因素的影响，但缺乏对团队异质性转化为新创企业绩效过程的研究很可能是导致结论不一致的重要原因。因为异质性作为一种团队近似静态的属性并不能直接作用于绩效，而应当是通过作用于团队、决策、选择、行为来影响绩效。其次，在团队异质性的划分中，学术界表现出较为一致的意见，认为都应该包含人口相关异质性、职能相关异质性，但是忽视了创业团队具有的独特性，比如没有考虑团队成员的创业经验异质性，而现有研究表明先前的创业经验对新创企业绩效有着重要作用。因此，我们参照已有研究，将创业团队异质性划分为社会异质性（包括年龄异质性、性别异质性、教育异质性）和经验异质性（包括产业经验异质性、职能经验异质性、创业经验异质性）两个维度。在测量方法上采用布劳等（Blau et al.，1977）、蒂奇曼等（Teachman et al.，1980）提出的方法来测量。

第二节 创业拼凑研究综述

新创企业的管理活动与成熟企业的管理活动密切相关但又有所不同。新创企业通常都面临着资源不足的窘境，同时管理规范性不高，让创业者有较大的自由发挥空间，在决策、资源利用、市场开发等方面具有灵活性和非常规性，因而在创业中有着一些独具特色的行动，比如对资源利用的拼凑行为。

一、创业拼凑概念界定

拼凑是源自人类考古学的一个概念。列维－斯特劳斯（1966）首次在人类学研究中提出“拼凑”概念，包含两层含义：一是指古代部落、族群利用思想、符号、意识等的创新，创造出新神话人物、故事等的行为；二是指古代部落的人们在面临物质资源缺乏的情况下，通过对“手头资源”的非标准化使用，解决难题、求得发展的行为。贝克等（Baker et al.，2005）则将“拼凑”概念引入创业研究领域，提出“创业拼凑”的概念，并将其定义为“组合手头资源并即刻行动，解决新的问题和发现新的机会”。创业拼凑概念的本质体现在两方面：一是充分利用手头现有的资源，可能是一些在其他企业看来闲置、低值甚至无用的资源；二是资源重构，即对手头现有资源的创造性重组利用。贝克和尼尔森（Baker & Nelson，2005）进一步指出创业拼凑是对物质资源、人力资源、技术资源、市场资源、制度资源这五类资源的拼凑。通过“拼凑”可以促进创业者重新认识在手的资源，促使他们深化对这些在手资源的认知，为这些资源找到新的用途，从而提升这些手头资源的价值（Baker，2007），帮助新创企业解决发展中的问题。拼凑的本质是通过改进手头资源的利用方式，实现对资源的“创造性地再造”（Rice & Rogers，1980），强调了对手头资源价值和功能的重新塑造。这里的手头资源既包括可控资源和创业者通过社会交换或非契约形式获取的廉价或免费资源（祝振铎和李新春，2016）。有学者认为创业拼凑有 3 个关键特征，即利用手头资源、即刻行动、有目的的资源重组（Baker & Nelson，2005），其过程包括了摆弄、重构、重组、重包资源的实验过程（Senyard et al.，2010）。

由于创业拼凑是新创企业具有特色的行为，因而自该概念诞生后就受到学者们的普遍关注，研究者们提出了 4 种类型的创业拼凑。一是从拼凑频率与范围的角度，有学者将创业拼凑分为并行型拼凑和选择型拼凑两类（Baker & Nelson，2005）。并行型拼凑顾名思义是指在同时进行多个拼凑，选择型拼凑指同一时间只开展一项拼凑，一项拼凑活动结束后再开始下一项拼凑。二是从拼凑对象进行分类（Baker et al.，2003；Senyard et al.，2010），创业拼凑可分为两大类，即对传统的交易性资源以及对非交易性资源的拼凑。传统的交易性资源拼凑主要指对人力、财力和物力等有形资源的拼凑，为这些资源赋予新的属性，将其改造成有价值的资源；网络资源（Baker et al.，2003）、社会资源（Domenico et al.，2010）则属于非交易性资源，并认为不同对象的拼凑适用于不同情境，其作用发挥也不同。三是从拼凑动机看（Baker，2007），创业拼凑分为必要性的拼凑、实现构想的拼凑。必要性的拼凑强调新创企业在发展中由于无法负担标准化资源的成本而进行的必要性拼凑，实现构想的拼凑强调为了实现感知的优势开展的拼凑。四是从拼凑导向看（Solesvik & Westhead，2012），可以分为资源导向型、机会导向型和顾客导向型。资源导向型强调从在手资源出发开展拼凑，机会导向型则从满足市场需求为出发点的拼凑，顾客导向型则是以吸引新的顾客为出发点而进行的拼凑。国内学者也对创业拼凑的类型进行了研究，提出了自己的分类观点。比如，赵兴庐和张建琦（2016）将创业拼凑划分为要素拼凑、顾客拼凑、制度拼凑三种类型。朱秀梅等（2018）则依据创业拼凑的“计划派”和“行动派”的观点，基于有无事先计划这一全新视角，将创业拼凑划分为计划拼凑、即兴拼凑两个类型。此外，张建琦等（2015）还提出了物质资源拼凑、创意资源拼凑两种分类方式。

从上述研究回顾可以看出，对创业拼凑的研究尚处于起步阶段。从概念界定到创业拼凑类型的划分上都存在着多种观点，这一方面反映了学者们对此问题的关注，另一方面反映了还需要进行深入研究。

二、创业拼凑的测量

在实证研究中，构念需要可测量才能满足实证研究的需要。因而对创业拼凑概念的测量是进一步开展研究、探索创业拼凑对其他创业关键变量比如绩效有何影响的基础。对此，创业拼凑的测量学者们也开展了大量研究，但是目前尚未形成统一权威的测量工具。

从国外的发展来看，贝克等（Baker et al.，2005）提出了创业拼凑的维度框架，指出对创业拼凑的测量可以从五个方面展开，即物质资源、人力资源、技术资源、市场资源、制度资源，但是并没有提供一个可用的工具。有学者基于拼凑的内涵开发了一个 9 条目量表，突出了对“在手资源”使用的测量（Senyard，2009），该量表相对简洁且能很好反映“拼凑”的内涵，因而得到了较多的应用，并在之后做了进一步的修改完善。此后还有学者采用了 3 条目的量表进行测量（Salunke et al.，2013），虽然很简洁但是其信效度难以保证，因而使用程度并不广泛。还有基于选择型拼凑、计划型拼凑的思想，开发了相应的测量工具，且验证后具有较好的信效度（Rönkkö，2013）等。也有学者在贝克等（Baker et al.，2005）的研究基础上来开发新的测量工具，比如有学者就研究构建了一个包含 4 条目的量表来测量创业拼凑（Guo et al.，2016）。

从国内研究来看，国内学者对创业拼凑测量工具的应用热情较高而对于开发适合于国内情境的测量工具却投入较低。表现为国内学者在实证研究中主要借鉴了国外学者开发的量表，如左莉和周建林（2017），祝振铎（2017），孙锐和周飞等（2017）在研究中使用了之前研究提出的 9 条目测量工具（Senyard，2009），直接翻译后将其应用在中国问题的研究中。赵兴庐（2016）则分别借鉴了之前学者（Rönkkö，2013；Senyard，2014）的测量方法，在研究中采用不同方式来测量创业拼凑。由于拼凑策略在不同行业、不同成长阶段企业中的表现不同，现有研究中，国内很多学者多根据样本企业特征调整已有文献中的量表，开发形成新的测量工具（李晓翔和霍国庆，2015）。比如，蔡莉（2017）的研究总结了两种拼凑方式，提出手段导向型拼凑，社会网络型拼凑；于晓宇（2017）根据学者对两类拼凑的案例描述以及对企业家的深度访谈总结了 12 个原始条目，修改、完善部分内容后得到由 10 个条目组成的量表。朱秀梅（2018）依据创业拼凑的“计划派”和“行动派”的观点，基于有无事先计划这一全新视角，将创业拼凑划分为计划拼凑和即兴拼凑两个维度，并借鉴相关研究（Senyard et al.，2009）的研究形成了8条目量表来测量。胡海青（2017）从创业拼凑的动机角度出发提出基于需求型拼凑、构想型拼凑的两维度划分方法，并在借鉴国内外文献对创业拼凑的定义以及现有创业拼凑的可操作化研究，在新创企业高管深度访谈和相关专家讨论的基础上，对需求型创业拼凑和构想型创业拼凑分别构建4个条目来测量。

从国内外研究来看，在测量工具的使用中，森雅德等（Senyard et al.）于2009年开发、并在2014年修改完善的测量工具重点在于从整体反映拼凑，更多测量了新创企业的拼凑现状，但是带来的问题是无法反映哪些资源的拼凑以及哪些方式的拼凑对新创企业有作用，不利于创业拼凑研究的细化，也不利于创业拼凑后果变量的研究。正因为如此，后来的学者开始注重拼凑方式测量（如胡海青、于晓宇、朱秀梅等）、拼凑对象测量（如张建琦、赵兴庐等），推进了创业拼凑测量研究的细化，但国内学者更多强调了基于方式的拼凑测量，忽略了基于对象的拼凑测量。基于此，我们认为有必要回到贝克等（Baker et al.，2005）对拼凑的定义，即“创业拼凑就是整合和凑合利用手头上的资源以解决新问题和开发新机会的过程”，从资源视角出发开发创业拼凑测量工具。

三、创业拼凑前因研究

由于创业拼凑被看作是新创企业的独特行为，且实证研究表明其对新创企业绩效有积极意义。因而哪些因素对创业拼凑有影响、其影响机理如何自然就成为学者们关注的热点。综合来看，对创业拼凑影响前因的研究中，学者们从个体和组织两个层面进行了探索。研究表明，个体层面影响创业拼凑的因素主要包括个体特质、能力、决策与行为特征3个方面。从个体特质的角度，贝克等（Baker et al.，2005）认为，创业者个体特征会影响其对机会和资源的敏感性，而对机会和资源的敏感会激发创业拼凑（Banerjee & Campbell，2009）。从个体能力视角，有研究发现创业精神对创业拼凑有显著影响，其中创新性、预应性、风险承担性驱动创业者通过创业拼凑突破资源约束并推动创新（Salunke et al.，2013）。还有研究证实了拼凑者的创造能力和协作能力对创业拼凑有促进作用（Banerjee et al.，2009）。从决策与行为特征角度看，森雅德等（2014）认为，创业者的启发式判断决定了其是否要开展拼凑以及如何开展拼凑。也有学者认为，创业者的即兴发挥可以促进创业拼凑行为（Miner et al.，2001）。

从组织层面研究影响创业拼凑的因素也是学者们关注的热点。有研究发现，与个体拼凑的前因变量一致，组织的创造能力和协作能力可促进创业拼凑。他们认为，创造能力代表了人力资源组合丰富度，因此创造能力越强，人力资源组合越丰富，能够产生更多异质性思维、异质性社会网络，从而会促进创业拼凑（Banerjee et al.，2009）。组织记忆、组织信任和组织柔性都能促进员工大胆进行拼凑（Ferneley et al.，2006）。有研究者认为组织声望与创业拼凑之间存在“U”型关系（Desa et al.，2013）。对此的解释是，企业在组织声望很低时，很难获取资源，即便获得了资源也要付出较高的成本，而创业拼凑则利用廉价资源发展，克服了资源获取难、成本高的问题，因此，在组织声望低时，创业拼凑比较频繁；而随着组织声望的提高，企业逐步得到了市场和利益相关者的认可，企业资源获取的难度和成本都大幅下降，此时拼凑活动会明显减少；而当组织声望很高时，也是企业拥有大量丰富资源时，此时对资源拼凑可以充分利用内部资源以应对市场变化，企业内的拼凑活动又会活跃起来。此外，还有研究发现，环境宽松性与拼凑也有着“U”型关系。环境宽松性是指企业获取重要资源的难易程度。当环境宽松性很低时，新创企业难以从外部获取到标准资源，或者获取的成本较高，此时新创企业倾向于通过创业拼凑来解决资源匮乏的问题。随着环境宽松性的提高，各类所需资源的供应量会逐渐增加，降低了企业获取资源的难度与成本，此时企业的拼凑行为也会有所减少。当环境宽松性很高时，企业能从外部获取的资源质量高且数量充足，此时企业倾向于从中选取资源进行拼凑以获取优势，从而导致拼凑的程度逐渐提高（Bradley et al.，2011）。

相较而言，国内学者对创业拼凑前因研究较少。朱秀梅等（2018）研究发现变革型领导可以促进即兴拼凑、计划拼凑，在其中员工建言起到了中介作用，祝振铎（2015）研究发现创业导向与创业拼凑具有正相关关系，左莉和周建林（2017）则研究发现认知柔性对创业拼凑具有正向影响。

四、创业拼凑与新创企业绩效关系研究

创业拼凑对新创企业绩效的影响是学术界研究的热点问题。有研究表明创

业拼凑会对新创企业绩效产生积极影响（Baker & Reed，2011），其作用机理表现为以下四个方面。首先，利用了相对其他企业而言属于闲置或废弃的商品或服务，提升了资源的利用效率。其次，通过拼凑，开发在手资源的新功能，为在手的资源赋予新的价值。再次，通过拼凑使原本闲置的或看似无用的资源重新发挥作用，实现“变废为宝”。最后，把创新融入拼凑过程，但在开展拼凑时无须专门进行设计，提升了创新的效率。然而，由于拼凑具有短期行为和利用非标准化拼凑的特点，拼凑得到的结果通常存在一定的缺陷，难以形成理想成果，所以有研究者认为拼凑只是一种临时应对问题的方案，不能将其作为长期的策略（秦剑，2012）。这一观点也得到了实证研究结果的支持。已经有研究表明创业拼凑可能同时产生积极和消极影响，其对绩效的作用需要进一步细化研究，而且创业拼凑对创新的影响也不确定。森雅德等（2014）在检验创业拼凑对创新的影响时发现，创业拼凑对产品创新、流程创新、营销方式创新有促进作用，对目标市场创新存在倒“U”型影响。他们认为创业拼凑之所以能对创新产生积极影响是基于以下 3 点：①拼凑提升了创新实施的效率。创业拼凑强调即刻行动，类似于先开枪再瞄准，提高创新的实施效率。②创业拼凑重在利用在手的资源，无须花费时间和成本获取资源，促进了创新活动的开展。③创业拼凑对资源的非常规利用，有利于产生意想不到的新结果。但也有研究者认为过度的创业拼凑对创新会产生消极影响（Powell，2011；Kwong et al.，2017），其原因在于：创业拼凑在解决资源约束问题时有“凑合”“短期”特征，这可能会造成创新活动低值、低效；创业拼凑形成的创新成果，只是针对某个问题的“权宜之计”，难以适用于企业其他问题；拼凑时多使用闲置、廉价的非标准化资源，形成的结果也是非标准化的产品或服务，难以获得必要的合法性。

国内学者对创业拼凑的结果进行了大量研究。胡海青等（2017）研究发现，需求型创业拼凑对规制合法性和认知合法性有正向影响，环境动态性对其有加强型调节作用；需求型创业拼凑对规范合法性为负向影响，环境动态性对其有干扰调节作用；构想型创业拼凑对规范合法性为正向影响，环境动态性对其有加强调节作用，对规制合法性有负向影响。祝振铎和李非（2017）研究发现创业拼凑对新企业财务绩效、成长绩效具有显著正向影响。左莉和周建林（2017）的研究也发现创业拼凑对新企业绩效有积极影响。刘人怀和王娅男（2017）发现创业拼凑有利于创业学习，并且该影响受到创业导向的调节。吴亮、赵兴庐和张建琦（2016）等研究表明，资源拼凑在双元创新与企业绩效间起到中介作用。赵兴庐、张建琦和刘衡（2016）的研究表明，拼凑通过资源整合能力、机会识别能力影响企业绩效。孙红霞和马鸿佳（2016）基于案例的研究发现资源拼凑对农民创业成功有重要影响。

五、小结

创业拼凑的研究引起了学者的极大兴趣，但是由于研究刚刚开始，还存在许多争议之处。比如对创业拼凑类型划分上，有学者依据拼凑的方式划分为计划拼凑、即兴拼凑（朱秀梅，2018），选择拼凑、并行拼凑（于晓宇，2017），也有学者依据资源使用划分为物质资源拼凑、创意资源拼凑（张建琦，2015），还有依据目的划分为客户拼凑（Baker，2005）、市场拼凑（赵兴庐和张建琦，2016）。参照相关研究以及贝克和尼尔森（2005）对拼凑的最初定义中毫不掩饰社会网络关系拼凑的重要性以及对社会网络拼凑的认同（Mair & Marti，2009；Desa & Basu，2013），我们认为创业拼凑研究中，社会网络关系（即普遍理解的“人际关系”）拼凑应当得到重视。因此，我们依据拼凑使用的资源将创业拼凑划分为物质资源拼凑、知识资源拼凑、人际资源拼凑。在测量上借鉴相关研究修订、开发形成适合中国创业情境的测量工具。这既是本书要解决的关键问题之一，也是本书的贡献之一。

第三节　新创企业绩效研究综述

对于新创企业而言，绩效是其生存的关键，也是其进一步发展的基础。绩效管理是新创企业的重要活动，也是创业研究领域的热点。

一、新创企业绩效测度相关研究

在研究新创企业绩效时，一个需要学术界取得共识的问题是“如何界定新创企业”，也就是需要研究者们达成一个共识：什么样的企业可以算是新创企业，只有这样才能使相关研究成果具有可比性。但是，就目前而言学术界对于新创企业的界定还尚未统一。当前学术界较为认可和接受的观点有两种。

第一种观点从企业生命周期出发，倾向于将未达到成熟阶段的企业都界定为新创企业，而无论这家企业已经成立了多少年。例如，有学者提出新创企业就是没有发展到成熟阶段的企业（Chrisman，1998），但是并没有说明企业什么时候可以算作达到了成熟阶段。因而这一界定缺乏实际操作价值。有学者则将企业生命周期划分为概念化、商品化、成长、稳定四个阶段，并认为处于前三个发展阶段的企业都属于新创企业（Kazanjian，1998）。还有学者通过研究将新创企业的创业过程划分为创意期阶段、商业概念的可行性研究阶段、企业创立阶段和运营阶段四个阶段，并将处于创立阶段的企业界定为新创企业（Haber & Reichel，2005）。上述界定作了有益的探索，但是没有明确的标准来判断企业处于什么阶段，因此在实践中亦缺乏可操作性。

第二种观点从企业已成立时间来界定新创企业。比如，全球创业观察（GEM）将3.5年（即42个月）作为新创企业的界定标准。还有则认为创立时间小于3年的企业是新创企业（Hmieleski & Baron，2012），也有认为新创企业是创立不超过8年的企业（Biggadike，1976）。但是也有学者认为企业的成长阶段时间受多种因素的影响，新创企业的界定不能是一个单一的时间标准，而应当是一个时间范围，短则3～5年，长则8～12年（Chrisman et al.，1998）。国内学者对成立多久的企业算作新创企业观点也不一致。例如，林强（2003）将新创企业界定为成立时间在6～8年的，余红剑（2007）则界定为不超过10年的企业。王强（2012）通过对国外文献进行梳理后发现，将成立时间在5年、8年或者10年之内的企业定义为新创企业是学术界较为常见的观点。纵观目前国内学术界及大部分实证研究，都较为认同成立8年以内的企业为新创企业。因此，为了与国内主流研究保持一致，本书也选取那些成立时间在8年以内的企业作为新创企业。

新创企业绩效是学者们研究的焦点，但同样面临着概念不清晰、界定不明确的问题。目前关于新创企业绩效内涵的界定比较笼统，但普遍认为新创企业绩效包括财务绩效、成长绩效、创新绩效三个维度。

新创企业绩效是指新创企业在一定时期内（通常是1年）所获得的成绩（张凤海，2013），反映了创业的成果（黄胜兰，2015）。在对新创企业绩效的测量方法上也存在诸多不一致的观点，如何测量新创企业绩效还没有达成共识。但是大多数学者都认同新创企业绩效应该是一个多维度的概念，测量时不能采用某个单一维度指标去测量（Venkatraman & Ramanujam，1986；Chandler & Hanks，1993；Murphy et al.，1996；Zahra et al.，2002；Wiklund & Shepherd，2005）。但在具体的测量维度与指标方面也存在不同的观点，比如有学者指出新创企业绩效可以用失败、边际生存、成长来测量（Cooper et al.，1994），但遗憾的是作者并没有给出具体的测量方法。还有学者通过对 1987 ~ 1993 年研究新创企业绩效的实证文章进行梳理后指出，效率、成长、利润是研究者们使用最多的三项指标（Murphy et al.，1996）。

通过对国内外研究的梳理，可以进一步发现，在近些年关于新创企业绩效的实证研究中，测量新创企业绩效的指标主要可以分为客观绩效指标和主观绩效指标（马翠萍，2017）。客观指标通常包含销售收入、毛利率、净利率、销售增长率、利润增长率、投资回报率、资产报酬率等（McGee et al.，1995；Murphy et al.，1996）。主观绩效主要包含销售增长率、员工增长率、市场份额、产品/服务创新、新产品/服务研发速度、产品/服务质量、成本控制、顾客满意度方面的表现，这类指标主要是与竞争企业进行比较。

在实践研究中，关于新创企业绩效的测量具有以下特点。

第一，由于新创企业在初期阶段时财务绩效并不稳定，而成长性却反映了新创企业的发展潜力（Brush & Vanderwerf，1992），因此新创企业的成长性成了关键指标，在新创企业绩效相关实证研究中被当作结果指标广泛使用。在具体指标上，销售增长率、收益增长率以及利润增长率是研究者们常用的衡量成长性的指标。比如，在一项典型的研究中就以收益增长率、员工增长率作为测量新创企业绩效的指标（Hmieleski & Ensley，2007）。总体而言，销售增长率、利润增长率、员工增长率、收益增长率是研究者们偏好的指标（Hmieleski & Baron，2009；Baron et al.，2012；Baron & Tang，2009）。

第二，大多数研究中都采用主观绩效指标，如感知到的组织绩效，这是因为企业的客观数据通常难以获得。虽然主观感知的绩效相对于客观绩效其信度和效度可能不高，但是如果是由创业者亲自填写，就会保证较高的信效度（Dess & Robinson，1984；Chandler & Hanks，1993）。有些学者为了能更为准确可信地对新创企业绩效进行测量，采用了主观与客观相结合的测量方法。比如，有研究就采用了主观与客观两种指标测量绩效（Stam & Elfring，2008）。

第三，国内学者通常采用主观测量方法并以多个指标来衡量新创企业绩效。例如，以成长性、财务绩效、创新能力来共同衡量绩效（陈忠卫和常极，

2009；牛芳等，2011；胡望斌等，2014；张秀娥等，2014；吴岩，2014）；再如，于晓宇（2013）的研究中采用了市场成长速度、市场份额、市场盈利、市场投资回报率、客户满意度五个指标，黄胜等（2013）则采用了销售额增长率、投资回报增长率、税前利润，市场占有率、客户满意度五个指标，张保建等（2015）则采用了投资回报率、利润率、市场份额、产品更新速度、单位业务交易成本、员工满意度、销售额增长率、现金流量等多个指标。

综上可以看出，目前关于新创企业的界定以及新创企业绩效的测量都存在标准、方法不统一的问题，这直接导致了研究结果可比性不高，因此如何实现研究标准的统一是学术界需要深入思考的问题。

二、新创企业绩效影响因素相关研究

哪些因素对新创企业绩效有影响以及其影响机理如何是学术界关心的热点问题。对这一问题的研究既能打开绩效形成的黑箱而具有重要的理论意义，同时也因为研究结果能够对新创企业如何提高绩效提供实际指导而具有较高的实践价值，因而学术界进行了大量的研究，研究结果可谓是丰富多彩，但达成了一个基本认识，即新创企业绩效是多种因素共同作用的结果，主要的影响因素有环境、机会、资源、创业者（余绍忠，2013）。

首先，新创企业所处的环境显然是影响其绩效的一个重要因素。创业环境往往被理解为创业者必须考虑并依赖的客观因素。有研究者秉承战略管理中的“结构—行为—绩效”范式，提出创业环境对新创企业绩效有着重要影响，并且通过实证研究支持了这一观点（Lerner & Brush，1997；Wiklund，1998；Aldrich & Marinex，2001）。但这样的研究与战略管理研究一样，因无法解释为何在相同的环境下新创企业绩效有显著的区别而受到诟病。其次，创业者对机会的识别与把握，是影响新创企业绩效的又一关键因素。机会通常被看作是客观存在的，但是创业者不仅要有识别机会与所需资源、评价和开发创业机会的能力，并且还要具备改变战略、适应环境的能力，只有这样才能提高创业绩效（Wickham，1997；蔡莉等，2007）。但是在实践中，显然并不是每个创业者都能很好地识别和驾驭机会。再次，创业者获取、利用资源的能力。相对充裕的创业资源能有效提升创业绩效（Storey，1994），资源是创业成功的基础，已有研究表明资源约束是创业企业生存与成长的最大障碍（Bhide，2000；Dollinger，2003）。创业者只有具备获取和整合利用资源的能力才能有效提升绩效（Chrisman et al. ，1998）。最后，创业者及其团队也是影响创业绩效甚至创业能否成功的关键因素。比如，在蒂蒙斯（Timmons，1999）构建的经典创业过程模型中，创业者及其团队就被看作核心要素之一。有研究也实证支持了创业绩效确实会受到创业者特质的影响（Bauerschmidt & Hofer，1998）。此外，有研究实证支持了创业团队成员的能力和发挥能力的意愿在一定程度上会对创业绩效产生影响（Ronstadt & Shuman，1988）。国内学者，如郎滔（2006），陈忠卫和郝喜玲（2008）的研究也证实了创业团队对创业绩效有着显著影响。

当然，创业绩效的影响因素并不局限于上述几个方面，创业动机（Wiklund，1998）、创业企业组织结构（Slevin & Covin，1990；Covin et al. ，1994；Chrisman et al. ，1998；郑馨，2007；王聪轩，2008）等也对创业绩效有着一定的影响。随着对新创企业绩效研究的深入，越来越多的学者赞同和支持将创业团队作为最核心、最关键的影响因素，因为不论是应对外部环境、识别驾驭机会、配置使用资源都离不开创业团队，这也与蒂蒙斯（1999）将创业团队视为创业核心要素之一的观点是一脉相承的。

第四节 创新氛围研究综述

组织氛围概念被提出后得到了广泛关注，产出成果也较为丰富。有学者认为，氛围是组织成员对组织中事件、政策、实践和过程的体验，以及对被奖励、支持和期望行为的共同感知（Ehrhart et al. ，2014）。虽然关于组织氛围的研究有诸多成果，但通常可将组织氛围分为一般组织氛围和特定组织氛围。一般组织氛围强调员工对组织环境整体特性的感知，在测量时不聚焦于某个特定氛围，比较宽泛（Schneider，1975）。特定组织氛围强调组织对某种特定现象或行为的态度，具有聚焦的指向性，在测量中也倾向于对具体现象和行为的感知，因而能将氛围与其他组织行为进行有效区分，对组织结果有着更好的预测效果。因此，特定氛围现已成为组织氛围研究领域的热点，比如，创新氛围就已经成为了学者们关注和研究的热点。而且近年来，对不同特定氛围间相互作用和对结果变量共同作用的研究也正日益受到关注。考虑到拼凑是对各种资源的重组利用，本质是一种创新，需要有创新的思维以及创新氛围的支持，因此在本书中引入团队创新氛围作为情境变量。

一、团队创新氛围内涵与维度

创新氛围是员工对组织是否支持创新活动以及支持程度的一种心理感知。在早期关于创新氛围的研究中，通常将其分为两个层面：共享知觉层，即组织层面感知的创新氛围；个人认知层，即个体层面感知的创新氛围（Anderson & West，1998）。随着研究的深入，对创新氛围的划分发生了变化。在个体认知层面与组织认知层面之间发展出一个团队层面创新氛围，形成了目前普遍接受的三层次创新氛围的划分方式，即个体心理创新氛围、团队创新氛围、组织创新氛围（刘云、石金涛和张文勤，2009）。团队创新氛围主要指处理团队层面创新事务的具体方式与方法对团队成员心理的影响，归属于团队成员的心理知觉层面（Denison，1996）。本书以创业团队为研究对象，因而关注的是团队创新氛围。因此本书聚焦于对团队创新氛围相关研究进行重点回顾，同时，对于新创企业而言，在企业内也通常只有一个创业团队，因此创业团队创新氛围与组织创新氛围几乎等同，因而在回顾中也会兼顾对组织创新氛围相关研究进行回顾。

对创新氛围的刻画可以从主观、客观两个视角进行。主观视角强调员工的心理感受，而客观视角强调组织中的制度、行为。目前得到学术界较多认可的是从主观视角的刻画。主观视角关于组织创新氛围内涵的界定存在两种主要观点，虽然这两种观点都属于主观界定方法，但存在一定的差别。一种观点认为，组织创新氛围应当从整体环境观来考察，包含了来自组织所有层面的对员工创新知觉有影响的因素，是员工对工作环境中创新支持的主观感知（Amabile，1996）；另一种观点认为，组织创新氛围存在于组织内部，是组织成员对组织中创新特征的一致性知觉（Isaksen et al.，1999）。其中，第一种观点将组织创新氛围界定为员工个体的心理认知，而第二种观点强调了组织内员工对创新氛围的共享感觉。由于在现实中每个个体对组织创新氛围的感知存在心理差异，因而第一种观点得到了大量学者的广泛认同，所以本书也遵循第一种观点，将组织创新氛围界定为员工个体对团队创新支持的心理认知，是员工的个体心理感知而非共享感知。团队创新氛围对员工的创新行为有着积极效应，比如，韦斯特（West，1990）就认为团队创新氛围为员工进行创新活动提供了心理支持，能够使员工积极开展创新活动。也有研究指出，组织通过制度、政策以及方法指导等形成一种创新支持氛围，从而能有效促进员工创新（Bharhadwaj，2000）。组织对创新的支持会让成员感受到创新氛围，改变员工的创新动机和态度，激发员工的创新行为，从而使整个组织的创新能力和创新绩效得到提升（Ekvall，1996；王雁飞等，2006）。国内学者孙锐和石金涛等（2007）将组织创新氛围的本质概括为组织内部成员基于流程、规定、相关管理及其他环境因素感知到的组织对创新的支持。

创新氛围概念提出后，学者们对如何测量进行了研究并开发了量表。关于创新氛围的测量，综合大量的实证研究结果不难发现，有6个量表的使用率较高，分别是SSSI（Siegel & Kaemmerer，1978）、CCQ（Ekvall et al.，1983）、WEI（Amabile et a1.，1989）、KEYS（Amabile et al.，1996）、TCI（Anderson & West，1998）以及SOQ（Isaksen et al.，1999）。根据刘云等（2009）的观点，这6种测量工具可以根据心理认知和现象认知两个类别划分为两类。其中，KEYS、WEI、TCI、SSSI测量的是员工对组织创新氛围的心理认知，反映了员工通过心理层面的认知感受到的组织创新氛围；SOQ和CCQ测量的是员工对组织创新氛围现象认知，是一种直观观察。

关于团队创新氛围的研究中，安德森和韦斯特（Anderson & West，1998）对团队创新氛围测量的研究得到了较多认同。他们提出团队的氛围应当具有以下特征：愿景方面，团队的任务目标必须是清晰的；参与安全方面，团队成员能自由地提出新想法而不需要担心受到批评或影响个人发展；任务导向方面，团队成员对解决方案能自由地进行讨论甚至争论；创新支持方面，团队成员有新的想法和建议时，能够获从团队得到时间、政策、资源、协助等（Anderson & West，1998）。由于这四个因素从团队层面较为完整地概括了与创新氛围有关的各种要素所以得到了学术界较高程度的认可，并且安德森和韦斯特（1998）基于上述四个维度开发了测量团队氛围的量表，即团队氛围清单（简称为TCI量表），为后续研究能够有效测量团队创新氛围提供了科学的工具，使得对团队创新氛围理论的实证研究能够较容易实现，从而极大地提升了学术界对该观点和测量量表的认可。该量表后来经过很多学者使用与优化，最终形成了包括愿景目标、参与安全感，任务导向、创新支持共计14个题项精简版。此外，国内学者郑建君（2009）、邱皓政（2009）在借鉴相关研究的基础上，还开发了适合我国国情的团队创新氛围量表，也得到了较为广泛的认可和应用。

二、团队创新氛围作用后果相关研究

创新氛围概念被提出后得到了广泛的关注，关于创新氛围的实证研究也大量开展。

首先，团队创新氛围与团队创新绩效间的正向关系得到众多研究结果的支持。比如，有研究表明团队创新氛围对创新绩效有积极作用（Bumingham & West，1995），安德森和韦斯特（1996）也验证了创新氛围与创新绩效的正相关关系，组织创新氛围能有效预测创新绩效（Edmondson，1999），创新氛围对工作团队的创新行为和创新绩效有显著影响（Bharadwaj & Menon，2000）。还有学者在对创新氛围的研究中得出组织创新氛围与组织创新绩效之间存在着正向关联关系（Baer & Frese，2003）。也有研究证明了团队创新氛围对团队创新存在的积极作用（Kuenzi & Schminke，2009）。国内学者郑建君和金盛华（2010）则利用其提出的具有中国文化背景的COIQ测量工具，证明了组织创新氛围对创新绩效具有显著的正向作用。

其次，学者们还研究发现了创新氛围的中介效应。罗瑾琏等（2010）研究发现，员工心理创新氛围的知觉维度在员工认知方式与员工创新行为关系之间具有部分中介作用；宋典等（2011）的研究表明，战略人力资源管理对员工创新行为的积极影响会受到创新氛围的部分中介调节作用；陈文沛（2015）研究发现，创业型领导通过组织创新氛围的中介作用对员工创新行为产生影响；曹茜和陈睿（2017）基于案例的研究结果表明，R&D团队中的领导行为对团队知识创新的影响部分是通过团队创新氛围实现的。孙圣兰和吕洁（2016）的研究表明，团队创新氛围在授权型领导与员工创造力之间起显著的中介作用。

最后，近年来，随着研究的深入，团队创新氛围的调节效应得到了重视。段锦云等（2017）考察了团队创新氛围在变革型领导与团队建言氛围的调节作用，发现团队创新氛围调节变革型领导与团队建言之间的关系，当团队创新氛围水平越高时，变革型领导与团队建言之间的关系越强。张振刚等（2016）发现创新氛围有负向调节效应。比如，当创新氛围较高时，主动性人格与知识分享、员工创新行为之间的正向关系会变弱。任华亮和杨东涛等（2015）发现，创新氛围和工作自主性都对能力与成长工作价值观和创新行为之间的关系起到正向调节作用；创新氛围和工作自主性的交互也对能力与成长工作价值观和创新行为之间的关系起到正向调节作用。俞明传、顾琴轩和朱爱武（2014）的研究表明，创新氛围显著正向调节员工—组织关系与创新行为之间，经过内部人身份感知传导的间接效应。黄秋风和唐宁玉（2016）研究发现，组织创新氛围负向调节交易型领导与员工创新行为之间的正向关系，但对变革型领导与员工创新行为之间的关系无调节作用。

积累了大量的实证研究后，元分析研究的开展就有了基础。有学者利用元分析发现，创新氛围四维度中任何一个维度修正后的总体平均效应值都显著为正。大量实证研究和元分析结果表明，团队创新氛围理论中提出的愿景目标、参与安全、任务导向、创新支持对团队创新都具有一定的预测力，这说明团队创新氛围理论具有科学性和普适性，能够用于对团队创新实践进行指导。

三、小结

综上所述，从研究发展过程来看，对团队创新氛围的研究之前较为关注直接效应，现在对调节效应的研究引起了学者的重视，而且大量实证结果表明创新氛围是重要的情境变量。因此，在本书中引入团队创新氛围这一情境变量，以期能够更为全面、真实地考察团队异质性和创业拼凑影响新创企业绩效的过程。由于安德森和韦斯特（1998）编制的团队创新氛围四维度量表（team climate inventory，TCI），已经在多个国家使用，具有较好的效果。因此，本书采用的创新氛围量表主要参考了该量表，同时借鉴郑建君（2010）和邱皓政（2009）相关研究，对其进行微调以适用于中国情境。

第四章

创业拼凑量表开发*

"大众创业、万众创新"是当前转变我国经济发展方式、实现国民经济增长质量和增长模式全面升级的重要途径。创业行为不同于一般的企业经营行为，在决策方式、资源使用、合法性方面与业已成形的企业有着明显不同（蔡莉、张玉利和路江涌，2019）。已有研究表明，创业企业更倾向于通过资源拼凑的方式实现发展（Senyard et al.，2009）。关于创业拼凑的研究表明，创业拼凑是新创企业突破资源约束、创造性地解决问题、实现新创企业生存和发展的重要手段（蔡莉、张玉利和路江涌，2019），因此创业拼凑引起了学术界的广泛研究。然而由于存在多种创业拼凑测量方式，导致了测量结果的不一，这已经严重影响了创业研究的推进和同类研究成果的比较。从创业拼凑研究现状来看，首先，国内外研究更多强调基于方式的拼凑测量，忽略了基于对象的拼凑测量，尤其忽略了社会网络拼凑的测量，虽然王玲和蔡莉等（2017）的研究提及了社会网络拼凑，但是缺乏具体测量方法；其次，在测量方法上也存在问卷、案例研究、内容分析等不同方法。而测量对象、测量方法的不同已经严重影响和制约了创业拼凑研究结果的可比较性。最后，针对国内研究而言，当前国内创业拼凑研究以借鉴国外测量工具为主，缺乏适应中国情境的测量工具，不利于本土化研究的开展。基于此，我们认为有必要深入理解"创业拼凑就是整合和凑合利用手头上的资源以解决新问题和开发新机会的过程"的内涵，从资源过程视角与中国国情出发开发创业拼凑测量工具，为学者提供符合中国情境的研究工具，推进创业拼凑研究的中国化。

---

* 本章部分内容节选于杨齐，等．基于中国情境的创业拼凑测量研究［J］．长春大学学报，2021（5）：5-9.

第一节　创业拼凑研究回顾

一、创业拼凑内涵

列维－斯图劳斯（1966）首次在人类学研究中提出“拼凑（bricolage）”概念，并认为“拼凑”可以分为思想上的拼凑和物质上的拼凑。思想上的拼凑是指早期社会中的部落成员用旧的神话元素重新组合，巧妙创造出新的神话故事、元素的行为；而物质上的拼凑是指早期社会中的部落成员对“手头资源”重新利用产生新的作用、价值以解决遇到的问题的行为。贝克等（2005）首次将“拼凑”概念引入创业研究领域，提出“创业拼凑”的概念，并将其定义为“创业者组合手头资源并即刻行动，以解决问题和发现新机会的行为”，并认为创业拼凑能够很好地解释一些新创企业是如何解决资源约束并取得成功的。“拼凑”概念的本质体现在两方面，一是充分利用手头资源，包括不起眼、廉价或者被其他人嫌弃的资源；二是资源的重构、重利用，即开发新用途。“拼凑者”通过对手头资源用途的重新审视，深化对在手资源禀赋的重新认知，能提升廉价、易获得资源的价值（Baker，2007）。在创业拼凑的过程中，拼凑者的注意力更多聚焦于手头可控资源和通过社会交换或非契约形式获取的廉价或免费资源（祝振铎和李新春，2016），强调对这些资源的价值和功能进行重新审视，为这些资源找到新的用途，实现小资源解决大问题。创业拼凑有3个关键特征，即利用手头资源、即刻行动、有目的的资源重组（Baker & Nelson，2005），其过程包括了重构、重组、重包资源的实验过程（Senyard et al.，2010），是创业者用不同的眼光和视角去审视手边资源，重新考虑资源的利用方式，本质是一种“创造性地再造”行为（Rice & Rogers，1980）。

“拼凑”被看作是创业领域具有的独特行为，因此得到了创业研究学者的广泛关注，从而展开了深入和持久的研究。学者们从拼凑频率与范围、拼凑对象、拼凑动机、拼凑导向4个方面划分创业拼凑的类型。从拼凑频率与范围角度的研究将创业拼凑分为并行型拼凑和选择型拼凑两类（Baker & Nelson，2005）。前者是指在同时进行的多个项目、多个领域开展拼凑，后者是指在个别项目、个别领域开展拼凑，且待一次拼凑结束之后再开始下一次拼凑。从拼凑对象的研究将创业拼凑分为两大类，即传统的交易性资源和非交易性资源拼凑（Baker et al.，2003；Senyard et al.，2010）。传统的交易性资源拼凑主要指对人力、财力、物力等有形资源的拼凑，为这些资源赋予新的属性；非交易性资源包括网络资源（Baker，2007）、社会资源等（Di Domenico et al.，2010）。也有研究从拼凑动机将创业拼凑分为基于需求的拼凑和构想型拼凑（Baker，2007），前者是以满足资源需求为动机，后者是以满足资源价值为动机。此外，从拼凑导向视角的研究，将拼凑分为资源导向型拼凑、机会导向型拼凑、顾客导向型拼凑（Solesvik & Westhead，2012）。资源导向型拼凑关注的是手中拥有什么样的资源，机会导向型则关注有哪些市场需求可以被满足，顾客导向型是以寻找新的市场需求为出发点进行拼凑。

近年来，国内学者也对拼凑分类进行了研究。李晓翔和霍国庆（2015）、于晓宇等（2017）将创业拼凑划分为选择型拼凑、并行型拼凑维度。综合而言，创业拼凑研究已经取得了长足进展，但总的来看，创业拼凑的研究在国内还处于起步阶段，缺乏基于中国情境的创业拼凑行为研究。

二、创业拼凑测量

创业拼凑的测量是研究拼凑行为的基础，自然得到了诸多学者的关注。森雅德等（Senyard et al.，2009）最早开发了创业拼凑的测量工具，该工具由8个题项构成。后来有学者提出了计划拼凑、并行拼凑构念并开发了9题项的测量工具（Rönkkö et al.，2013）。随着研究的深入，也有学者开发了3题项的测量工具（Salunke et al.，2013），以及包含9个题项的测量工具（Davidsson et al.，2017）。学术界希望通过对创业拼凑测量研究的细化，为新创企业在资源使用方面给予更多有价值的指导。然而现有的测量工具都只注重了从整体测量新创企业的拼凑行为，反映了新创企业的拼凑行为特点，虽然得到了较为广泛的应用，但是问题在于无法反映哪些资源的拼凑以及哪些方式的拼凑对新创企业有作用，因而研究结果对新创企业并没有实际价值。此外，国内学术界对创业拼凑的测量主要借鉴了国外测量工具（赵兴庐和张建琦，2016；左莉和周建林，2017；祝振铎和李非，2017），但是由于拼凑策略在不同行业、不同成长阶段企业中的表现不同，借鉴国外测量工具并不能很好地适用于国内研究。因此国内学者在研究中往往不得不根据样本企业特征、研究目的调整已有研究中使用的量表，修改部分题项形成适合自己研究的测量工具（李晓翔和霍国庆，2015）。也有学者总结了两种拼凑方式手段提出了导向型拼凑，社会网络型拼凑（蔡莉等，2017）。于晓宇等（2017）根据对两类拼凑案例的描述以及对企业家的深度访谈总结了12个原始条目，最后重新修改了条目的部分内容，得到的量表由10个条目组成；朱秀梅等（2018）依据创业拼凑的“计划派”和“行动派”的观点，基于有无事先计划这一全新视角，将创业拼凑划分为计划拼凑和即兴拼凑两个维度形成了8条目量表。通过对国内外创业拼凑相关研究的梳理，我们对主要创业拼凑测量工具进行了整理（见表4-1）。

表4-1　创业拼凑的主要测量方法

代表学者	测量条目举例	维度	测量方法
贝克和尼尔森（2007）	无具体测量条目	并行型拼凑 选择型拼凑	描述
森雅德（2009）	我们利用现有的各类有用资源去解决问题和把握机会	单维度	李克特量表
荣克等（Rönkkö，et al.，2013）	主要利用手头的资源即使非常有限 当更有利时会放弃业内传统的做法	资源拼凑 顾客拼凑 运营拼凑	李克特量表
张建琦等（2015）	无具体测量条目	物质拼凑 创意拼凑	案例描述
李晓翔和霍国庆（2015）	在若干项目间调配资源，有部分项目处在进展缓慢、甚至停止的状态；集中资源开发完一个项目之后才开始下一个项目；根据市场前景筛选出单个或者极少量最有前景的项目，然后集中所有资源进行持续开发	并行 连续 选择	两步测量，判断属于哪一类测量
赵兴庐等（2016）	公司的技术、知识和其他生产资源主要是系统化规划获取的结果	要素拼凑 制度拼凑	李克特量表
赵兴庐（2017）	当面临新问题时，我们倾向于快速形成满意的可执行的处理办法	要素拼凑 制度拼凑	李克特量表

续表

代表学者	测量条目举例	维度	测量方法
王玲和蔡莉（2017）	无具体测量条目	手段导向型 社会网络型	内容分析法
于晓宇（2017）	偶尔利用低成本的资源处理新问题 偶尔使用手头资源开发新机会 总是利用手头资源解决新问题 擅长利用成本低廉的资源处理新问题	选择型拼凑 并行型拼凑	李克特量表
王兆群和胡海青等（2017）	我们能够通过廉价资源的整合利用来应对需求 我们整合现有资源只来满足既定需求 我们能够通过整合利用原本计划用于其他目的的现有资源来有效应对创业过程中的新挑战	需求型拼凑 构想型拼凑	李克特量表
朱秀梅（2018）	我们能够在行动前整合现有资源制订详细的计划 我们能够严格按照计划采取行动 我们能够利用现有资源制定可行的解决方案 我们会在行动中背离最初的规划 我们能够当场处理突发事件 我们会在行动中产生新奇想法	计划拼凑 即兴拼凑	李克特量表

综上可以看出，由于缺乏普遍认可的测量工具，导致学者们在研究时不得不再次开发个性化的测量工具，这不仅严重制约了创业拼凑实证研究的开展（于晓宇、李雅洁和陶向明，2017），也导致了创业拼凑研究结果可比较性不足。而且国内学者开发的测量工具强调了对拼凑方式，如计划、即兴、选择、并行这类拼凑方式的测量，而忽视了资源拼凑的本质内涵，这不仅与拼凑构念的本质含义有出入，而且在实际中也不能得到很好的应用。基于现有不足，有学者尝试把创业拼凑分为物质拼凑、创意拼凑（张建琦、吴亮和赵兴庐，2015），进行了有益的探索。但是当前对创业拼凑的测量还缺乏能够反映拼凑内涵并包含中国情境的测量工具。

第二节 初始题项

一、量表开发

量表开发有其严格的程序。在本量表的开发中，遵循以下思路。首先，通过对现有文献的研究，抽取研究者已经开发的量表，从中筛选出符合研究要求和特点的题项组成基本题项；其次，通过访谈创业企业，形成更多的测量题项；最后，沿用量表开发的主流方法，进行数据收集、分析，验证信效度。在具体开发过程中，本书借鉴国内学者单标安和蔡莉等（2014）、张秀娥等（2018）总结的开发过程进行量表开发。

首先，对现有文献中的测量工具进行研究。现有使用中的测量工具存在的一个问题是，所开发的量表无法反映哪些资源的拼凑对新创企业具有作用。虽然国内的学者比较注重对拼凑测量的研究，很大程度上推进了创业拼凑测量研究的细化，但更多强调了基于方式的拼凑测量，忽略了基于对象的拼凑测量，特别是没有考虑对社会网络拼凑的测量。导致现有测量工具无法很好体现中国新创企业的拼凑行为。社会网络资源的使用对企业绩效有着重要意义。因此我们考虑增加对社会网络资源拼凑的测量，但是为了在测量中让被试能够很好理解，我们将社会网络资源简化为人际资源，因此形成了从物质资源拼凑、人际资源拼凑、知识资源拼凑三个维度来测量创业拼凑的基本思路。虽然在基于对象的拼凑研究中，有学者提出了应当包含物质拼凑、社会网络拼凑、知识拼凑、客户拼凑、制度拼凑五个方面，但是在实际调研中，新创企业对客户、制度的拼凑行为并不普遍，而且从学术视角分析，客户拼凑、制度拼凑的概念还在发展中，尚未形成较为统一的认识，且在初步调研中发现，创业者对客户拼凑、制度拼凑概念较难理解，这导致了难以找到具体的测量条目进行测量，因此本开发量表中未包含此两类拼凑行为。

其次，量表的开发通常有两种主要方式。一是通过质化研究，利用开放式或半开放式访谈收集原始材料，对原始材料进行编码分析开发原始量表（徐万里、孙海法和王志伟等，2008；贺小刚、李新春和方海鹰，2006）。当某个领域尚处于探索阶段，相关研究较少且不完善时，该种方法较为适用。二是基于已有的文献资料、二手资料及其他可收集的信息材料，通过概念分析以及借助于已有的测量量表开发出相应的测量问项，如单标安和蔡莉等（2014）的研究。当某个领域研究文献资料较多，但主要以概念分析为主，尚存在较多争论时，该种方法较为适用。本书在开发创业拼凑量表过程中将结合以上两种方法进行。

最后，具体步骤。在量表开发的具体步骤上我们采用主流量表设计流程（陈文婷和李新春，2010；Hinkin，1995），参考张秀娥和赵敏慧（2018）的做法，利用文献研究、创业者半结构化访谈、创业专家访谈、小范围测试形成初步测量题项，然后采用量表检验的标准化程序验证量表。

二、文献研究

通过对现有文献的梳理，可以看出关于拼凑维度的划分主要有两种划分方法：一是根据拼凑对象的类型进行划分，如贝克和尼尔森（2005）认为创业拼凑是对物质资源、人力资源、技术资源、市场资源和制度资源五类资源的拼凑，张建琦等（2015）依据资源的构建主义理论将创业拼凑划分为物质资源拼凑和创意资源拼凑，赵兴庐等（2016）将创业拼凑划分为要素拼凑、顾客拼凑和制度拼凑等。二是根据拼凑的频率和范围不同进行划分，如将创业拼凑分为并行型拼凑和选择型拼凑（Baker & Nelson，2005）。此外，还提出了网络拼凑，指拼凑者会利用相关的客户、供应商和雇员等已存在的或已建立的人际关系网络进行资源搜寻和拼凑（Baker et al.，2003），实质是一种利用网络资源进行的拼凑。

基于上述分析，在我们前期的研究中，我们依据贝克等（2003）对创业资源的描述，结合资源基础观相关研究，通过专家访谈，结合中国情境我们把新创企业的资源划分为三类，即物质资源、知识资源、人际资源，并据此形成创业拼凑的三维度结构，即物质资源拼凑、知识资源拼凑、人际资源拼凑。这一划分有符合新创企业拥有资源的现实。在具体测量上，我们借鉴相关文献（Baker & Nelson，2005；朱秀梅、鲍明旭和方琦，2018；Baker et al.，2003；赵兴庐和张建琦，2016；张建琦、吴亮和赵兴庐，2015；Senyard et al.，2014；王兆群、胡海青和张丹等，2017；赵兴庐、张建琦和刘衡，2016；王玲、蔡莉和彭秀青等，2017；于晓宇、陈颖颖和蔺楠等，2017；Senyard et al.，2009）

形成了 13 个条目的测量问卷。

三、访谈与初测

通过文献研究形成 13 个初步测量题项后，我们对正在创业者进行了半结构化访谈，获取他们对创业拼凑的认识和理解，进一步对测量题项进行完善。我们通过兰州大学 MBA 中心，采访了 7 名正在创业的 EMBA 学员，同时借助甘肃省科技厅举行的创业大赛，对 6 支创业团队进行访谈。访谈对象都有 3 年以上创业经验，都属于公司核心创业团队成员。行业分布在文化、餐饮、农业、互联网、教育培训等领域。通过访谈加深了我们对创业拼凑的经验理解，结合访谈结果，增加了 12 个条目，如“常常利用廉价物资促进公司发展”“常常使用废旧物资解决遇到的困难”“经常整合公司内外的人际资源来解决问题”“常常自学各种知识、技能来解决问题”等。最后形成了 25 个条目的测量问卷（见表 4－2）。

表 4－2　原始测量题项（25 条）

维度	题项	来源
物质资源拼凑	“将就”使用各种物资在公司很常见	文献研究
	善于为各种物资找到更好的用途	文献研究
	常常利用廉价物资促进公司发展	访谈
	“变废为宝”在公司很常见	访谈
	善于利用不起眼的物资解决大问题	文献研究
	常常使用废旧物资解决遇到的困难	文献研究
	常常创造性地利用废旧物资	文献研究
	常常使用被其他公司忽视或丢弃的物资	访谈
人际资源拼凑	善于开发现有人际资源的新价值	访谈
	经常整合公司内外的人际资源来解决问题	访谈
	总是创新性地利用公司各种人际资源解决问题	文献研究
	公司鼓励利用人际资源发展业务	访谈
	利用人际资源获得了很多发展机会	访谈
	借助多种人际资源来获得发展机遇	文献研究
	一些不重要的人际资源得到了很好利用	访谈
	每个人都善于利用人际资源	访谈
	人际资源对公司发展很重要	文献研究

续表

维度	题项	来源
知识资源拼凑	常常自学各种知识、技能来解决问题	访谈
	利用一些老旧知识解决问题	文献研究
	利用一些简单的知识、技能解决了很多问题	文献研究
	常常把现有的各种知识技能应用到新的领域中	文献研究
	常常利用一些非正规知识解决问题	文献研究
	通过整合利用公司现有的各类知识来解决遇到的问题	文献研究
	常常利用"跨界知识"解决问题	访谈
	遇到问题总是寻求外部专业人士的帮助	访谈

形成原始测量题项后，我们对创业研究领域的专家进行了访谈，专家包含2名长期从事创业研究的学者，1名具有丰富经验的创业导师。我们征求了他们对测量题项含义、语义和内容效度方面的意见。3位创业方面的专家对个别题项的表述、含义提出了修订意见，我们综合考虑后作了修订，进一步提升了测量题项的内容效度。之后我们开展了小样本测验。小样本测验主要是为了检验题项表述是否准确，含义是否清楚，有没有引起歧义的内容。我们通过兰州大学MBA中心发放了30份小样本测试问卷，问卷采取现场发放，现场全部回收的办法。通过对回收问卷的分析和征求专家的意见，删除了不易准确理解的题项如"'变废为宝'在公司很常见""善于利用不起眼的物资解决大问题""借助多种人际资源来获得发展机遇""常常利用'跨界知识'解决问题"四个题项，并对个别题项的表达方式进行了调整。最后形成了由21个题项构成的初始问卷（见表4-3）。初始问卷采用了5点李克特量表形式，要求被调查者选择最符合自身情况的选项进行回答。选项1~5代表从完全不同意到完全同意过渡。

表4-3　　初始测量题项（21条）

维度	题项	来源
物质资源拼凑	"将就"使用各种物资在公司很常见	文献研究
	善于为各种物资找到更好的用途	文献研究
	常常利用廉价物资促进公司发展	访谈
	常常使用废旧物资解决遇到的困难	访谈
	常常创造性地利用废旧物资	文献研究
	常常使用被其他公司忽视或丢弃的物资	文献研究

续表

维度	题项	来源
人际资源拼凑	善于开发现有人际资源的新价值	文献研究
	经常整合公司内外的人际资源来解决问题	访谈
	总是创新性地利用公司各种人际资源解决问题	访谈
	公司鼓励利用人际资源发展业务	访谈
	利用人际资源获得了很多发展机会	文献研究
	一些不重要的人际资源得到了很好利用	访谈
	每个人都善于利用人际资源	访谈
	人际资源对公司发展很重要	文献研究
知识资源拼凑	常常自学各种知识、技能来解决问题	访谈
	利用一些老旧知识解决问题	访谈
	利用一些简单的知识、技能解决了很多问题	文献研究
	常常把现有的各种知识技能应用到新的领域中	访谈
	常常利用一些非正规知识解决问题	文献研究
	通过整合利用公司现有的各类知识来解决遇到的问题	文献研究
	遇到问题总是寻求外部专业人士的帮助	文献研究

第三节　因子分析

一、数据收集

量表的有效性需要通过因子分析进行检验，而且对量表有效性的检验需要分别进行探索性因子分析和验证性因子分析，且应当使用不同的样本数据（Anderson，1998）。我们在进行量表有效性检验时分别在 2019 年 3 月、2019 年 5 月进行了两轮大规模数据收集。为了保证结果的有效性，在问卷中设计了反向题和干扰项，问卷中的题项都以 5 点李克特值计分。

首轮问卷发放在 2019 年 3 月，我们依托兰州大学 MBA 中心、甘肃省创业大赛，通过纸质版和电子版的形式进行了问卷发放，同时通过兰州大学 EMBA 学员及其 MBA 校友会介绍，以滚雪球调研方式发放电子问卷，被试主要来自上海、深圳，全部都是创业者或核心高管。共计发放问卷 462 份，回收 289

份，回收率为62.5%。我们剔除了只填写同一选项、有基本信息错误、缺失值过多以及有明显逻辑错误的样本和企业成立8年以上的样本，最后，获得有效问卷203份。样本填答人为公司的创始人或核心高管，企业资产规模在50万元以下的有41家，50万～500万元的有113家，500万元以上的有49家。行业集中在文化旅游、教育培训、农业、餐饮、互联网等。有先前创业经验的有85人。员工人数在50人以下的有120家，50人以上的有73家。

二、探索性因子分析

在进行探索性因子分析之前，应当先对题项进行净化，具体做法为计算依据理论分析划分的子量表的内部一致性及单项—总体相关系数（CITC）。对CITC值低于0.5的题目应当予以删除，并且计算删除前后的Cronbach α系数是否有显著上升。我们利用SPSS软件对划分的三个维度题项进行净化，通过题项净化后的问卷由17个题项组成。

为了检验数据所反映的量表结构，我们进行了探索性因子分析。先进行了KMO和Bartlett检验，检验结果表明KMO值为0.822，Bartlett近似卡方值为1 139.27，自由度为55，P值为0.00，表明符合进行因子分析的要求。然后采用主成分分析法与最大方差旋转法，结合碎石图提取公因子。结果显示，在进行主成分因子分析后，特征值大于1的有三个，因此本部分提取3个公因子。在进行最大方差正交旋转后，为了精简题项、提高区分度，将在两个以上因子载荷大于0.45的题项以及在3个因子上载荷都小于0.50的题项予以删除，最后保留了11个题项，各个题项在所属维度上的载荷都高于0.5，且没有交叉载荷的情况。符合量表开发的标准要求，累计贡献率为72.919。包含“常常使用废旧物资解决遇到的困难”“利用一些简单的知识、技能解决了很多问题”“经常整合公司内外的人际资源来解决问题”等共计11个题项（见表4-4）。

表4-4　探索性因子分析结果

维度	测量题项	因子1	因子2	因子3
物质资源拼凑	“将就”使用各种物资在公司很常见	0.879	0.045	0.060
	善于为各种物资找到更好的用途	0.876	-0.015	0.223
	常常利用廉价物资促进公司发展	0.891	0.006	0.232
	常常使用废旧物资解决遇到的困难	0.866	-0.064	0.239

续表

维度	测量题项	因子 1	因子 2	因子 3
知识资源拼凑	常常自学各种知识、技能来解决问题	-0.074	0.773	-0.077
	利用一些简单的知识、技能解决了很多问题	0.000	0.806	0.128
	通过整合利用公司现有的各类知识来解决遇到的问题	0.097	0.793	-0.006
	遇到问题总是寻求外部专业人士的帮助（R）	-0.038	0.813	-0.066
人际资源拼凑	利用人际资源获得了很多发展机会	0.136	0.043	0.834
	经常整合公司内外的人际资源来解决问题	0.170	-0.062	0.825
	人际资源对公司的发展很重要	0.304	-0.007	0.816
公因子贡献率		36.481	23.150	13.289
Cronbach α		0.920	0.807	0.810

注：萃取法为主成分分析法，旋转方法为最大方差正交旋转法，转轴收敛于 9 次迭代。

三、验证性因子分析

为进一步检验维度划分的科学性和量表的区分效度、收敛效度，我们利用第二轮样本数据进行了验证性因子分析。第二轮问卷发放集中在 2019 年 7 月，在继续通过兰州大学 MBA 中心、甘肃省创业大赛发放问卷的基础上，我们又依托武汉大学校友会进行问卷发放。此次问卷发放通过纸质版现场发放和电子版发放。共计发放问卷 403 份，回收问卷 232 份，回收率 57.6%，同样在剔除无效问卷后，保留问卷 154 份。样本来源集中在兰州、武汉、深圳三地。样本填答人为公司的创始人或核心高管，企业资产规模在 50 万元以下的有 33 家，50 万 ~500 万元的有 94 家，500 万元以上的有 27 家。行业集中在文化旅游、教育培训、农业、餐饮、互联网等。先前有创业经验的有 56 人。员工人数在 50 人以下的有 112 家，50 人以上的有 42 家。从表 4 -5 的模型拟合结果可以看出，主要拟合指标优于建议值，说明量表具有较好的信度。

表 4 -5　　验证性因子分析结果

拟合指标	内涵	拟合结果	建议值
X^2/df	样本协方差矩阵与估计方差矩阵的相似程度	1.723	小于 2.5
RMSEA	近似误差均方根	0.069	小于 0.08
RMR	残差均方根	0.530	小于 0.08
CFI	比较拟合指数	0.956	大于 0.9

续表

拟合指标	内涵	拟合结果	建议值
GFI	拟合优度指数	0.922	大于0.9
IFI	增量拟合指数	0.957	大于0.9
NFI	规范拟合指数	0.903	大于0.9
NNFI	非规范拟合指数（在 AMOS 中显示为 TLI）	0.942	大于0.9
PNFI	简约规范拟合指数	0.673	大于0.5
PGFI	简约拟合优度指数	0.573	大于0.5

通过验证性因子分析模型结果（见图4－1），可以知道其中显变量与潜变量路径系数（因子载荷）都大于0.5，表明三维度模型具有良好的区分效度。

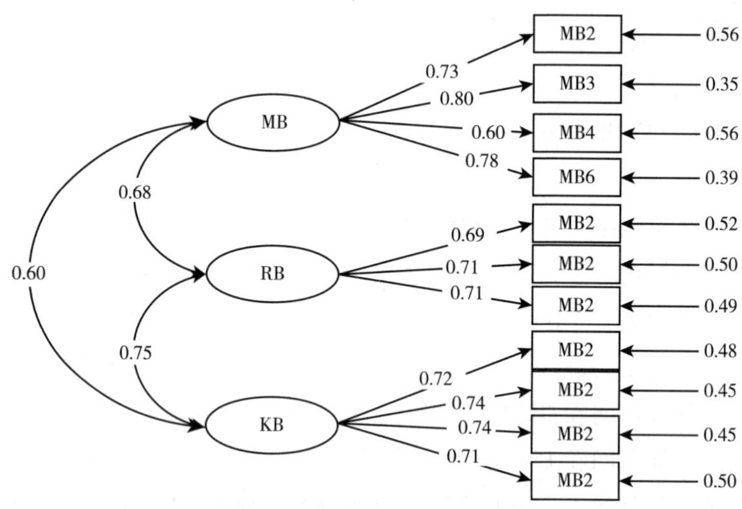

图4－1　验证性因子分析结果

进一步计算各潜变量的组合信度分别为0.82、0.75、0.82，表明所开发的量表具有较好的信度。统计描述结果表明3个因子间存在显著相关，且相关系数小于AVE的平方根。这表明所构建的三维度量表具有较好的区分效度与收敛效度。基于第二轮问卷数据的描述统计与相关分析结果如表4－6所示。

表4－6　　变量相关系数与描述统计

因子	均值	标准差	1	2	3
1. 物质资源拼凑	4.041	0.775	0.541		
2. 人际资源拼凑	3.368	0.807	0.503**	0.496	
3. 知识资源拼凑	3.956	0.812	0.544**	0.589**	0.523

注：***、**、*分别代表在0.01、0.05、0.1水平下显著；对角线数字为AVE。

结合探索性因子分析与验证性因子分析的结果可知，基于中国情境的创业拼凑量表包含量物质资源拼凑、人际资源拼凑、知识资源拼凑三个维度，且三个维度间具有良好的区分效度。总体来看，所开发的量表具有良好的信度、效度，可以用于后续实证研究。

第四节 结论与研究展望

一、结论与贡献

创业拼凑的研究引起了学者的极大兴趣，但是由于研究刚刚开始，还存在许多需要深入研究之处。一是如何对创业拼凑进行测量。由于对创业拼凑内涵的不同解读，直接导致了在创业拼凑类型的划分上存在多种形式。有学者依据拼凑的方式将创业拼凑划分为计划拼凑、即兴拼凑（朱秀梅、鲍明旭和方琦，2018）、选择拼凑、平行拼凑（于晓宇、陈颖颖和蔺楠等，2017），也有学者依据资源使用将创业拼凑划分为物质资源拼凑、创意资源拼凑（张建琦、吴亮和赵兴庐，2015），还有依据拼凑对象将创业拼凑划分为客户拼凑（Baker & Nelson，2005）、市场拼凑（赵兴庐和张建琦，2016）。拼凑类型划分的不统一直接导致了缺乏公认的创业拼凑测量工具。二是对创业拼凑影响创业企业绩效的作用，学术界有着不同的认识。学术界大多认为创业拼凑对创业绩效有积极作用，但是也有学者提出创业拼凑是简单、临时的，只对创立（初）早期企业的绩效有积极影响，而对已成立、运行的创业企业绩效有负向影响（Senyard et al.，2010）。深究不同结论背后的一个重要的原因可能是创业拼凑测量工具的不同，创业拼凑测量方式的不同不仅导致了学者的研究成果难以横向比较，也更加剧了研究结果间的不一致性和争议。因此，回归拼凑本质内涵，开发一个新的测量工具非常有必要。基于此，本书在借鉴相关研究的基础上，开发了创业拼凑测量工具，一定程度上弥补了现有的不足，主要作出了以下贡献。

第一，对创业拼凑的内涵进行了补充和完善。现有创业拼凑测量工具重视了对物质资源拼凑的测量，更多反映了物质拼凑的内涵，却对社会网络拼凑的重视不够，在现有的测量工具中几乎没有包含社会网络拼凑。社会网络的研究表明，社会资本对企业绩效有着显著影响。新创企业利用社会网络关系开展业务保障自身的生存和发展，这一点已经得到国内外学者的认同，但是现有创业拼凑中没有反映出社会网络拼凑，这不得不说是一个明显的缺憾。本书则将社会网络拼凑引入创业拼凑，是对创业拼凑内涵的补充和完善。

第二，研究发现创业拼凑由三个维度构成。现有学者对创业拼凑的研究兴趣较为浓厚，但是在内涵和维度的划分上存在较大分歧。本书从贝克和尼尔森对拼凑的最初定义出发（Baker & Nelson，2005），先把创业拼凑划分为物质拼凑、知识拼凑，这与大多数学者的观点一致。同时，考虑到部分学者对给予社会网络拼凑以重视的提议（Desa & Basu，2013），加上社会资本的相关研究表明社会网络对企业绩效的重要性，我们在研究中将社会网络拼凑当作是创业拼凑的另一重要维度。在实际测量中，考虑到为了让问卷回答者能够更好地回答问卷，我们把社会网络资源拼凑表述为容易理解的人际资源拼凑。由此我们依据拼凑使用的资源把创业拼凑划分为物质资源拼凑、知识资源拼凑、人际资源拼凑三个维度。这样的划分方式能够更加全面反映和体现创业拼凑的内涵及中国情境的创业拼凑特征。实证检验结果支持了我们对创业拼凑三维度划分的观点，证明了创业拼凑三维度划分的合理性。

第三，设计并验证了创业拼凑的 11 个测量题项。基于创业拼凑的本质特征，本书的研究从资源基础观视角出发，通过对已有文献中拼凑测量方法的研究，结合对创业者的访谈提出了 25 个条目的测量问卷。经过咨询创业研究专家、小样本测试、题项净化、探索性因子分析得到三因子 11 个题项组成的创业拼凑量表，并通过验证性因子分析检验了区分效度和收敛效度，证实了三维度量表的合理性。所开发的量表结合了已有文献测量中的成熟条目，同时也融合了适合创业实际的资源拼凑测量题项，能够很好反映创业企业的资源拼凑行为，而且量表经检验具有很好的信度和效度。

二、研究局限与未来研究方向

本书的研究不可避免地存在局限。

首先，由于条件的限制，本书的研究未能对效标关联效度进行检验。效标关联效度是用于检验开发的量表是否真正测量了想要测量的内容，是通过检验量表的预测效度保证量表的效度。已有研究表明，创业拼凑与创业绩效有积极关系，在未来的研究中可以利用本书中研究开发的量表来检验测量结果与创业绩效间的关系，进而验证量表校标关联效度。

其次，本书的研究所开发的量表虽然划分了三个维度，能够较好地反映出创业拼凑的内涵。但是创业拼凑的内涵还在发展中，特别是基于对象的拼凑有学者提出了客户拼凑、制度拼凑（Baker & Reed，2011），由于这两类拼凑概念还处于发展中，因此本量表中未包含这两个维度。在后续的研究中可以酌情考虑增加相应的内容。

再次，关于创业拼凑的测量还存在较多不一致的观点。本书的研究采用了从拼凑中可利用的对象来测量创业拼凑，有合理性和科学性，但也有学者提出从拼凑方式来测量创业拼凑。对这一观点也应当引起足够的重视，不同的拼凑方式可能是影响拼凑效果的一个关键因素。未来的研究中也可以考虑对不同拼凑方式结果进行比较来检验哪一种测量更为理想。

最后，本量表中部分题项来自国外文献，可能不能很好地反映中国创业企业的拼凑行为。中国处于转型期，市场化、法制化程度还不够高，拼凑行为中必然有许多不同于国外创业企业的行为。在我们开发的测量量表中，虽然采用了半结构化的访谈，增加了一些反映中国创业拼凑特征的题项，但是也可能遗漏了一些具有中国特征的创业拼凑行为，可能未能将很好反映中国情境的创业拼凑测量题项包含在内，以后可以通过更大范围的访谈或案例研究补充完善测量题项。

第五章

理论模型与研究假设

构建理论模型是从逻辑上分析研究对象间关系及作用机制的关键步骤。通过理论分析在逻辑上为研究对象关系作出初步判断，并解释其作用机理，能够为后续实证研究提供理论指导。

第一节　理论模型

创业既是转变经济增长方式的重要途径，也是当前学术领域研究的焦点（张玉利和谢巍，2018）。为了规避创业的风险，大多数创业活动采用了团队创业的形式。但团队成员在人口统计特征、个人经历等方面必然存在差异，这种差异被称为团队异质性，其对新创企业绩效的影响成了学术研究的关注焦点且经久不衰。

一、研究回顾

在创业团队中，成员间通常在年龄、性别、受教育水平、创业经验、行业经验、职能经验等方面有所差异，这些差异构成了创业团队异质性，是影响创业绩效的关键因素之一。学术界通常将年龄、性别、受教育水平这些差异称为团队异质性中的社会异质性（曾楚宏、叶冬秀和朱仁宏，2015；朱仁宏、曾楚宏和代吉林，2012），而对于团队成员在行业经验、创业经验、职能经验等方面的差异则称为创业团队的经验异质性，两者都是反映团队结构特征的一项重要指标（曾楚宏、叶冬秀和朱仁宏，2015；朱仁宏、曾楚宏和代吉林，2012）。创业团队的成员类似于企业的高管，其对新创企业的战略选择、资源使用有着重要的影响，而异质性则会对团队在进行上述活动时产生影响，因此创业团队异质性与新创企业绩效之间的关系是学者们研究与关注的焦点，对此学者们作了大量的研究，但是存在诸多相互矛盾的研究结论（石书德、张帏和高建，2011）。

早期的研究者认为，创业团队的异质性能为团队带来认知、资源的多样性，对创业绩效有着积极的影响（Lechler，2001；Harper，2008）。杨俊等（2010）整合社会认知学派与社会过程学派的研究框架，考察创业团队先前经验异质性与进入战略创新性的逻辑关系，研究发现产业工作经验差异更大、注重营造合作式冲突氛围的创业团队更容易开发出面向顾客需求的创新性产品/服务，而职能背景差异更大、注重营造对抗式冲突氛围的创业团队则往往能设计出不同于产业内在位企业的市场交易模式，将产品/服务快速推向市场。牛芳、张玉利和杨俊（2011）的研究将创业团队异质性分为任务相关异质性和身份相关异质性，并分别讨论了两类异质性对新企业绩效的不同影响以及团队领导者乐观心理的调节作用。实证研究发现，在任务相关异质性中，行业经验异质性正向影响新企业绩效，而在身份相关异质性中，年龄相关异质性负向影响新企业绩效；同时，团队领导者的乐观心理正向调节行业和职能经验异质性与新企业绩效之间的关系。张秀娥等（2013）通过对264家创业企业的实证研究证明了创业团队异质性一方面对创业绩效具有直接的正向影响，另一方面通过作用于团队氛围对绩效具有间接的正向影响。任迎伟等（2019）以新制度经济学、资源基础观等为理论基础，通过引入战略柔性和制度环境这一内一外两个重要变量，进一步探讨创业团队异质性对企业创新绩效的直接效应，研究发现，创业团队异质性正向影响创新绩效。曾楚宏等（2021）借鉴结构—行为—绩效（SCP）模型，构建创业团队异质性—团队治理—创业绩效的研究框架，从人力资本理论、交易费用理论视角进行探讨和检验，结果表明，创业团队经验异质性与创业绩效之间显著正相关。

然而研究结果并不都是正向影响。有学者们研究发现创业团队的异质性特征对创业绩效存在复杂的影响（Van Knippenberg et al.，2004），两者间的关系既可能是正相关（张秀娥、孙中博和王冰，2013），也有可能是负相关（O'Reilly Iii et al.，1998；Williams，2016；Ensley et al.，1998）甚至不相关（Jr & Lee，

2008；Chowdhury，2005）等矛盾关系。比如，有研究发现，高管团队年龄异质性和任期异质性对技术创业企业绩效有显著正向影响；职能经验异质性和教育水平异质性对技术创业企业绩效有显著负向影响（张春雨、郭韬和王旺志，2018）。还有研究发现，团队异质性与创新绩效之间呈现负相关关系，但实证结果不显著。据此他们提出，尽管异质性高的创业团队中拥有广泛、非冗余的资源信息，但如果团队没有有效筛选、吸收与整合相关资源信息，团队的创新绩效并不能得到有效提升（龙静、郑松和王乐，2020）。此外，亦有学者研究发现两者间有倒"U"型关系。例如，胡望斌、张玉利和杨俊（2014）则研究发现，创业团队社会性异质性与企业绩效呈倒"U"型关系；功能性异质性中的产业经验异质性、职能经验异质性分别与企业绩效呈正向和倒"U"型关系。再如，夏晗（2018）也研究发现创业团队知识异质性与创业绩效间存在倒"U"型关系。

研究结论的不一致表明，要想真正认识两者间的关系，需要深入探究创业团队异质性作用于创业绩效的过程（Dufays & Huybrechts，2016），通过对两者间关系的形成过程进行深入挖掘，探究其机制及其作用效果，以实现对两者间关系的全面理解，为科学指导创业团队管理提供理论支持。

二、创业拼凑作为中间机制

创业拼凑作为创业企业的独特行为，近年来受到了学术界的关注。既有研究表明，创业拼凑是新创企业解决资源匮乏问题，实现生存和发展的关键举措，既是新创企业利用资源的主要方式（Baker & Nelson，2005），也是新创企业打破资源的束缚、创造性地解决问题，提升新创企业存活率的主要手段（Baker & Nelson，2005）。由于新创企业往往缺乏足够的资源，因此通过对手头资源的拼凑来创新性地发展，这也是新创企业生存的关键。团队异质性反映了团队多样性的知识和认知风格（Hambrick et al.，1996），团队异质性带来的知识、经验、认知风格以及资源的多元化，既会影响创业团队对在手资源的认知，也会为创业拼凑行为提供丰富的在手资源，对创业拼凑行为的选择与实施产生重要影响，进而对新创企业的绩效产生影响。因此，以创业拼凑为中介机制来研究创业团队异质性与新创企业绩效的关系，可能是揭示创业团队异质性影响新创企业绩效转化过程机制的关键，创业拼凑很可能是团队异质性作用于新创企业绩效的关键内部过程，因此引入创业拼凑，将创业拼凑作为中介机制来研究创业团队异质性与新创企业绩效间的关系，不仅在理论上可以揭示创业团队异质性作用于新创企业绩效的过程及机制，同时有助于厘清两者之间的关系，揭示当前研究中两者间关系矛盾混乱的原因，为平息学术界对此问题的争议提供参考。

三、创新氛围的情境作用

创业拼凑的关键在于对在手资源的重新利用，不单是拼凑者对在手资源的重新认识、挖掘其新的价值、实现其新的功用的过程，也是一个重组、重包在手资源实现创新创造的过程。创新创造往往伴随着高失败风险，会对创新创造者带来一系列的负面后果，因而对失败的顾虑会抑制个体开展创新创造行为。杨百寅等（2013）指出，组织对创新行为的支持会影响到员工的价值观、工作态度进而影响其创新行为。同时，创新氛围也是影响个体创新行为的重要因素（段锦云、王娟娟和朱月龙，2014）。只有当个体感受到失败后的风险较低、对自己未来的不利影响较小时，才有可能积极从事创新创造活动。因此，组织中的氛围，特别是创新氛围对个体开展创新创造活动有重要影响。一方面，良好的创新氛围可以帮助团队成员自由表达思想和观点，并开展充分的讨论，形成对在手资源利用的科学方案，提升拼凑的有效性；另一方面，良好的创新氛围可以帮助团队成员大胆实践各类资源拼凑行为，提升拼凑行为的活跃度。因此，拼凑行为的活跃度、拼凑效果的好坏与团队内的创新氛围有着密切关系。简而言之，异质性创业团队所具有的知识多元化、认知多样化的特点，在团队高创新氛围下，更能发挥对创业拼凑的影响，提升拼凑的效率与活跃度。

基于此，本书构建了以创业拼凑为中介的研究框架，来探究创业团队异质性与新创企业绩效之间的关系。研究中综合运用高阶理论、团队理论、拼凑理论、信息交互理论，沿着“团队异质性（input）—创业拼凑（process）—新创企业绩效（output）”逻辑链条，深入研究。通过构建团队异质性、创业拼凑影响新创企业绩效的理论模型，并将创新氛围这一情境变量纳入模型中，对创业团队异质性作用于新创企业绩效的机制、过程与边界效应进行了探索。具体而言，将围绕以下问题展开研究：（1）团队异质性影响创业拼凑机制；（2）创业拼凑影响新创企业绩效机制；（3）团队异质性影响新创企业绩效机制；（4）创新氛围对团队异质性与创业拼凑关系的调节作用（研究模型如图 5 – 1 所示）。

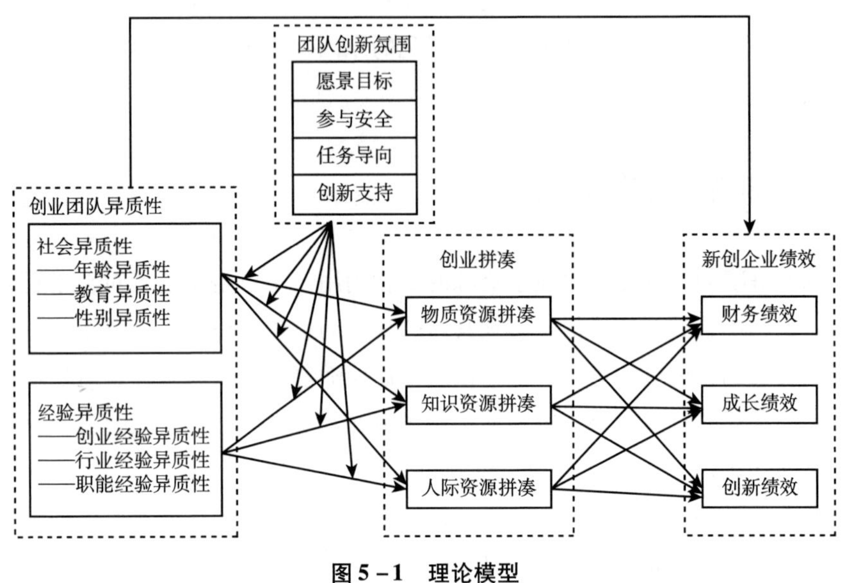

图 5 – 1　理论模型

第二节　研究假设

一、创业团队异质性与新创企业成长绩效

新创企业往往面临着资源匮乏、合法性不足的问题，如何实现快速成长是新创企业需要解决的首要问题（Chrisman et al.，1998）。由于合法性缺陷，新创企业往往不仅得不到市场、消费者的认可，也很难得到利益相关者如供应商、金融机构、经销商等的信任，因此遇到发展机遇或困难而缺乏资源时，难以从外部获取资源来发展或解决问题，因此新创企业的生存与发展很大程度上取决于能否利用好在手的资源，能否通过创造性拼凑利用好各种廉价资源或者是被其他组织忽视的资源把握住发展机会、解决实际问题实现经营业绩的提升。创业团队通常是新创企业的战略制定与执行者，团队拥有的资源、知识、认知能力将通过对战略的制定与执行对新企业的绩效产生重要影响。创业团队的异质性特征反映了团队构成的多样性。异质性团队具有丰富的多样化社会资

源、知识、技能等，这为团队开展拼凑提供了多样化的资源和差异化的知识。而多样化的资源和差异化的知识为团队作出高质量的决策提供了帮助，有助于提高问题的解决能力（Simons et al.，1999）。

为了保持研究结果的可比较性，本书参考已有的研究，将团队异质性也划分为社会异质性、经验异质性两类（曾楚宏、叶冬秀和朱仁宏，2015；朱仁宏、曾楚宏和代吉林，2012）。对创业团队异质性特征影响新创企业绩效的机理，也从社会异质性、经验异质性两个方面来分析。首先，性别异质性是团队中的一个显著特征。不同性别的个体在教养模式、职业发展、社会角色认知方面有显著差异（Bussey & Bandura，1999），比如，由于社会对男性、女性有不同的期望，因而在其家庭教育、自我角色认知、行为期许方面有明显差异，从而形成了男性和女性不同的认知风格。这些不同的认知风格会导致其在信息管理、问题理解、决策策略上表现出不同的模式与特点。比如，女性创业者具有独特的信息处理过程、思维方式及决策机制（Fiet et al.，1997），与男性相比在细心度、敏锐性与情感表达等方面具有优势，这些独特的性格特征为企业增添了活力。再如，年长的成员一般具备丰富的社会阅历以及更强的组织认同感，在决策时通常会考虑比较全面，并倾向于选择相对较为稳妥的方案；而年轻的成员通常充满激情，具有进取精神，学习能力和创新能力也比较强。具有年龄异质性的创业团队可以同时获得到年长和年轻成员的优势，易于在发展战略上保持平衡，对长期绩效有积极作用（崔小雨、陈春花和苏涛，2018）。此外，创业团队成员在教育水平方面的差异代表了成员的知识背景以及认知能力的差异，这种差异可以形成多元化的观点和认知，能够帮助团队在决策时从不同视角分析问题，从而提高决策质量（崔小雨、陈春花和苏涛，2018）。而且，教育水平不同，不仅让高管团队成员在审视问题时的广度和深度不同，还能让他们获得信息的来源和渠道也有所不同，这有利于组织获取更加丰富全面的信息，从而提升高管团队分析问题、解决问题的能力（刘刚、李超和吴彦俊，2017）。综合来看，团队的异质性可以激发和保持团队的活力，从而增加组织对市场的理解力和组织的灵活性（Park et al.，2008）。因此，团队成员的社会异质性可以提升新创企业的成长绩效。

从经验异质性来看，个体所拥有的经验本质上是其在之前的工作中内隐化的缄默知识（谢军和周南，2015），对个体决策、加工信息有重要意义。丰富的经验可以帮助创业者对动态复杂的创业环境作出理性科学的分析，能够帮助创业团队应对创业环境的不确定性。比如，有过创业经历的再创业者，由于其在创业过程中经历过诸多创业活动，不仅对创业已经有了一个较深入的感性认知，还获得了一些隐性知识，这种感性认知和隐性知识可以提高他的综合分析判断能力，会通过形成高质量的战略决策而影响组织绩效。再如，有的创业者具有丰富的行业经验，对行业特点、行业发展态势有深刻的认知，这都会对其决策产生积极影响。此外，从事过多项职能岗位工作的创业者，因其拥有丰富职能岗位工作经验，善于从不同职能视角思考问题，不仅能提高决策的科学性与合理性，也能让其在资源使用、重组中从多角度思考可行性。而且，对团队成员而言适当的经验储备是一种财富，一定的经验异质性则有助于促进组织学习，易于团队开展探索式创新（Heyden et al.，2013），因而团队的经验异质性有助于提升新创企业的成长绩效（Hambrick et al.，2015）。

但是团队过高或过低的异质性对企业成长会带来不利。创业是一个综合的冒险过程，新创企业由于新生缺陷，不仅难以获得有效的合法性，得不到利益相关者的认同，同时还面临资源匮乏的问题（张玉利、杨俊和戴燕丽，2012）。通过对在手资源的创造性利用，即拼凑，实现快速成长是新创企业求得生存和发展的关键，而异质性创业团队能够提供多样化的知识、资源，有助于以创新的方式来解决问题。但是过低的异质性反映了团队成员在性别、年龄、教育背景方面的高同一性，以及在创业经验、行业经验、职能经验方面的单一性。团队成员在性别、年龄、教育背景方面的高同一性不利于差异化认知的形成，并且高同一性意味着团队拥有的资源较为相似，而相似的资源并不能产生 1 + 1 > 2 的效果。经验的单一则会导致团队的认知能力不够丰富，在处理复杂问题时不易形成多元的认知和分析视角。因此，团队异质性过低时会令创业团队难以应对复杂的创业环境，其成长绩效自然就不可能高。同样，过高的异质性也不利于成长绩效。首先，从经验视角来说，过多的经验会使团队难以接受创新的观点思维，会倾向于保守，而且对创业者而言，过多的经验累积则可能是负担，甚至构成功能性障碍（Hambrick et al.，1996）。其次，在组织中个体往往倾向于根据性别、年龄、受教育情况将自己划分为不同社会类属，并对所属的社会类属产生高度认同（Ashforth & Mael，1989）。对所属类属的认同一旦形成，同一类属的成员间会产生信任并持有积极态度，在沟通、交流、合作上相对容易，但对与自己不属于同一类属的成员则会形成敌对和消极态度，交流合作就较为困难，严重时会引发激烈冲突（Brewer，1993）。即当异质性过高时，团队成员有可能难以形成有效沟通和认同，阻碍合作，对绩效产生不利影响。因此，过高、过低的社会异质性、经验异质性都不利于新创企业的成长。据此提出如下假设：

H5－1：创业团队性别异质性与新创企业成长绩效存在倒“U”型关系；

H5－2：创业团队教育异质性与新创企业成长绩效存在倒“U”型关系；

H5－3：创业团队年龄异质性与新创企业成长绩效存在倒“U”型关系；

H5－4：创业团队创业经验异质性与新创企业成长绩效存在倒“U”型关系；

H5－5：创业团队行业经验异质性与新创企业成长绩效存在倒“U”型关系；

H5－6：创业团队职能经验异质性与新创企业成长绩效存在倒“U”型关系。

二、创业团队异质性与新企业创新绩效

团队创业异质性特征能够提供多样化的知识和认知，但是过高或过低的异质性都不利于创新活动的开展。创新是对已有知识重新组合并加以创造性利用地活动，这就要求创新者拥有多样化的知识、技能和差异化理解问题的能力。创业团队过低的异质性意味着知识、认知的同质性，同质性的知识、认知不利于创新思维的形成，也不利于跨界知识的组合（霍生平和刘海，2020）。而适度的团队异质性则有利于创新活动的开展。

首先，适度的社会异质性有利于创新绩效。适度的社会异质性反映了整个团队在性别构成、知识结构、年龄分布方面有着一定的差异。这些适度的差异有助于团队成员形成对资源、问题的不同认知，有利于产生创新的思维。比如女性创业者除了具有女性的细心特征外还具有“坚毅果断”的性格特征和较强的商业嗅觉（刘婷和杨琦芳，2019），不仅愿意从事创新的活动而且也能及时把握创新的时机。相较于男性而言，女性创业者的视角、认知风格的不同更能带来创新的思维和认知。年长的创业者往往具有谨慎、务实的特征，虽然不利于颠覆性创新活动的产生，但是可以抑制过度激进创新行为，而年轻的创业者往往具有较强的自信心，甚至于过度自信，思维活跃，易于产生新的想法和思维。而在教育水平上有差异的团队会形成较为丰富的认知结构，可帮助团队

更好地进行决策来提升创新的可行性，以及降低创新的风险有助于提升创新绩效（Allen et al.，1997），因而具有适度社会异质性的团队能够表现出更好的创新绩效。

其次，适度的经验异质性能促进团队创新意愿、提高创新决策质量，进而促进企业创新绩效（Hambrick et al.，2015）。具体来说，创业经验丰富的团队具有较强的自我效能感，会给创业者带来信心，有助于创业者大胆决策、积极行动，愿意从事创新类的活动（Shrader et al.，2000）；而具有丰富行业经验的创业团队，有助于帮助创业团队从不同视角来发现顾客需求、现有业务的不足，并有利于进行跨界的知识组合，从而能够促进创新的产生（杨俊、田莉和张玉利等，2010）。生产、研发、销售、财务、行政管理这些岗位都有其独特性，会给从事该岗位的人员带来独特的职能经验和专有知识。当创业团队由具有不同工作岗位经历的成员组成时，团队便拥有了更多不同类型的知识、经验，不仅有利于成员间的相互学习，促进团队创新（Duchesneau & Gartner，2005），而且利于团队从不同视角发现问题，改进工作提升创新的质量。因此，适度的经验异质性能够对新创企业创新绩效的提高产生积极作用。

但是过高的异质性会对创新产生不利的影响。首先，过高的年龄异质性会引发团队成员的“代沟”，造成团队成员交流的困难，从而不利于创新思维在团队内的传播和认同，特别是随着时代的发展、科技的进步、新事物层出不穷，年轻成员和年老成员在认知、价值观方面都不可避免地存在差异。因此，年龄差异过大有可能造成团队成员间的情感冲突（Ensley et al.，2002）。同理，除了教育对个体价值观、思维模式的塑造有着重要作用之外，创业经历、行业经历、工作经历等也会对个体的价值观、思维模式带来影响。因此，过高的教育背景异质性、创业经验异质性以及行业经验异质性会导致成员间在价值观、思维模式以及认知能力方面的较大差异。当这种差异过高时也必然会导致成员间交流沟通的困难，不利于创新思维的交流和共享。比如，有实证研究已经发现，过高的高管团队教育背景异质性反而会增加新产品的生产时间，对创新产生负面影响（Srivastava & Lee，2005）。其次，根据社会分类理论，在社会交往、工作场所中人们倾向与自己相似的人组成圈子并彼此产生高度认同（Linnehan & Konrad，2006）。而在具体分类或组成圈子时，年龄、受教育程度、工作经历、性别等是主要的区分指标，因而当创业团队成员在上述方面差异较大时，会形成不同的分类或圈子。当圈子形成后，圈内成员将会对“圈内人”和“圈外人”分别采取不同的态度，对同属于一个圈子内的成员信任度较高，彼此交流顺畅，而对“圈外人”的成员则信任度较低，彼此沟通交流不顺畅，甚至会带来成员间的冲突与对立（Kristina et al.，2005）。有研究发现，团队内部的冲突不仅会降低团队成员对他人观点的接受程度，不利于新思维、新观点的成立（Prasad & Junni，2017），还会显著地抑制团队成员的有效沟通，不利于创新思维的产生，从而降低产品和服务的新颖性（Amason et al.，2006）。因此，过高的经验异质性会抑制创业团队创新活动的开展，不利于创新绩效。

H5－7：创业团队性别异质性与新创企业创新绩效存在倒“U”型关系；

H5－8：创业团队教育异质性与新创企业创新绩效存在倒“U”型关系；

H5－9：创业团队年龄异质性与新创企业创新绩效存在倒“U”型关系；

H5－10：创业团队创业经验异质性与新创企业创新绩效存在倒“U”型关系；

H5－11：创业团队行业经验异质性与新创企业创新绩效存在倒“U”型关系；

H5－12：创业团队职能经验异质性与新创企业创新绩效存在倒“U”型关系。

三、创业团队异质性与新创企业财务绩效

关于团队异质性与新创企业财务绩效的关系学术界进行了大量的研究，但是研究结论依然存在矛盾。对团队异质性影响新创企业财务绩效的机理，可以从信息决策理论、社会认同理论两个方面展开分析。

从信息决策理论的视角来看，团队异质性有助于新创企业的财务绩效。基于信息决策理论的研究表明，异质性较高的团队有多个信息来源渠道，往往相较于成员异质性低的团体拥有更丰富多元的信息，这些信息经过筛选后成为有效信息，可以视为一种利于促使思想多元化的资源，进而能够提升高管团队的决策质量（Simons et al.，1999），有利于团队作出更高质量的决策，而高管团队的决策对组织的成功起着关键作用。还有研究表明，教育异质性、职能背景异质性可以提供一系列的专业技能和广泛的社会关系网络，这能够促进人们对环境的认知和信息的收集（Amason et al.，2006）。比如，有研究已经证实，

教育背景差异大的团队往往具有更为宽泛的信息来源渠道，其个人的社会交往网络也具有较大的差异，有助于团队获得更多的资源（Carpenter et al.，2002）。在信息决策理论的指引下，学术界进行了大量关于高管团队异质性与企业财务绩效关系的研究，基本都发现了团队异质性具有正向作用。例如，有研究发现，上市公司高管职能背景异质性与公司股票的市盈率正相关，即异质性越高，市盈率越高（Barsade et al.，2000），高管团队的教育背景异质性会正向影响公司的投资回报和市场增长（Smith et al.，1994），高管团队教育异质性和任期异质性与公司市场份额增长和利润增长正相关（Hambrick & Chen，1996），高管团队职能背景异质性对组织资产报酬率和销售增长率有积极影响（Certo et al.，2006）。史密斯（Smith et al.，1994）的研究也得出了类似结论，他们认为教育水平的异质性能够为高管团队提供更为多元的信息源，有助于高管团队更深层次地分析和理解现象，进而提升其战略决策的质量和组织绩效。就教育专业异质性而言，有研究认为，高管团队教育专业异质性越高，他们的信息解读和分析能力就越强，就越有利于组织在复杂的环境中保持竞争力（Camelo Ordaz et al.，2005）。职能背景是高管团队成员对不同专业知识和技能掌握范围与程度的反映职能背景对高管团队成员分析问题的角度和决策制定的角度有显著影响（Wiersema & Bantel，1992），具备较高职能背景异质性的高管团队可以更好地应对环境的复杂性。基于信息决策理论的研究为多样化背景团队具有较好财务绩效给出了合理的解释。

但是过高的团队异质性也会不利于新创企业的财务绩效。比如，过高的年龄异质性导致的最直接的问题就是代沟问题，代际的观念差异很容易导致成员之间互不理解和不认同，甚至彼此存在偏见。这不但不利于团队成员之间和谐相处，而且极易导致矛盾，削弱团队凝聚力的形成和维持（牛芳、张玉利和杨俊，2011）。也有学者指出，不同年龄阶段的人经历了不同的成长环境，这对高管团队成员价值观和态度的塑造有着重要影响，年龄异质性会使他们的态度和价值观产生差异（Bantel & Jackson，1989）。例如，较年长的团队成员往往趋于保守，其决策也往往倾向于稳健；而较年轻的团队成员则往往更倾向于风险型决策，他们的风险偏好往往更强（Wiersema & Bantel，1992）。这种对待风险态度的差异很可能会导致团队冲突。而且，高管团队年龄异质性越高，高管团队成员的更换往往会越频繁，这会对高管团队成员产生负面影响，不利于组织的发展。再者，过高的经验异质性也会对新创企业的财务绩效产生不利影响。经验丰富的成员比较务实，甚至于偏向保守，对公司拥有的资源、面临的环境分析通常趋于实际，缺乏想象力和创新力；而经验缺乏的成员往往更容易产生大胆、创新的想法，但是这些想法未必可行。综合来看，经验丰富的团队成员虽然对环境、行业发展趋势有较为清晰的认识，但是缺乏创新能力，容易形成思维定式导致墨守成规，而经验缺乏的成员往往具有创新的思维、异想天开的想法，这些不同容易导致团队成员间的冲突，在公司内形成不同的小团体，不利于沟通，导致成员间矛盾的产生，削弱彼此间的信任与合作，直接阻碍新创企业的决策质量和执行能力。因此，异质性过高的团队，由于存在大量思维、观点的不同，导致公司在发展问题上难以达成共识，不利于抓住新的机会，也无法有效推进创新活动。

H5－13：创业团队性别异质性与新创企业财务绩效存在倒“U”型关系；

H5－14：创业团队教育异质性与新创企业财务绩效存在倒“U”型关系；

H5－15：创业团队年龄异质性与新创企业财务绩效存在倒“U”型关系；

H5－16：创业团队创业经验异质性与新创企业财务绩效存在倒“U”型关系；

H5－17：创业团队行业经验异质性与新创企业财务绩效存在倒“U”型关系；

H5－18：创业团队职能经验异质性与新创企业财务绩效存在倒“U”型关系。

四、创业团队异质性与创业拼凑

创业拼凑是创业者利用手头不起眼的资源进行新机会发现、解决创业中问题的一种手段（Senyard et al.，2014），是对在手资源的改造和重新利用。其实质是因为新创企业往往拥有的资源有限，为了解决诸多问题，创业者在创业活动中不得不通过主观构建、“无中生有”的方式重组、重包在手资源来生成或获得新的资源，主要手段是重组、重包那些本企业拥有的或者是通过社会交换获得的，但是在其他企业却被遗弃或闲置的低价值资源（祝振铎和李新春，2016）。由于拼凑的核心是创业者通过对资源的重新认识和利用实现变“废”为宝，因而创业者对资源的认知能力、重构能力以及创业者的创新能力对拼凑效果有着重要影响。随着对创业拼凑研究的深入，学术界认为新创企业在利用资源时不只是对物质资源的拼凑（Senyard et al.，2014），也包含了对知识技能的重组和再生成（Baker & Nelson，2005；Lévi - Strauss，1966）。在既有研究中，学者们将创业拼凑归类于两种类型。第一种是对原材料、资金和劳动力等物质资源的拼凑，即“物质资源拼凑”；第二种是对知识、技能、社会网络等无形资源进行的构建，即“创意资源拼凑”（Baker & Nelson，2005；Lévi - Strauss，1966）。

在新创企业中，创业团队实质上类似于高管团队。团队异质性意味着团队的认知有着多样化的特点，这能为新创企业提供差异化的信息和多样化的观点（Alexiev et al.，2010）。新创企业对资源的拼凑方式取决于团队成员如何看待和认识各种资源。创业团队成员在年龄、性别、教育水平方面的异质性被统称为社会异质性，是形成团队认知的基础，异质性团队必然会形成异质性的认知（Hambrick et al.，1996），而异质性认知有利于形成多样化的资源利用视角，提升拼凑决策的质量与效率，从而有助于拼凑活动的活跃与创新性。以教育背景、年龄、性别差异为核心的创业团队社会异质性，不仅反映了团队成员在认知方面的差异，也代表了团队成员具有不同的知识结构与技能。不同的知识结构与技能，为团队如何利用各种不同的资源提供了差异化的支持，不仅能够提升拼凑的技能，也有助于新知识、新创意的产生，提升拼凑的可行性。因此，具有社会异质性的创业团队更容易出现拼凑行为，公司中的拼凑活动也更活跃。

但是过低或过高的社会异质性不利于创业拼凑活动的开展。过低的社会异质性反映了团队在教育、年龄、性别中的高度相似性。这种高度相似性不仅无法让新创企业获得多样化的资源，还会导致团队在知识结构和认知风格上的高度雷同，这显然不利于创新思维的产生（Wiersema & Bantel，1992），而缺乏创新思维则会直接抑制拼凑行为。过高的社会异质性则容易导致成员间认同度较低，团队互动质量较低，也不利于创意的产生（Williams，2016），还会因为创业企业团队成员的认知差异而影响团队合作（Flynn & Spataro，2001），导致就是有创意也难以达成一致而无法执行。综合而言，过低的社会异质性难以形成有效的新创意、新思维，不利于创业拼凑；同样，过高的社会异质性会影响团队成员的信息交流和相互合作导致拼凑难以产生，只有适度的社会异质性才有助于激发不同的观点和恰当的交流，产生更多的创新思维，从而有助于拼凑活动。因此，当创业团队的社会异质性过高或过低时，不利于创业拼凑活动的开展。

创业拼凑是对现有资源的整合利用，不仅受团队知识结构、认知能力、思维方式的影响，也会受到团队具有的经验，包括创业经验、行业经验、职能经验的影响，团队适度的经验异质性将对资源的整合产生积极影响，而过高或过低的经验异质性都会抑制对资源的整合利用，不利于拼凑活动的开展。创业团队经验异质性过低意味着团队成员都缺乏经验或都具有相似的经验，比如，创业经验异质性过低，意味着可能都是创业新手或者都是创业老手；职能经验异质性过低则表明团队成员工作经历相似，团队中缺乏多样的职业技能；行业经验异质性过低同样表明团队成员要么是行业老手要么是行业小白。这种低异质性团队，带来的问题就是团队成员在缄默知识上的单一性，知识的广度不够，容易形成雷同思维，缺乏创新思维产生的基础。这就导致在团队中难以出现创新思维，继而削弱拼凑活动的开展。而过高的异质性会形成小团体，易于画地为牢，不同团体成员间容易产生消极态度和相互猜忌，不利于在公司内形成凝聚力和彼此间的信任，导致团队成员间交流不足和沟通困难（Williams，2016），不利于团队创造性地利用各种在手资源（Zenger & Lawrence，1989）。

创业团队适当的经验异质性则有利于创业拼凑活动的开展。创业团队在很大程度上类似于企业的高管团队，拥有的经验在其面临决策时能帮助其对环境作出个性化的解释（姜付秀、朱冰和唐凝，2013），适度异质性反映了多元化的认知和思维，能从多样化的来源搜寻和获取信息（Talke et al.，2010）。创业团队成员的行业经验、创业经验、职能经验构成了团队认知的基础（Hambrick et al.，1996），团队成员所拥有的异质性经验则丰富了团队的认知基础、价值观、思维方式，有利于团队从多方位、多角度分析问题，从而使得决策质量得以提升（Hambrick，2007），而其不同观点的碰撞有利于创新思维的出现。创业团队成员在行业经验、创业经验、职能经验方面的差异不仅为他们认识和理解资源的价值带来了多样性、差异性的视角，为各类资源的拼凑使用提供了多种可选择的方案，同样，丰富的经验也为如何利用各种不同的资源提供了差异化的知识和技能，提升对各类资源进行创造性利用的能力。因此，适度的经验异质性有助于激发不同的观点，产生更多的创新思维，并为开展拼凑提供技能支持，从而有利于产生更多的拼凑活动。综上提出如下假设。

H5－19：创业团队性别异质性与创业拼凑存在倒“U”型关系；

H5－20：创业团队教育异质性与创业拼凑存在倒“U”型关系；

H5 - 21：创业团队年龄异质性与创业拼凑存在倒“U”型关系；

H5 - 22：创业团队创业经验异质性与创业拼凑存在倒“U”型关系；

H5 - 23：创业团队行业经验异质性与创业拼凑存在倒“U”型关系；

H5 - 24：创业团队职能经验异质性与创业拼凑存在倒“U”型关系。

五、创业拼凑的中介作用

创业拼凑是新创企业的独特行为，对新企业创业绩效有着正向影响（邓巍、梁巧转和范培华，2018）。异质性团队通过拼凑不仅可以实现资源的再利用，提升对客户的服务或改进产品质量（于晓宇、李雅洁和陶向明，2017），还能充分利用在其他企业看来无用的资源解决面临的困难，从而提升生存和发展能力。团队异质性是影响组织绩效的关键前因，但是异质性并不能直接作用于组织绩效，其对组织绩效的影响是通过作用于团队决策、行为而产生的，也就是说需要通过中间过程机制的转化才能发挥作用。比如，创业团队的社会异质性在一定程度上决定了团队的认知与决策模式，认知与决策会影响团队行为，然后作用于绩效，即社会异质性是通过“认知与决策——团队行为”这一中介路径影响企业绩效。创业拼凑是新创企业的独特资源利用行为，体现了创业者的效果推理和手段导向特征，对创业绩效有着重要影响，而拼凑行为必然受到团队认知、决策特征的影响，因而创业拼凑在团队异质性与创业绩效间起到了关键作用。

团队成员的社会异质性反映了成员间在年龄、教育程度、性别方面的不同，而这些特征是个体形成认知与决策风格的基础。具有社会异质性的团队成员对在手的各种资源会产生认知差异，为使用在手的资源提供了多样化的选择，直接影响到拼凑行为。比如，具有年龄差异、教育背景不同的成员，在分析问题、资源利用方面有不同的关注点，年龄大、受教育程度较低的成员可能思考问题更保守、更稳妥，而年轻的、受教育程度高的成员思维活跃，对新事物、新技术的接受程度更高，容易形成新的拼凑方式，但可能风险较高。再如，年龄、受教育程度不同其拥有的社会关系也会不同，其往往具有较为独特的社会资本，这些社会资本可以为组织带来不同的资源，从而有助于实现差异化的拼凑。性别不同也会影响到对资源的认知和拼凑决策的形成。比如，团队中的女性成员通常善于合作（Eagly，2007）、风险厌恶程度较高（Orser & Hogarth－Scott，2002），而男性成员则倾向于进取，竞争性较强，因此，具有适度性别异质性的团队在拼凑行为实施、拼凑方案选择、设计方面更趋于合理，从而具有更好的拼凑效果。

类似地，团队的经验异质性也会影响的拼凑决策和拼凑行为，从而对新创企业绩效产生影响。即拼凑在两者之间发挥了中间转化作用。首先，具有异质性经验的团队为创业拼凑提供了丰富的社会资源。团队中具有不同职业经验、行业经验、创业经验的成员，意味着团队中有着较为丰富且差异化的社会、工作经历，这些丰富且差异化的经历为成员带来了独特的社会资本。这些独特的社会资本既可以直接作为拼凑的资源，比如开展网络拼凑，还能为企业带来丰富的其他资源，比如异质性的信息资源。其次，具有不同产业经验、职能经验、创业经验的团队成员往往有不同的知识技能，这为拼凑行为的开展提供了多种知识和技能（霍生平和刘海，2020），也有效地促进了拼凑活动的开展。最后，团队经验异质性体现了多元化的认知基础，这为团队成员如何认知在手的各种资源提供了不同的观点。具有丰富行业经验的成员对资源的认知会优于缺乏经验的成员，但经验不足的成员相较于经验丰富的成员可能更具创造力。在资源重组使用方面，创业经验丰富的成员思考问题更全面、更稳妥，能够更为合理地整合使用资源；而缺乏经验的创业者在选择拼凑方式时会表现出更强的创新性（Orser & Hogarth-Scott，2002）。因此，团队经验异质性不仅可以为拼凑提供资源，而且可以促进多样化、创新性的拼凑，从而有利于拼凑行为。

拼凑对新创企业财务绩效、成长绩效、创新绩效都有着积极作用。首先，拼凑作为创业者创造性配置资源，达到变废为宝的一种资源利用方式，可以建立起其他企业难以模仿的竞争优势，有利于新创企业的绩效的提升（Steffens et al.，2010），获得高于其他企业的财务回报。其次，通过拼凑创业者可以快速响应市场需求、满足客户体验，从而支持新企业获得成功（祝振铎，2015），扩大市场份额，即便拼凑所形成的方案或产品并不完美。最后，企业创新关键在于对现有资源的重组利用能力，以及对与资源相关的惯例的处理能力（Zhao et al.，2018），而拼凑实质上是对企业现有资源的一种重新利用，通过打破对资源的固有认知，重组重包生成新功能，强调了对在手资源的整合及创新，是实现对资源创造性利用的过程，本身蕴含很强的创新理念和创新导向，有利于创新绩效的提升。因此，当创业拼凑受到团队异质性影响时，这种影响会通过创业拼凑作用于新创企业的成长、创新、财务绩效，由此构成了创业团队异质性影响创业拼凑继而影响到新创企业绩效的作用路径。在这个作用路径中，创业拼凑起到了中介作用。据此提出以下假设：

H5－25：创业拼凑中介了创业团队性别异质性对新创企业成长绩效的影响；

H5－26：创业拼凑中介了创业团队教育异质性对新创企业成长绩效的影响；

H5－27：创业拼凑中介了创业团队年龄异质性对新创企业成长绩效的影响；

H5－28：创业拼凑中介了创业团队创业经验异质性对新创企业成长绩效的影响；

H5－29：创业拼凑中介了创业团队行业经验异质性对新创企业成长绩效的影响；

H5－30：创业拼凑中介了创业团队职能经验异质性对新创企业成长绩效的影响；

H5－31：创业拼凑中介了创业团队性别异质性对新创企业创新绩效的影响；

H5－32：创业拼凑中介了创业团队教育异质性对新创企业创新绩效的影响；

H5－33：创业拼凑中介了创业团队年龄异质性对新创企业创新绩效的影响；

H5－34：创业拼凑中介了创业团队创业经验异质性对新创企业创新绩效的影响；

H5－35：创业拼凑中介了创业团队行业经验异质性对新创企业创新绩效的影响；

H5－36：创业拼凑中介了创业团队职能经验异质性对新创企业创新绩效的影响；

H5－37：创业拼凑中介了创业团队性别异质性对新创企业财务绩效的影响；

H5－38：创业拼凑中介了创业团队教育异质性对新创企业财务绩效的影响；

H5－39：创业拼凑中介了创业团队年龄异质性对新创企业财务绩效的影响；

H5－40：创业拼凑中介了创业团队创业经验异质性对新创企业财务绩效的影响；

H5－41：创业拼凑中介了创业团队行业经验异质性对新创企业财务绩效的影响；

H5－42：创业拼凑中介了创业团队职能经验异质性对新创企业财务绩效的影响。

六、团队创新氛围的调节效应

团队创新氛围是团队成员对工作环境中创新行为是否得到支持的共享心理感知，其对成员的创新行为有积极作用（Al Beraidi & Rickards，2003），也是影响员工创新态度与行为的重要情境变量（Pfeffer & Salancik，1977）。团队创新氛围并不直接作用于创新绩效，其主要通过影响员工个体的创新态度和动机，进而作用于组织的创新能力和创新绩效（Al Beraidi & Rickards，2003；West，2002）。创新氛围改变了员工对传播“另类”知识的态度，鼓励员工大胆地传达或尝试新想法、新创意（Al Beraidi & Rickards，2003；West，2002）。具有异质性的创业团队在思维模式、价值观、知识结构、认知决策、能力技能方面有着较大的差异，这些差异影响着新创企业中拼凑活动的发生，但这种影响只有在各种异质性思维、价值观、知识、认知、技能等能够充分交融的基础上发挥作用。这些差异化的思维、知识、技能等的交融协同需要团队创新氛围的支持，只有员工感觉到创新是被支持的，他们才会交流差异化的知识思维、并开展拼凑活动。

高创新氛围意味着组织内鼓励创新，对创新失败有着较高的容忍度，令团队成员更容易形成拼凑是安全的、被鼓励的共享感知，这可以减少拼凑行为给员工带来的风险。因此，在高创新氛围下，团队成员可以对新想法、新观点进行及时有效的沟通，以此为新想法的实施获得一定程度的支持，而且高创新氛围能够容忍创新所带来的风险（West，1990）。对创新风险的高容忍，可以降低创新产生的人际风险，减轻团队成员对独特观点不成熟、遭人耻笑的顾虑，这会鼓励员工公开交换各自独特的观点和想法（钟熙、付晔和王甜，2019）。

当组织内创新氛围较高时，还意味着组织对创新活动的高度支持，愿意为员工提供丰富的资源或制度便利促进创新活动的开展（Ren & Zhang，2015），成员也被赋予较高创新期望。当成员感受到组织对其创新行为的期待时，会在创新活动中表现得更加自信（顾远东和彭纪生，2010），从而更愿意从事创新活动。具有高创新氛围的组织倡导开放与变革，强调对员工的创新成果给予公平合理的评价，从而有效地激发成员的创新效能感（王永跃、王慧娟和王晓辰，2015）。

本书所采纳和使用的创新氛围量表包含了愿景目标、参与安全、任务导向、创新支持四个维度（West，1990），都对团队异质性与拼凑行为关系有积极作用。具体而言，愿景目标所代表的是团队期望的价值奋斗目标，团队成员共享愿景目标时能够提高团队成员工作的积极性（张丽和王艳平，2018）。当团队成员形成一致、共享的愿景目标时，不同背景的团队成员之间进行高质量交流的可能性大大提高，有助于打破由于背景不同而形成的自我归类小圈子，促进彼此间交流与沟通、实现资源共享。参与安全感指员工对提出新想法或打破常规时不会受到惩罚或责备的自我认知（Edmondson，1999）。当员工处于安全感强、人际关系融洽的团队氛围中时，不仅有利于团队成员间的相互交流，观点碰撞，而且在充满安全感的环境中更易形成创新思维，提出创造性解决问题的方案。尤其当组织成员处于一种可以与其他成员共享观点的安全氛围时，他们倾向于讨论与交流工作，从而提出更多的新意见和新建议（Axtell et al.，2000）。任务导向主要考察团队工作是否围绕当前任务展开。任务导向注重个体和团队的工作使命感，鼓励成员通力合作，进行建设性的争论。任务导向可以提升异质性团队开展以实现任务为目标的知识分享、资源互通、思想交流，营造出安全的工作氛围，继而激发出员工的创新行为（Anderson & West，1998）。创新支持指组织对相关创新改善的期望和许可，通常既包含了组织为员工开展创新所提供的制度、心理、资源在内的支持，也包含了成员之间的实际行为和心理上的支持，其中实际和心理上的支持对团队创新来说尤为重要（Anderson & West，1998）。当个体感知到组织对创新行为持鼓励支持态度时，个体就会积极参与创新（胡文安和罗瑾琏，2020），有助于创新思维的形成和交流。

创业拼凑是新创企业对在手资源的重组、重包，是一种创造性利用资源的行为，在本质上与创新类似。首先，在团队创新氛围较高时，具有适度异质性的团队成员在较高心理安全的支持下，其能够畅所欲言与创业伙伴交流不同的观点，此时团队异质性特征所形成的各种差异化的思维、经验以及社会资源就有更大的可能发挥交互融合作用，形成更多的新思维、新观点，同时也能促进其利用所拥有的异质性知识、认知、技能大胆行动，从而实现更多的拼凑行为，提升拼凑活跃度。其次，在高创新支持的团队氛围中，异质性团队成员具有更高的共享愿景和相同的任务导向，有助于团队成员围绕企业的发展目标、首要任务开展拼凑，从而有助于提升异质性团队拼凑行为的有效性和效率。因此，高创新氛围下，团队异质性对创业拼凑行为的影响会更强，团队内会产生出更多、更有效的拼凑行为。据此提出如下假设：

H5 -43：创新氛围对创业团队年龄异质性与创业拼凑之间关系起到正向调节作用；

H5 -44：创新氛围对创业团队性别异质性与创业拼凑之间关系起到正向调节作用；

H5 -45：创新氛围对创业团队教育异质性与创业拼凑之间关系起到正向调节作用；

H5 -46：创新氛围对创业团队创业经验异质性与创业拼凑之间关系起到正向调节作用；

H5 -47：创新氛围对创业团队行业经验异质性与创业拼凑之间关系起到正向调节作用；

H5 -48：创新氛围对创业团队职能经验异质性与创业拼凑之间关系起到正向调节作用。

由于创业拼凑在创业团队异质性与新创企业成长绩效间起到中介作用，因此创新氛围与创业团队异质性的交互效应对创业拼凑的影响也会通过创业拼凑的中介作用而影响到新创企业的绩效，构成了一个有中介的调节效应的模型。即：当创新氛围调节团队异质性与创业拼凑间的关系、增强团队异质性对创业拼凑行为的影响时，创业拼凑会将这种作用传导于新创企业的绩效，体现为团队异质性对新创企业的绩效影响也会变强。据此提出如下假设：

H5 -49：创业团队性别异质性与创新氛围的交互效应经由创业拼凑对新创企业成长绩效产生积极影响；

H5 -50：创业团队年龄异质性与创新氛围的交互效应经由创业拼凑对新创企业成长绩效产生积极影响；

H5 -51：创业团队教育异质性与创新氛围的交互效应经由创业拼凑对新

创企业成长绩效产生积极影响；

H5－52：创业团队创业经验异质性与创新氛围的交互效应经由创业拼凑对新创企业成长绩效产生积极影响；

H5－53：创业团队行业经验异质性与创新氛围的交互效应经由创业拼凑对新创企业成长绩效产生积极影响；

H5－54：创业团队职能经验异质性与创新氛围的交互效应经由创业拼凑对新创企业成长绩效产生积极影响；

H5－55：创业团队性别异质性与创新氛围的交互效应经由创业拼凑对新创企业创新绩效产生积极影响；

H5－56：创业团队年龄异质性与创新氛围的交互效应经由创业拼凑对新创企业创新绩效产生积极影响；

H5－57：创业团队教育异质性与创新氛围的交互效应经由创业拼凑对新创企业创新绩效产生积极影响；

H5－58：创业团队创业经验异质性与创新氛围的交互效应经由创业拼凑对新创企业创新绩效产生积极影响；

H5－59：创业团队行业经验异质性与创新氛围的交互效应经由创业拼凑对新创企业创新绩效产生积极影响；

H5－60：创业团队职能经验异质性与创新氛围的交互效应经由创业拼凑对新创企业创新绩效产生积极影响；

H5－61：创业团队性别异质性与创新氛围的交互效应经由创业拼凑对新创企业财务绩效产生积极影响；

H5－62：创业团队年龄异质性与创新氛围的交互效应经由创业拼凑对新创企业财务绩效产生积极影响；

H5－63：创业团队教育异质性与创新氛围的交互效应经由创业拼凑对新创企业财务绩效产生积极影响；

H5－64：创业团队创业经验异质性与创新氛围的交互效应经由创业拼凑对新创企业财务绩效产生积极影响；

H5－65：创业团队行业经验异质性与创新氛围的交互效应经由创业拼凑对新创企业财务绩效产生积极影响；

H5－66：创业团队职能经验异质性与创新氛围的交互效应经由创业拼凑对新创企业财务绩效产生积极影响。

第六章

实证检验

基于理论分析所推导出的变量间的关系只是提出了理论构想，这些变量间关系是否真实存在还需要得到经验数据的支持。只有得到经验数据的支持才能表明变量间关系确如理论模型所设，理论模型也才能得到支持。而采用科学的方法对变量进行测量，并利用问卷收集到的数据，采用严谨的统计方法对提出的理论假设进行实证验证是检验理论模型的必需步骤。

第一节　变量测量与样本收集

一、变量测量

本书中所用到的变量分为自变量、因变量、中介变量、调节变量、控制变量。自变量包含了社会异质性、经验异质性两类，各有三个维度，共计六个变量。因变量是新创企业绩效，包含了新创企业的财务绩效、创新绩效、成长绩效三个变量。中介变量则是创业拼凑。调节变量是团队创新氛围，包含四个维度。控制变量包含公司成立年限、公司员工数、公司所属行业。对上述变量的测量方法简述如下。

自变量中的社会异质性包含三个变量，分别是性别异质性、年龄异质性、教育异质性。对于年龄异质性，采用学术界通用的标准差系数来测量此类连续变量，即用变量的标准差与均值之比，以此反映出创业团队年龄的异质性。对于性别异质性、教育水平异质性，采用研究者们通常使用的布劳系数（Blau，

1977）来测量。自变量中的经验异质性包含行业经验异质性、创业经验异质性、职能经验异质性。其中，行业经验是指创业者在当前行业的从业经历，以年限计算。因为是连续变量，故选取标准差系数来测量，即用变量的标准差除以均值来表示创业团队行业经验异质性。对于创业经验异质性采用赫芬达尔—赫希曼系数来测量。对于职能经验异质性，由于团队成员可能具备丰富的职能工作经历，故本书采用改进的蒂奇曼方法来计算。计算公式为：

$$H' = \frac{H}{\log I}, H = \sum_{i=1}^{n} P_i \log \frac{1}{p_i}$$

其中，H′为职能经验异质性，取值范围在（0，1）；I 为类别总数；P_i 为具有某类职能经验成员占创业团队成员总数的比例；n 为职能经验类别数量。

（1）创业拼凑。创业拼凑的测量采用第四章提到的基于中国情境的量表，包含三个维度，分别是物质资源拼凑、知识资源拼凑、人际资源拼凑。包含“常常使用废旧物资解决遇到的困难”“利用一些简单的知识、技能解决了很多问题”“经常整合公司内外的人际资源来解决问题”等共计 11 个题项。

（2）成长绩效。成长绩效参考成熟的量表（Chandler & Hanks，1993），因该量表有着良好信效度，在国内学者研究中被多次采用。题项包括“员工数量增长速度”“销售额增长速度”“净利润增长速度”3 个题项。

（3）创新绩效。对创新绩效的测量采用李等（Li et al.，2001）开发的量表，包含如“新产品/新服务销售占比”“新产品开发速度”“申请专利数”3 个题项。该量表在国内被多次使用，且被证实具有良好的信效度。

（4）财务绩效。对财务绩效的测量借鉴张宝建等（2015）的研究，做了微调。包含如“利润率高于竞争对手”“市场份额高于竞争对手”“运营效率高于竞争对手”3 个题项。

（5）创新氛围。采用成熟的团队创新氛围四维度量表（TCI）（Anderson & West，1998），该量表已经在多个国家使用，具有较好的效果。为了保持和已有研究的一致性，本书也采用该量表，同时借鉴郑建君等（2009）的研究，对其进行微调以适用于中国情境。最后形成了 14 个测量题项，包括愿景目标 4 个题项、参与安全感 4 个题项、任务导向 3 个题项、创新支持 3 个题项。

（6）控制变量。参考以往研究，选取公司成立年限（自然对数）、员工数量（自然对数）、所属行业（虚拟变量）作为控制变量。

二、数据与样本

本书的样本来自甘肃、陕西两省。在2019年6～11月，通过国家企业信息公示系统选取了集中于兰州、天水、西安、宝鸡四地创立时间少于8年的企业，收集过程中与当地工商管理部门合作。一方面利用实地调研的机会发放纸质问卷，另一方面通过工商部门的工作群发放网络问卷。受访企业涉及制造业、文化、农业、旅游、餐饮、信息科技、互联网、零售、教育培训等多个行业。问卷的回答人为企业创始团队成员，共计发放问卷700余份，最后回收557份，回收率79.57%，剔除回答不完全、逻辑不符、创业团队人数少于3人的问卷后获得有效问卷358份。员工数20人以下79家，21～50人162家，51～100人87家，100人以上的30家。成立3年以下的169家，3～6年的有134家，6年以上的55家。其中，从事农业的企业数量为28家，占比7.83%；从事汽车服务行业的企业数量为30家，占比8.38%；从事互联网相关行业企业数量为35家，占比9.78%；从事房地产相关的企业数量为33家，占比9.21%；从事信息技术行业企业数量为26家，占比7.26%；从事教育培训的企业数量为45家，占比12.56%；从事制造业的企业数量为38家，占比10.61%；从事文化旅游行业企业数量为41，占比11.46%；从事家政服务的有35家，占比9.78%；其他企业数量为47，占比13.13%，样本具体情况如表6－1所示。

表6－1　　样本特征描述（N＝358）

项目		样本数（家）	百分比（%）	项目		样本数（家）	百分比（%）
员工数	20人以下	79	22.07	行业	农业	28	7.83
	21～50人	162	45.25		汽车服务	30	8.38
	51～100人	87	24.30		互联网	35	9.78
	100人以上	30	8.38		房地产	33	9.21
	小计	358	100		信息技术	26	7.26
成立年限	1年以下	67	18.72		教育培训	45	12.56
	1～3年以下	102	28.49		制造业	38	10.61
	3～6年以下	134	37.43		文化旅游	41	11.46
	6年以上	55	15.36		家政服务	35	9.78
	小计	358	100		其他	47	13.13

第二节　直接效应检验

一、信效度检验

通过问卷收集的数据需要达到信度和效度要求，良好的信度、效度是开展实证检验的基础。为了保证信效度，在本研究中，财务绩效、创新绩效、成长绩效、创业拼凑、创新氛围都采用了成熟的测量量表，同时也在量表中加入了部分干扰题项，这在一定程度上能够保证信效度。在进行实证检验之前，对收集到的数据进行了严格的信效度检验。先采用 SPSS 软件对主要变量测量的信效度进行检验。检验结果表明，主要变量财务绩效、创新绩效、成长绩效、创业拼凑、创新氛围的科隆巴赫系数分别为 0.820、0.811、0.896、0.817、0.852 都在 0.8 以上，表明有良好的信度。同时，区分效度检验发现，上述五个变量的 AVE 值大于 0.5，且彼此间的相关系数值都小于 AVE 的平方根。这表明上述变量具有良好的区分效度。此外，考虑到上述五个变量都来源于受访者的回答，有可能存在共同方法偏差，因此还利用哈曼单因子法进行了共同方法偏差检验。经过检验后提取出五个公因子，五个公因子中不存在任何单一公因子方差贡献率占比大于累计方差贡献率一半的情况，这说明本研究不存在共同方法偏差。基于统计方法的检验表明了本研究收集的数据具有较好的信效度，可以用于进一步实证研究。

二、描述性统计分析

为直观了解研究所用数据的概貌，利用统计软件计算出了各个变量的最小值、最大值、均值、标准差。具体结果见表 6－2。其中公司年限（不足 1 年按 1 年算）、员工数取对应的对数值。从表 6－2 可以看到，创业团队的异质性得分差异较大，且离散程度较高。说明创业团队的异质性是普遍现象，且不同团队间有明显的差异。

表 6-2　　各变量描述统计（N=358）

变量	最小值	最大值	均值	标准差
公司年限（Lcage）	0.000	2.079	1.301	0.676
员工数（Lemp）	1.099	5.075	3.517	0.854
性别异质性（GH）	0.000	0.499	0.265	0.139
年龄异质性（AH）	0.002	0.702	0.340	0.201
教育异质性（EH）	0.000	0.744	0.329	0.203
创业经验异质性（EEH）	0.000	0.500	0.249	0.150
行业经验异质性（IEH）	0.020	1.480	0.790	0.426
职能经验异质性（OEH）	0.000	1.000	0.496	0.293
创新氛围（IA）	1.430	5.000	3.198	0.659
创业拼凑（EB）	1.640	5.000	3.586	0.580
财务绩效（FP）	1.000	5.000	4.278	0.610
创新绩效（IP）	1.000	5.000	4.090	0.695
成长绩效（GP）	1.000	5.000	3.149	0.837

接下来计算各个变量的相关系数。具体结果见表 6-3，可以看出主要变量间相关系数显著，为后续假设的验证奠定了基础。比如，创业拼凑与三类绩效间都有着显著正相关，与异质性之间也有显著正相关关系，预示创业拼凑有可能起到中介效应。

三、创业团队异质性与成长绩效倒“U”型关系检验

先检验创业团队异质性与成长绩效的关系，基于理论推导得出的假说为两者间有倒“U”型关系，即当异质性过高或过低时成长绩效都较低，而当异质性适中时，成长绩效较高。基于以往学者的研究，对两个变量间是否存在倒“U”型关系，其检验可以通过对自变量、自变量的平方与因变量的回归系数来验证，具体而言倒“U”型关系的证实，需要满足三个条件（Haans et al.，2015）：自变量的二次项系数为负数且要显著；当自变量取最大值时曲线的斜率为负，自变量取最小值时斜率为正；曲线的拐点对应的自变量取值介于自变量的取值范围。

表 6 - 3 变量间相关关系（N = 358）

变量	Lcage	Lemp	GH	AH	EH	EEH	IEH	OEH	IA	EB	FP	IP	GP
Lcage	1	-0.010	-0.007	-0.022	-0.037	0.047	0.084	-0.013	0.017	0.033	0.052	0.086	-0.028
Lemp		1	0.047	-0.009	-0.064	-0.016	-0.025	0.000	0.026	-0.044	-0.036	-0.045	-0.058
GH			1	0.034	0.035	-0.097	-0.038	-0.011	0.127*	0.249**	0.190**	0.192**	0.193**
AH				1	0.058	0.058	-0.032	-0.038	-0.037	0.189**	0.155**	0.148**	0.140**
EH					1	-0.041	0.066	0.115*	0.048	0.345**	0.314**	0.199**	0.266**
EEH						1	0.012	-0.084	-0.031	0.134*	0.118*	0.228**	0.076
IEH							1	-0.042	-0.117*	0.265**	0.224**	0.227**	0.277**
OEH								1	-0.069	0.227**	0.150**	0.185**	0.116*
IA									1	0.088	-0.026	-0.009	0.061
EB										1	0.732**	0.573**	0.764**
FP											1	0.546**	0.620**
IP												1	0.607**
GP													1

注：***、**、* 分别代表在 0.01、0.05、0.1 水平下显著。

因此，本书构建如下模型来分别检验性别异质性、年龄异质性、教育异质性、创业经验异质性、行业经验异质性、职能经验异质性与成长绩效是否存在倒“U”型关系。

$$Y = \beta_0 + \beta_1 X + \beta_2 X^2$$

回归结果见表6－4中的模型M1至模型M7，其中模型M1为只包含控制变量的模型，从模型M2至模型M7的回归结果可以看出，自变量二次项的回归系数为负且显著（回归系数皆为标准化系数），满足第一个条件。依据假设得到的回归方程为 $Y = \beta_0 + \beta_1 X + \beta_2 X^2$，则其对应的曲线斜率计算公式应当为 $S = \beta_1 + 2\beta_2 X$，利用回归所得的数据可以计算出曲线的斜率；由于回归数据中X的二次项系数（β_2）为负数，计算后发现对应的曲线斜率在X取最大值时为负，取最小值时为正，满足第二个条件。依据模型可以得到曲线拐点处X的计算公式为 $-\beta_1/2\beta_2$，经过计算后得出模型M2至模型M7的倒“U”型曲线拐点处取值都介于X的取值范围（标准化处理后绝大多数值在－2到2之间），满足条件三。在模型M5中，虽然创业经验异质性对成长绩效的线性回归结果不显著（回归系数为0.072，$P>0.1$），但其倒“U”型关系满足条件，更进一步说明两者间并非简单线性关系。综合分析发现，模型M2至模型M7相关结果都满足倒“U”型关系的三个条件，因此性别、年龄、教育、创业经验、行业经验、职能经验异质性与成长绩效的倒“U”型关系成立，H5－1至H5－6都得到支持。

表6－4　创业团队异质性与成长绩效关系（N＝358）

变量		成长绩效						
		M1	M2	M3	M4	M5	M6	M7
控制	公司年限（对数）	0.006	0.002	0.020	0.017	0.002	−0.003	0.001
	员工数（对数）	−0.018	−0.016	−0.023	0.001	−0.014	0.006	−0.030
	行业	控制	控制	控制	控制	控制	控制	控制
自变量	性别异质性（GH）		0.168**					
	GH^2		−0.380**					
	年龄异质性（AH）			0.165**				
	AH^2			−0.347**				
	教育异质性（EH）				0.355**			
	EH^2				−0.366**			

续表

变量		成长绩效						
		M1	M2	M3	M4	M5	M6	M7
自变量	创业经验异质性（EEH）					0.072		
	EEH^2					-0.307**		
	行业经验异质性（IEH）						0.203**	
	IEH^2						-0.371**	
	职能经验异质性（OEH）							0.143**
	OEH^2							-0.335**
F		0.49	6.24	4.12	6.38	3.14	5.96	3.89
R^2		0.017	0.203	0.144	0.207	0.114	0.196	0.137
Adj - R^2		-0.018	0.170	0.109	0.174	0.078	0.163	0.102

注：***、**、*分别代表在0.01、0.05、0.1水平下显著。

为进一步直观演示倒“U”型关系，分别画出各个自变量与因变量（成长绩效）的倒“U”型关系图。从图6-1至图6-6可以看出，性别异质性、年龄异质性、教育异质性、创业经验异质性、行业经验异质性、职能经验异质性与成长绩效的倒“U”型关系存在。

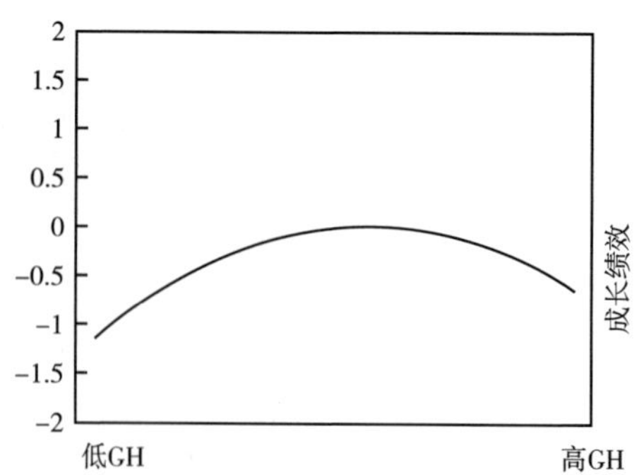

图6-1 性别异质性与成长绩效的倒“U”型关系

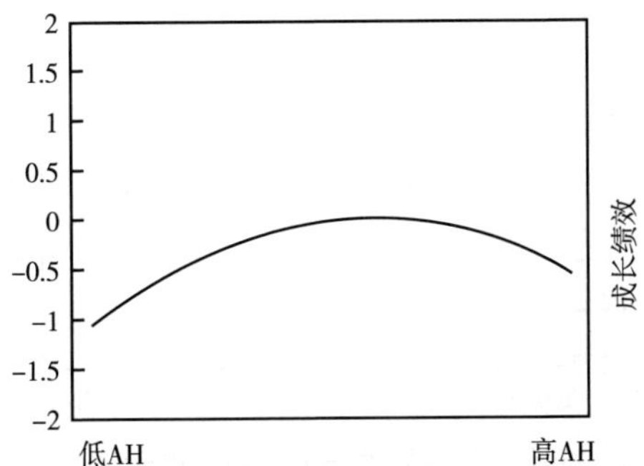

图 6－2　年龄异质性与成长绩效的倒“U”型关系

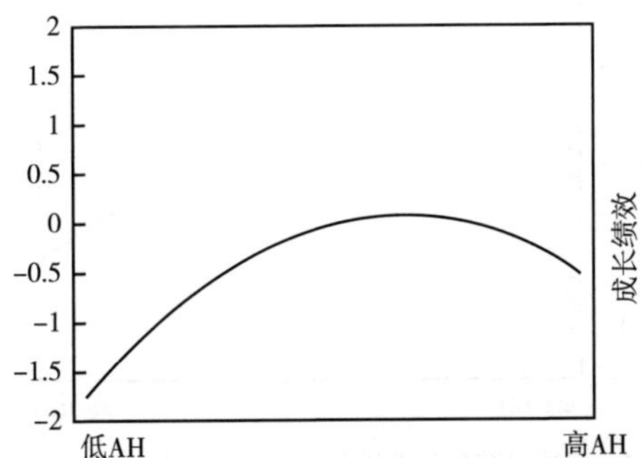

图 6－3　教育异质性与成长绩效的倒“U”型关系

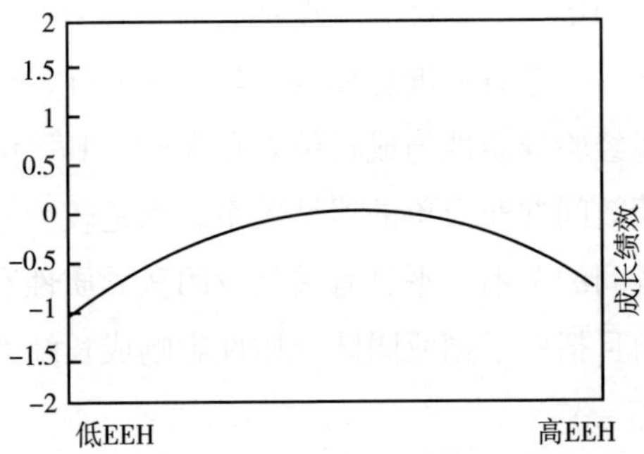

图 6－4　创业经验异质性与成长绩效的倒“U”型关系

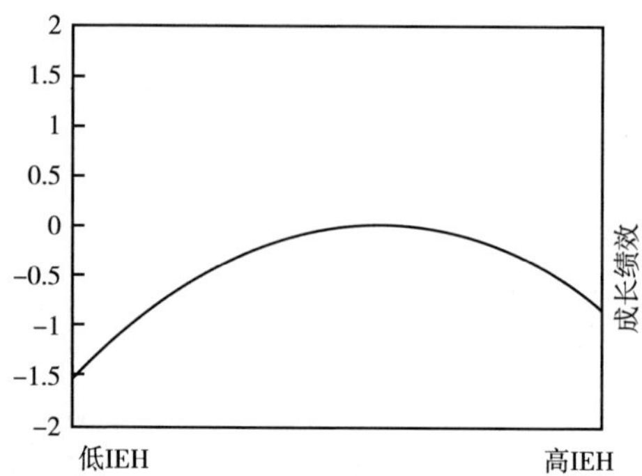

图 6-5　行业经验异质性与成长绩效的倒"U"型关系

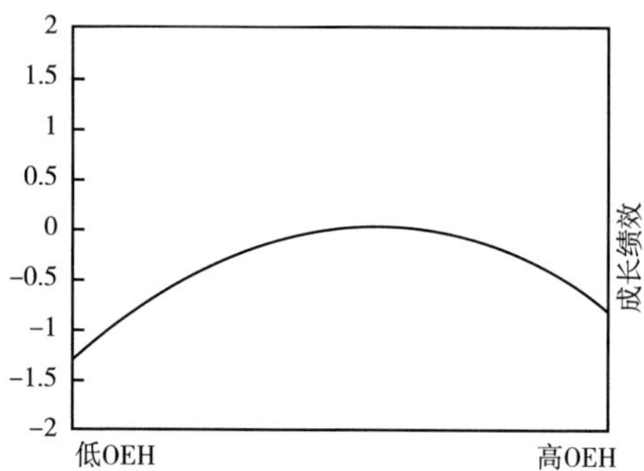

图 6-6　职能经验异质性与成长绩效的倒"U"型关系

上述基于 358 个样本的实证研究结果表明，创业团队异质性与新创企业成长绩效关系 H5-1 到 H5-6 共六个假设都得到了支持，两者间存在倒"U"型关系，即性别异质性、教育程度异质性、年龄异质性、创业经验异质性、行业经验异质性、职能经验异质性与成长绩效存在倒"U"型关系。这表明创业团队异质性与成长绩效间并非简单的线性关系，而是较为复杂的曲线关系。这发现不仅对理解两者间的关系、平息有关创业团队异质性和创业成长绩效的争议有着重要意义，而且拓展了创业团队异质性影响成长绩效的知识。

四、创业团队异质性与创新绩效倒"U"型关系检验

接下来检验性别异质性、年龄异质性、教育异质性、创业经验异质性、行业经验异质性、职能经验异质性与创新绩效间是否存在倒"U"型关系。检验

方法与步骤同上。具体回归结果见表 6－5 中模型 M1 至模型 M7，其中模型 M1 为只包含控制变量的模型，从模型 M2 至模型 M7 的回归结果可以得出，倒“U”型关系的三个条件都得到了满足，因此 H5－7 至 H5－12 共六个假设得到支持，团队异质性与创新绩效间倒“U”型关系成立。

表 6－5　　创业团队异质性与创新绩效关系（N＝358）

变量		创新绩效						
		M1	M2	M3	M4	M5	M6	M7
控制	公司年限（对数）	0.036	0.032	0.053	0.048	0.021	0.019	0.033
	员工数（对数）	－0.004	－0.005	－0.005	0.018	0.003	0.013	－0.020
	行业	控制	控制	控制	控制	控制	控制	控制
自变量	性别异质性（GH）		0.190**					
	GH^2		－0.276**					
	年龄异质性（AH）			0.290**				
	AH^2			－0.242**				
	教育异质性（EH）				0.391**			
	EH^2				－0.321**			
	创业经验异质性（EEH）					0.279**		
	EEH^2					－0.185**		
	行业经验异质性（IEH）						0.269**	
	IEH^2						－0.209**	
	职能经验异质性（OEH）							0.278**
	OEH^2							－0.391**
F		0.069	4.22	4.03	6.63	3.81	3.99	7.30
R^2		0.023	0.147	0.141	0.213	0.135	0.140	0.223
Adj－R^2		－0.011	0.112	0.106	0.181	0.099	0.105	0.198

注：***、**、*分别代表在 0.01、0.05、0.1 水平下显著。

为进一步直观演示性别异质性、年龄异质性、教育异质性、创业经验异质性、行业经验异质性、职能经验异质性与创新绩效之间的倒“U”型关系，画出了倒“U”型关系示意图，如图 6－7 至图 6－12 所示。

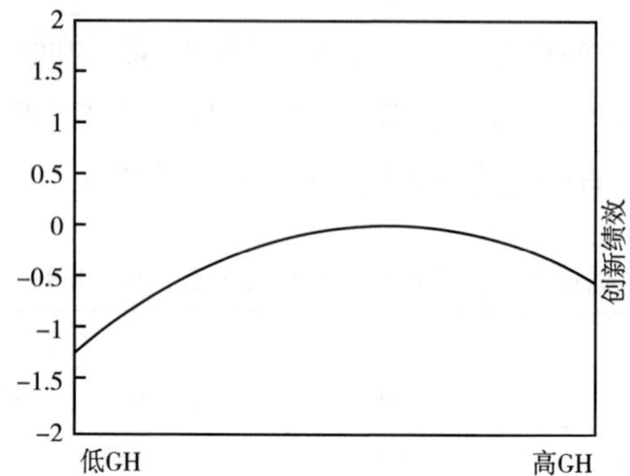

图6－7　性别异质性与创新绩效的倒“U”型关系

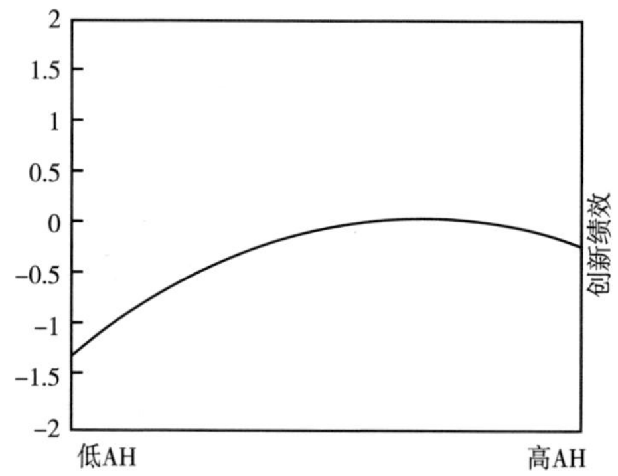

图6－8　年龄异质性与创新绩效的倒“U”型关系

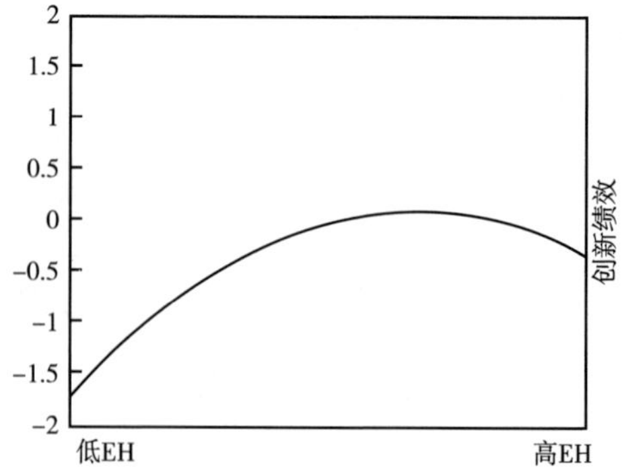

图6－9　教育异质性与创新绩效的倒“U”型关系

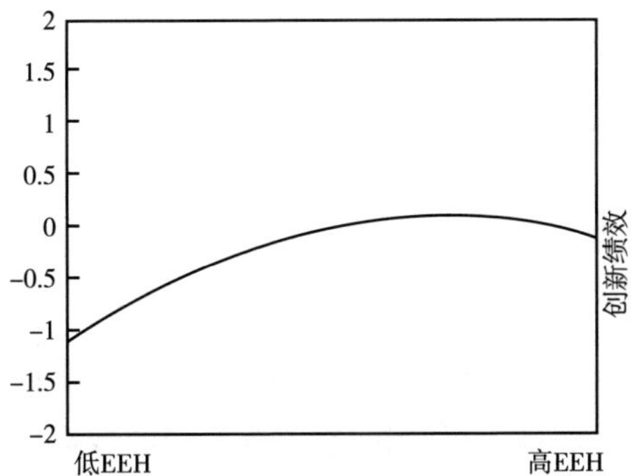

图 6 - 10　创业经验异质性与创新绩效的倒“U”型关系

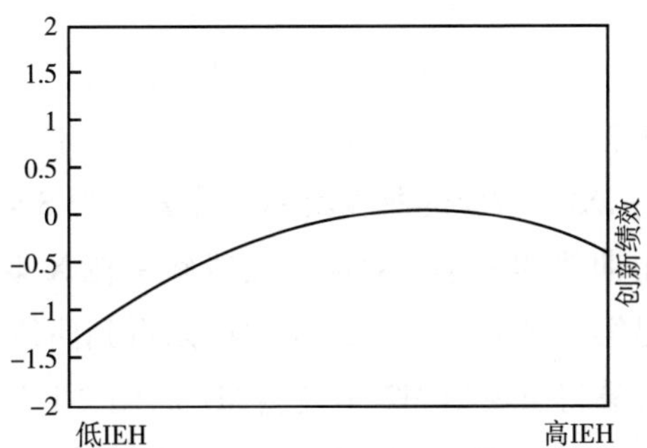

图 6 - 11　行业经验异质性与创新绩效的倒“U”型关系

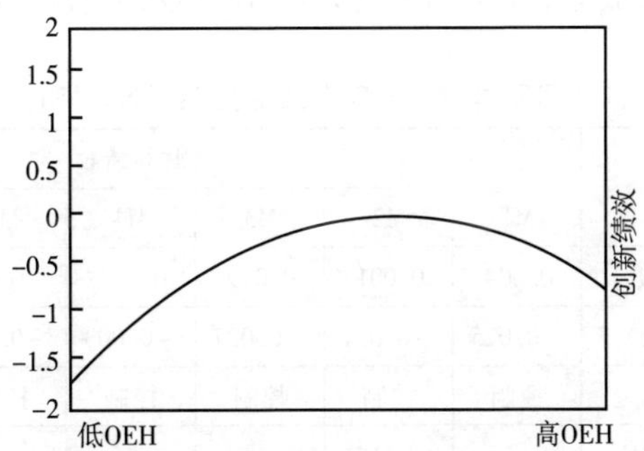

图 6 - 12　职能经验异质性与创新绩效的倒“U”型关系

上述基于 358 个样本的经验数据支持了 H5 - 7 至 H5 - 12 共六个假设，即性别异质性、教育程度异质性、年龄异质性、创业经验异质性、行业经验异质性、职能经验异质性与创新绩效存在倒“U”型关系。从图 6 - 7 至图 6 - 12

可以直观观察到本研究中的六个异质性与创新绩效间有倒“U”型关系，其中职能经验异质性与创新绩效的倒“U”型关系最明显，而创业经验异质性与创新绩效的倒“U”型关系不太明显。

五、创业团队异质性与财务绩效倒“U”型关系检验

依照之前推导提出的假设，创业团队异质性与新创企业财务绩效有倒“U”型关系。为验证该假设，利用问卷调查所得的数据分别检验性别异质性、年龄异质性、教育异质性、创业经验异质性、行业经验异质性、职能经验异质性与财务绩效之间倒“U”型关系是否存在。检验方法与步骤同上。具体回归结果见表6－6中模型M1至模型M7，其中模型M1为只包含控制变量的模型，从模型M2至模型M7的回归结果可以看出，自变量二次项的回归系数为负且显著（回归系数皆为标准化系数），满足第一个条件。依据假设得到的回归方程为 $Y=\beta_0+\beta_1X+\beta_2X^2$，对应的曲线斜率计算公式为 $S=\beta_1+2\beta_2X$。利用回归的数据可以计算出曲线的斜率；对应的曲线斜率在X取最大值时为负，取最小值时为正，满足第二个条件。依据模型可以得到曲线拐点处X的计算公式为 $-\beta_1/2\beta_2$，可计算得出模型M2至模型M7的倒“U”型曲线拐点处取值都介于X的取值范围，满足条件三。综合分析满足倒“U”型关系的三个条件，因此性别、年龄、教育、创业经验、行业经验、职能经验异质性与财务绩效的倒“U”型关系成立，H5－13至H5－18共六个假设都得到支持。

表6－6　创业团队异质性与财务绩效关系（N＝358）

变量		财务绩效						
		M1	M2	M3	M4	M5	M6	M7
控制	公司年限（对数）	0.004	0.001	0.019	0.016	－0.005	－0.006	－0.001
	员工数（对数）	－0.025	－0.031	－0.027	－0.003	－0.019	0.000	－0.038
	行业	控制	控制	控制	控制	控制	控制	控制
自变量	性别异质性（GH）		0.294**					
	GH^2		－0.175**					
	年龄异质性（AH）			0.219**				
	AH^2			－0.253**				

续表

变量		财务绩效						
		M1	M2	M3	M4	M5	M6	M7
自变量	教育异质性（EH）				0.383 **			
	EH^2				-0.331 **			
	创业经验异质性（EEH）					0.174 **		
	EEH^2					-0.245 **		
	行业经验异质性（IEH）						0.245 **	
	IEH^2						-0.383 **	
	职能经验异质性（OEH）							0.145 *
	OEH^2							-0.362 **
F		0.39	4.03	2.91	6.20	2.81	6.96	4.39
R^2		0.013	0.141	0.106	0.202	0.103	0.221	0.152
$Adj-R^2$		-0.021	0.106	0.070	0.169	0.066	0.189	0.117

注：***、**、*分别代表在0.01、0.05、0.1水平下显著。

为进一步直观演示性别、年龄、教育、创业经验、行业经验、职能经验异质性与财务绩效的倒“U”型关系，画出了倒“U”型关系示意图，如图6－13至图6－18所示。各异质性与新创企业财务绩效间存在倒“U”型关系。其中，行业经验异质性与新创企业财务绩效倒“U”型关系最为直观，性别异质性与财务绩效的倒“U”型关系不是很明显。

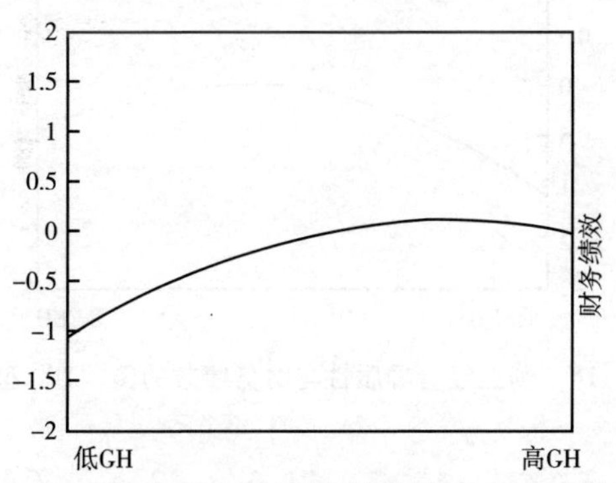

图6－13　性别异质性与财务绩效的倒“U”型关系

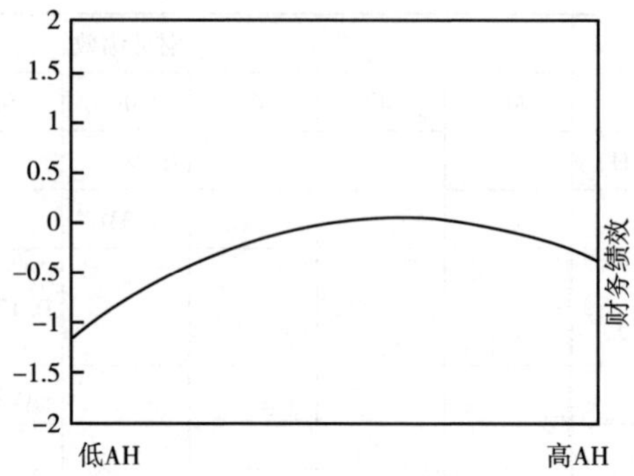

图6-14 年龄异质性与财务绩效的倒“U”型关系

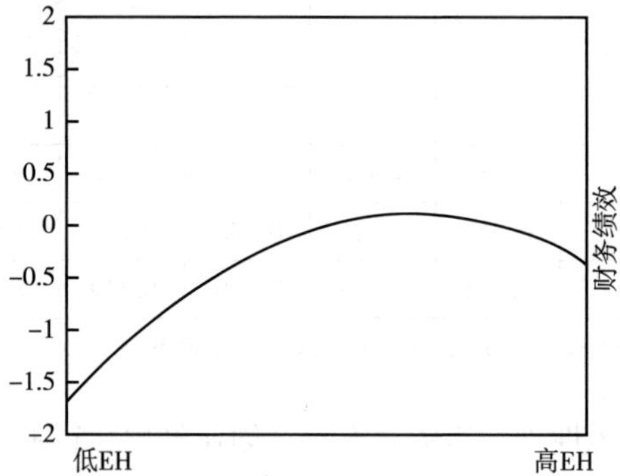

图6-15 教育异质性与财务绩效的倒“U”型关系

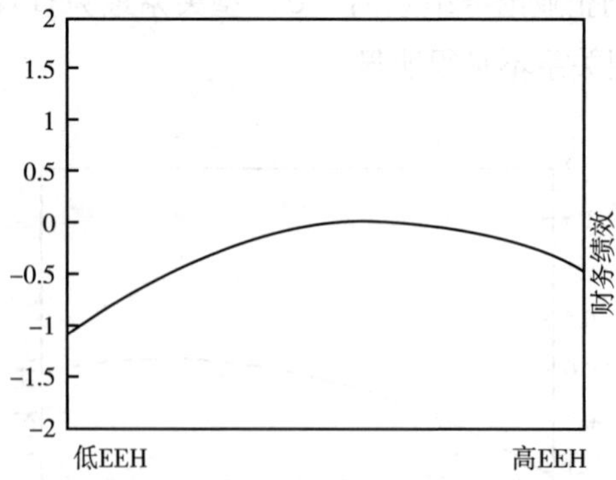

图6-16 创业经验异质性与财务绩效的倒“U”型关系

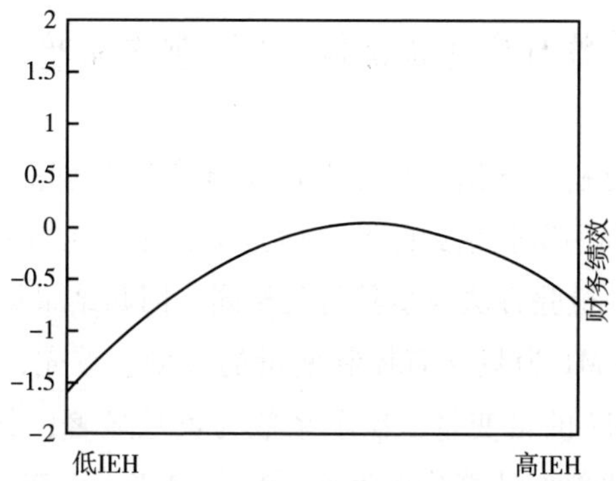

图 6-17 行业经验异质性与财务绩效的倒“U”型关系

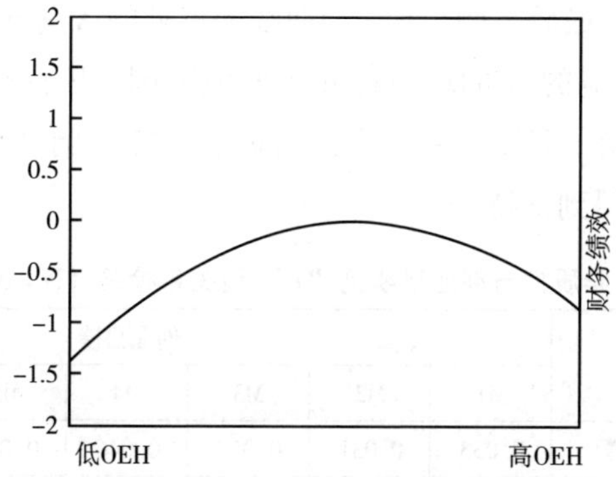

图 6-18 职能经验异质性与财务绩效的倒“U”型关系

上述基于 358 个样本的经验证据表明，性别异质性、年龄异质性、教育程度异质性、创业经验异质性、行业经验异质性、职能经验异质性与财务绩效存在倒“U”型关系。基于 358 个样本的经验证据支持两者间并非简单的线性关系，而是倒“U”型曲线关系。

上述实证结果表明，创业团队异质性与新创企业成长绩效、创新绩效、财务绩效都有着倒“U”型关系，说明异质性与绩效间关系不是简单的线性关系，这为理解团队异质性与新创企业绩效两者间关系不仅提供了新的视角，也拓展了两者间关系的研究。研究结果对平息目前有关创业团队异质性和创业绩效关系研究结论矛盾冲突的学术争议有着重要意义。

六、团队异质性与创业拼凑倒“U”型关系检验

之前基于理论分析推导出得出创业团队异质性与创业拼凑间有着倒“U”型关系。接下来就利用所收集到的数据检验团队异质性与创业拼凑之间是否存在倒“U”型关系。检验方法与步骤与前相同。回归结果见表6－7模型M1至模型M7，其中模型M1为只含有控制变量的模型。首先，从回归结果可以看出模型M2至模型M7的自变量二次项系数为负且显著；其次，倒“U”型假设的回归方程的曲线斜率计算公式为 $S=\beta_1+2\beta_2X$，由于X经过标准化处理，X的取值范围也介于－2与＋2之间，可以计算得出当X取最大值时S为负，取最小值时S为正；最后，倒“U”型曲线拐点处的X等于 $-\beta_1/2\beta_2$，计算模型M2至模型M7对应的X的取值都介于取值范围，因此性别、年龄、教育、创业经验、行业经验、职能经验异质性与创业拼凑的倒“U”型关系也成立，H5－19至H5－24得到支持。

表6－7　　团队异质性与创业拼凑倒“U”型关系检验（N＝358）

变量		创业拼凑						
		M1	M2	M3	M4	M5	M6	M7
控制	公司年限（对数）	0.033	0.031	0.050	0.046	0.027	0.019	0.031
	员工数（对数）	−0.043	−0.046	−0.045	−0.017	−0.038	−0.023	−0.056
	行业	控制	控制	控制	控制	控制	控制	控制
自变量	性别异质性（GH）		0.223**					
	GH^2		−0.198**					
	年龄异质性（AH）			0.253**				
	AH^2			−0.301**				
	教育异质性（EH）				0.405**			
	EH^2				−0.228**			
	创业经验异质性（EEH）					0.119*		
	EEH^2					−0.281**		
	行业经验异质性（IEH）						0.257**	
	IEH^2						−0.261**	

续表

变量		创业拼凑						
		M1	M2	M3	M4	M5	M6	M7
自变量	职能经验异质性（OEH）							0.242 **
	OEH^2							-0.347 **
F		0.62	3.34	4.31	5.70	3.11	4.53	5.43
R^2		0.021	0.120	0.150	0.189	0.113	0.156	0.182
$Adj-R^2$		-0.013	0.084	0.115	0.156	0.077	0.122	0.148

注：***、**、*分别代表在0.01、0.05、0.1水平下显著。

为进一步直观演示性别、年龄、教育、创业经验、行业经验、职能经验异质性与创业拼凑之间的倒“U”型关系，画出了倒“U”型关系示意图，如图6-19至图6-24所示。各个异质性与创业拼凑间的倒“U”型关系都很直观，其中职能经验异质性与创业拼凑之间的倒“U”型关系最为明显。

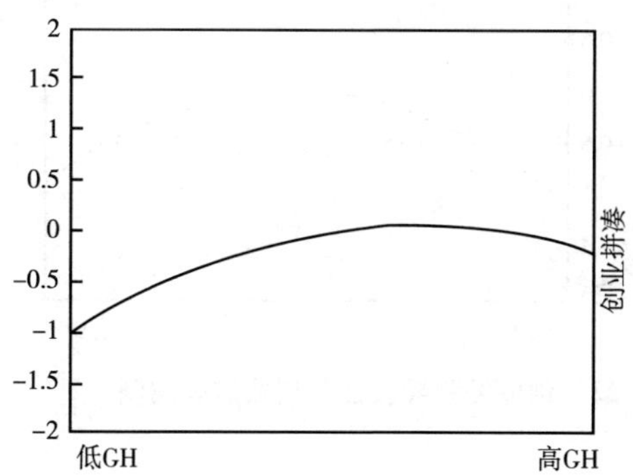

图6-19　性别异质性与创业拼凑的倒“U”型关系

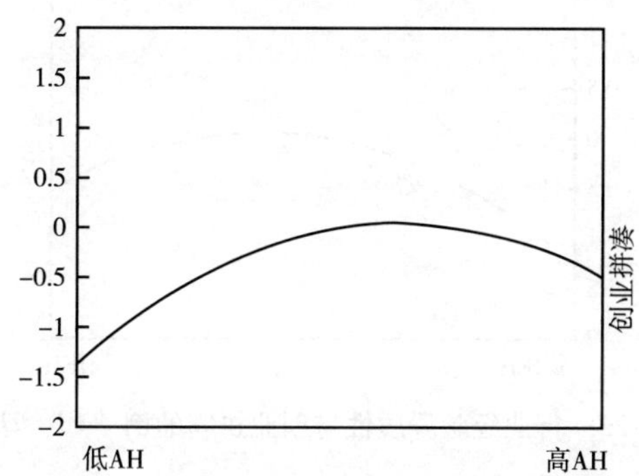

图6-20　年龄异质性与创业拼凑的倒“U”型关系

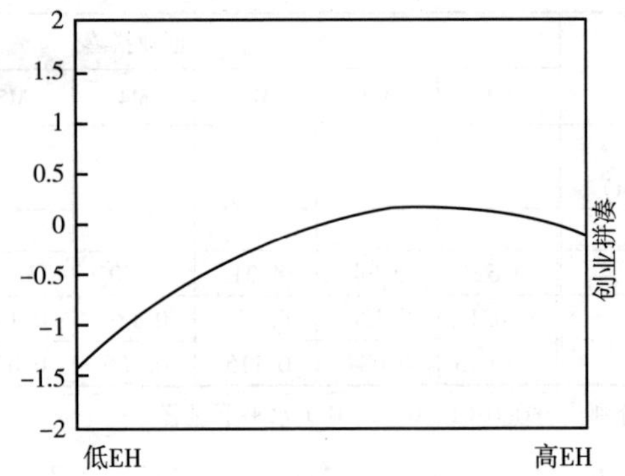

图 6-21 教育异质性与创业拼凑的倒“U”型关系

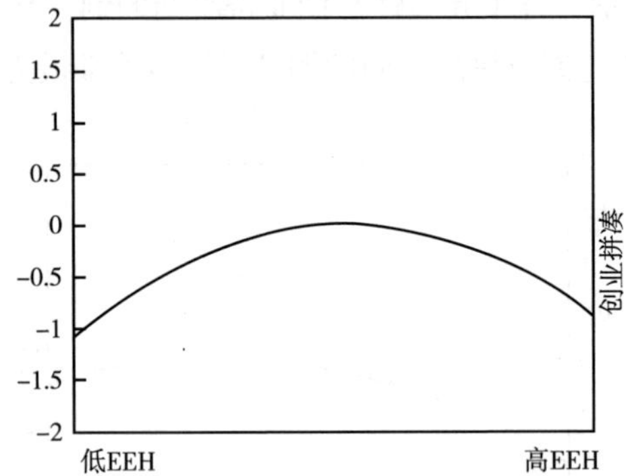

图 6-22 创业经验异质性与创业拼凑的倒“U”型关系

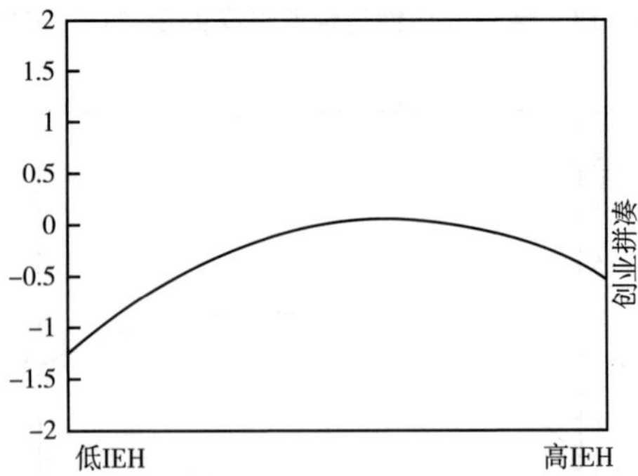

图 6-23 行业经验异质性与创业拼凑的倒“U”型关系

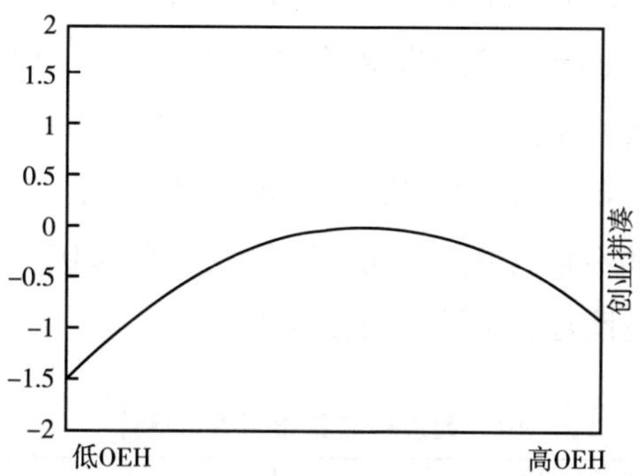

图 6－24　职能经验异质性与创业拼凑的倒“U”型关系

上述基于 358 个样本的经验证据表明，性别异质性、年龄异质性、教育程度异质性、创业经验异质性、行业经验异质性、职能经验异质性与创业拼凑间存在倒“U”型关系。H5－19 至 H5－24 共六个假设都得到了支持。这一研究结果对解释创业团队异质性与创业绩效（即成长绩效、创新绩效、财务绩效）倒“U”型关系的机理奠定了良好的基础。

第三节　中介及调节效应检验

创业团队异质性与新创企业绩效间的关系备受学术界关注，相关研究成果也很丰富，但是对两者间关系的相关研究结果却并不一致。这说明要厘清两者间的关系就必须打开异质性团队影响新创企业绩效关系的机理，并且需要考虑是否有情境因素在影响（调节）两者间的关系。

一、中介效应检验

基于理论分析与相关文献发现，创业拼凑是新创企业独特的资源利用行为，其对新创企业绩效有着积极影响，同时创业拼凑也受到团队特征的影响，因此，创业拼凑很可能中介了创业团队异质性对创业绩效的影响。

（一）创业拼凑对团队异质性与成长绩效关系的中介效应检验

首先，检验创业拼凑对创业团队异质性影响新创企业成长绩效作用中是否存在中介效应。利用问卷调查获得的数据，采取 Bootstrap 法抽取 2 000 个样本，采用 95% 置信区间检验创业拼凑在两者之间的中介效应。创业拼凑在性别、年龄、教育、创业经验、行业经验、职能经验异质性与成长绩效之间的中介效应检验结果如表 6 – 8 所示。从表 6 – 8 可以看出，各个 Z 值都大于 1.96，且对应的置信区间都不包含 0，因此各间接效应在 0.05 处都显著，说明创业拼凑中介了团队异质性对成长绩效的影响。

表 6 – 8　　　　中介效应检验结果（N = 358）

自变量	效果系数	标准误	Z 值	95% 置信区间	
				下限	上限
性别异质性	1.158	0.234	4.949	0.700	1.637
年龄异质性	0.604	0.172	3.512	0.270	0.933
教育异质性	1.090	0.157	6.943	0.785	1.394
创业经验异质性	0.566	0.221	2.561	0.112	0.971
行业经验异质性	0.385	0.077	5.000	0.245	0.535
职能经验异质性	0.506	0.113	4.478	0.277	0.696

上述基于 358 个样本的经验证据支持了 H5 – 25 至 H5 – 30，表明创业拼凑在创业团队性别、年龄、教育、创业经验、行业经验、职能经验异质性与成长绩效之间起到了中介作用。这一研究结果为理解创业团队异质性与成长绩效的倒“U”型关系提供了帮助。如前研究，理论分析与实证结果都支持创业团队异质性与创业拼凑有着倒“U”型关系，但是创业团队异质性并不能直接作用于新创企业绩效，两者间倒“U”型关系的形成路径缺乏实证结果的支持，创业团队异质性特征是如何作用于创业绩效的过程还不清楚。在本小节研究中，实证支持了创业拼凑中介了团队异质性对新创企业成长绩效的影响，因此结合创业团队异质性与创业拼凑间的倒“U”型关系以及中介效应构建了一条清晰的创业团队异质性倒“U”型作用于创业绩效的路径，为理解和认识创业团队异质性与新创企业成长绩效倒“U”型关系提供了支持。

（二）创业拼凑对团队异质性与创新绩效关系的中介效应检验

接下来检验创业拼凑是否中介了团队异质性对创新绩效的影响，同样采取了 Bootstrap 法进行，抽取了 2 000 个样本，采用 95% 置信区间。创业拼凑在性别、年龄、教育、创业经验、行业经验、职能经验异质性与新创企业创新绩效之间的中介效应检验结果如表 6 -9 所示。从表 6 -9 可以看出，代表中介效应的各 Z 值都大于 1.96，且对应的置信区间都不包含 0，表明各间接效应存在而且都显著。

表 6 -9　　　　中介效应检验结果（N =358）

自变量	效果值	标准误	Z 值	95% 置信区间	
				下限	上限
性别异质性	0.700	0.155	4.516	0.420	1.027
年龄异质性	0.368	0.111	3.315	0.154	0.593
教育异质性	0.673	0.113	5.956	0.466	0.917
创业经验异质性	0.337	0.133	2.534	0.079	0.606
行业经验异质性	0.237	0.051	4.647	0.144	0.343
职能经验异质性	0.300	0.078	3.846	0.161	0.454

基于 358 个样本的经验数据支持了 H5 -31 至 H5 -36，表明创业拼凑在创业团队性别、年龄、教育、创业经验、行业经验、职能经验异质性与新创企业创新绩效之间起到了中介作用。结合前述关于创业团队异质性与创业拼凑间倒“U”型关系的研究结果，不难理解创业团队异质性与新创企业创新绩效倒“U”型关系的形成路径及其机理，即创业团队异质性特征通过对创业拼凑的倒“U”型作用来影响创新绩效，从而使得团队异质性与创新绩效间关系也表现出倒“U”型关系。这一研究结果不仅为理解创业团队异质性与新创企业创新绩效倒“U”型关系提供了帮助，也揭示了创业团队异质性作用于创新绩效的过程及路径，研究结果较好地打开了创业团队异质性影响新创企业创新绩效的黑箱，为两者倒“U”型关系的形成提供了理论解释与实证支持。

（三）创业拼凑对团队异质性与财务绩效关系的中介效应检验

接下来检验创业拼凑对团队异质性与财务绩效的中介效应，同样采取 Bootstrap 法抽取 2 000 个样本，置信区间采用 95% 来检验创业拼凑的中介效应。创业拼凑在创业团队性别、年龄、教育、创业经验、行业经验、职能经验异质性与成长绩效之间的中介效应检验结果如表 6 -10 所示。从表 6 -10 可以看出，各中介效应 Z 值都大于 1.96，且对应的置信区间都不包含 0，表明各间接效应都显著，即存在中介效应。

表 6-10　　中介效应检验结果（N=358）

自变量	效果系数	BootSE	Z 值	95% 置信区间	
				下限	上限
性别异质性	0.805	0.164	4.909	0.498	1.134
年龄异质性	0.418	0.130	3.215	0.176	0.688
教育异质性	0.733	0.122	6.008	0.500	0.970
创业经验异质性	0.391	0.160	2.444	0.088	0.711
行业经验异质性	0.273	0.057	4.489	0.164	0.389
职能经验异质性	0.348	0.083	4.193	0.176	0.516

基于 358 个样本的经验数据表明创业拼凑在创业团队性别、年龄、教育、创业经验、行业经验、职能经验异质性与新创企业财务绩效之间起到了中介作用，支持了 H5-37 至 H5-42。这一研究结果为理解创业团队异质性与新创企业财务绩效的倒“U”型关系提供了帮助。由于创业团队异质性与创业拼凑间有着倒“U”型关系，因此创业团队异质性对新创企业财务绩效的影响经过创业拼凑的倒“U”型中介，也会呈现出倒“U”型特征。即团队异质性会带来多元的思维与丰富信息的同时，也会导致团队成员间的疏离，这就表现为创业团队异质性与创业拼凑间的倒“U”型关系，而倒“U”型的中介作用就会表现为创业团队异质性与新创企业财务绩效间也存在倒“U”型关系。因此，结合创业团队异质性与创业拼凑间的倒“U”型关系以及创业拼凑的中介作用就不难理解创业团队异质性与新创企业财务绩效倒“U”型关系的形成路径与机理了。

二、调节效应检验

创业团队异质性与新创企业绩效关系研究结论的不一致还有可能受到情境因素的影响。比如，团队异质性与创业拼凑的倒“U”型关系受到情境因素的调节，继而该调节效应会通过中介作用影响到创业团队异质性对新创企业绩效的影响。在之前的研究中，已经基于理论分析提出了创新氛围对创业团队异质性与创业拼凑关系存在调节效应的假设，这一假设是否正确需要通过数据来检验。在这一部分，先来单独检验创业团队异质性与创业拼凑关系间的调节效应，再检验中介调节的整合效应。由于团队异质性与创业拼凑存在倒“U”型关系，因此创新氛围对两者间关系的调节，是倒“U”型关系调节效应检验，不能用传统的调节效应进行检验。为了检验该调节效应，本书采用了汉斯等（2015）推荐的方法进行检验。具体判断标准为，考虑增加调节效应后，如果倒“U”型曲线的拐点出现向左或向右偏移情况，或者虽未出现偏移但曲线变平或变陡，则说明创新氛围对两者间（创业团队异质性与创业拼凑）倒“U”型关系的调节效应存在。为检验倒“U”型关系调节效应，构建模型如下所示：

$$Y = \beta_0 + \beta_1 X + \beta_2 X^2 + \beta_3 W + \beta_4 WX + \beta_5 WX^2$$

其中，Y 代表因变量，即为创业拼凑；X 为自变量，分别为性别、年龄、教育、创业经验、行业经验、职能经验异质性；W 为调节变量，即为创新氛围。基于样本数据的回归结果如表 6－11 所示。

表 6－11　创新氛围对异质性与创业拼凑倒“U”型关系调节检验（N＝358）

变量		创业拼凑					
自变量		M1	M2	M3	M4	M5	M6
控制	公司年限（对数）	0.026	0.068	0.035	0.027	0.000	0.021
	员工数（对数）	－0.044	－0.044	－0.017	－0.029	－0.019	－0.060
	行业	控制	控制	控制	控制	控制	控制
自变量	性别异质性（GH）	0.219 **					
	GH^2	－0.214 **					
	年龄异质性（AH）		0.244 **				
	AH^2		－0.308 **				
	教育异质性（EH）			0.404 **			
	EH^2			－0.238 **			
	创业经验异质性（EEH）				0.133 *		
	EEH^2				－0.280 **		
	行业经验异质性（IEH）					0.271 **	
	IEH^2					－0.236 **	
	职能经验异质性（OEH）						0.250 **
	OEH^2						－0.337 **

续表

变量		创业拼凑					
自变量		M1	M2	M3	M4	M5	M6
调节	创新氛围	-0.000	0.067	0.158*	0.086	0.148+	0.087
交互项	创新氛围×GH	0.130*					
	创新氛围×GH^2	0.057					
	创新氛围×AH		0.240**				
	创新氛围×AH^2		0.033				
	创新氛围×EH			0.142*			
	创新氛围×EH^2			-0.112			
	创新氛围×EEH				0.099+		
	创新氛围×EEH^2				-0.023		
	创新氛围×IEH					0.177**	
	创新氛围×IEH^2					-0.038	
	创新氛围×OEH						0.127*
	创新氛围×OEH^2						-0.042
F		3.22	5.69	5.46	2.92	5.03	5.20
R^2		0.139	0.222	0.214	0.127	0.201	0.206
Adj-R^2		0.096	0.183	0.175	0.084	0.161	0.167

注：***、**、*分别代表在0.01、0.05、0.1水平下显著。

模型M1至模型M6依据回归模型公式，对应创业团队六个异质性特征。依照倒“U”型关系调节效应检验方法，首先，利用求导得到对X的一阶方程并令其等于0，由此可以得到模型曲线拐点的计算公式为 $X^* = -(\beta_1 + \beta_4 W)/2\beta_2$；其次，对上式以W求偏导得到 $\delta_x/\delta_w = -\beta_4/2\beta_2$；最后，利用表6-11中的回归数据可计算得出结果都大于0，说明当W增大时倒“U”型曲线会向右移动，说明在高创新氛围下创业团队异质性对创业拼凑的影响会更强，即创新氛围对两者倒“U”型关系的调节效应存在。为直观演示调节效应，画出了倒“U”型关系的调节图（见图6-25至图6-30）。从图中可以看出高创新氛围下，团队异质性与创业拼凑的关系曲线都有不同程度的向右偏移。虽然图6-27所示高低创新氛围下曲线向右偏移不明显，但在高创新氛围下曲线明显变陡，表明存在调节效应。从以下各个调节图也可以直观看出倒“U”型调节关系存在。

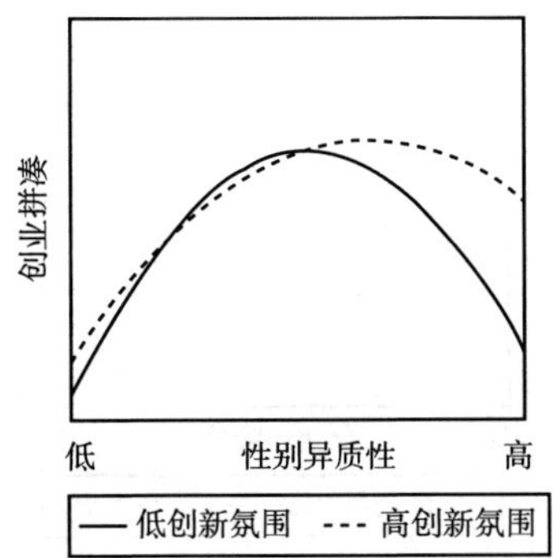

图 6－25　创新氛围对性别异质性与创业拼凑关系调节

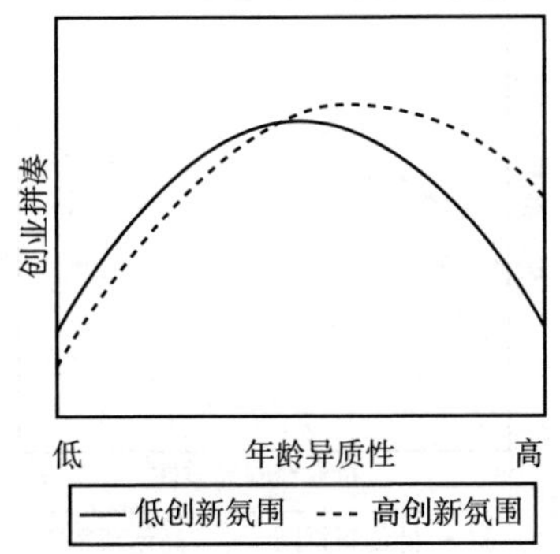

图 6－26　创新氛围对年龄异质性与创业拼凑关系调节

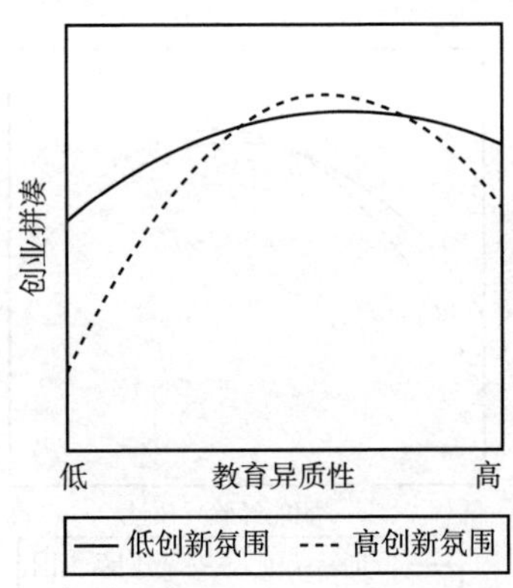

图 6－27　创新氛围对教育异质性与创业拼凑关系调节

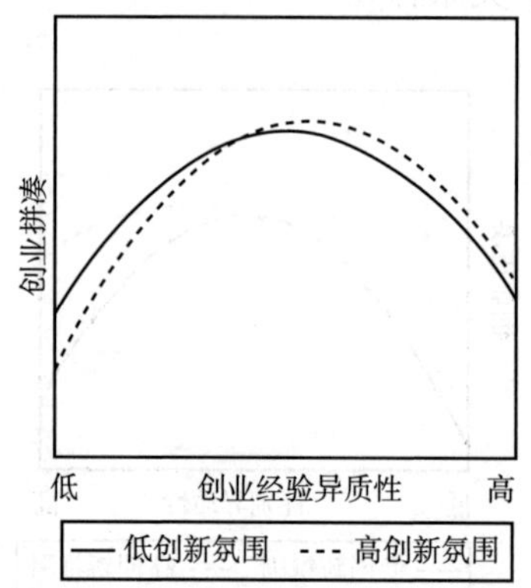

图 6-28 创新氛围对创业经验异质性与创业拼凑关系调节

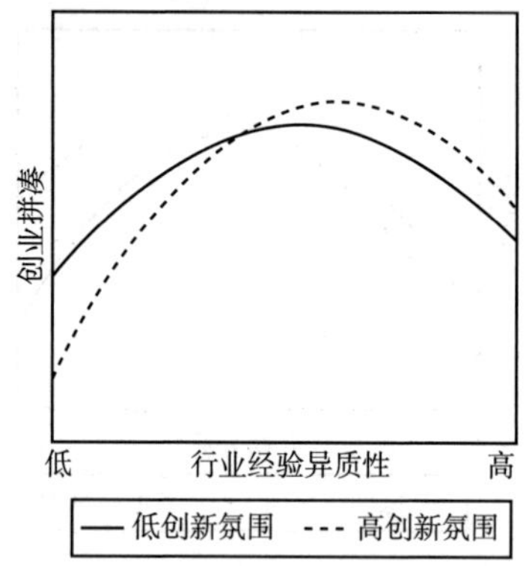

图 6-29 创新氛围对行业经验异质性与创业拼凑关系调节

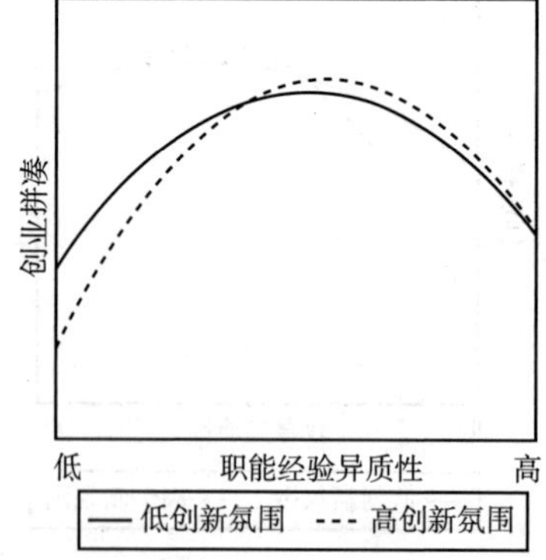

图 6-30 创新氛围对职能经验异质性与创业拼凑关系调节

综上所述，基于358个样本的经验数据支持了H5－43至H5－48，即当创新氛围高时，创业团队性别异质性、年龄异质性、教育异质性、创业经验异质、行业经验异质性、职能经验异质性与创业拼凑的倒“U”型关系皆受到了创新氛围的调节。综合而言，理论分析与实证结果都支持了创新氛围正向调节了创业团队异质性与创业拼凑的倒“U”型关系，这进一步拓展和丰富了创业团队异质性影响新创企业绩效的机理和路径的研究。

第四节　中介调节效应检验

一、创业团队异质性与成长绩效关系的中介调节效应

基于理论分析构建的模型显示创业团队异质性与成长绩效间存在被中介的调节关系，即创业团队异质性对创业拼凑的作用受到了创新氛围的调节，并且这一作用经过创业拼凑的中介影响到新创企业的成长绩效，形成了创业团队异质性与新创企业成长绩效间的被中介的调节关系。即团队创新氛围对异质性与创业拼凑间关系的调节经过创业拼凑的中介作用对成长绩效发生作用，构成中介调节效应。

目前对中介调节效应的检验，多数研究采用了海耶斯（2004）提出的中介调节效应检验方法，该方法不仅从理论上构建了分析中介调节效应的模型，还提供了用于检验中介调节效应的Process工具。本研究亦采用该方法进行检验，在实际操作中利用Bootstrap自助法抽取2 000个样本，将置信区间设为95%。从表6－12的检验结果可以看出，性别异质性经过创业拼凑中介对成长绩效的作用在高、低创新氛围都下都显著，且效应差在95%置信区间不显著，似乎表明该中介调节效应不存在。但是进一步计算效应差的t值为1.794，属于P值在0.1处显著，表明在高低创新氛围下，性别异质性经过创业拼凑中介对成长绩效的作用差异在90%置信区间显著。同理，虽然创业经验异质性对成长绩效的效应在高低创新氛围下都显著，且在95%置信区间下，效应差不显著，但是同样不能简单认为中介调节效应不存在。因为进一步计算，发现在90%置信区间该效应差显著。而年龄异质性、行业经验异质性、职能经验异质性的中介作用在高创新氛围下显著，而在低创新氛围下不显著，且效应差都在

95%置信区间显著。教育异质性经过中介的作用虽然在高、低创新氛围下都显著，但是效应差在95%置信区间显著。

表6-12　创业团队异质性与成长绩效关系的中介调节效应（N=358）

自变量		效果系数	BootSE	95%置信区间		效应比较			
				下限	上限	效应差	BootSE	BootLLCI	BootULCI
性别异质性对成长绩效经中介的效应	高创新氛围	1.596	0.377	0.868	2.336	0.888	0.495	-0.150	1.811
	低创新氛围	0.708	0.303	0.125	1.341				
年龄异质性对成长绩效经中介的效应	高创新氛围	1.293	0.238	0.816	1.732	1.512	0.346	0.839	2.184
	低创新氛围	-0.220	0.232	-0.662	0.239				
教育异质性对成长绩效经中介的效应	高创新氛围	1.489	0.239	1.002	1.960	0.888	0.316	0.210	1.506
	低创新氛围	0.601	0.206	0.239	1.030				
创业经验异质性对成长绩效经中介的效应	高创新氛围	1.016	0.390	0.251	1.780	0.833	0.480	-0.074	1.812
	低创新氛围	0.183	0.266	-0.333	0.713				
行业经验异质性对成长绩效经中介的效应	高创新氛围	0.716	0.115	0.486	0.993	0.632	0.152	0.326	0.931
	低创新氛围	0.084	0.093	-0.094	0.263				
职能经验异质性对成长绩效经中介的效应	高创新氛围	0.860	0.173	0.534	1.210	0.698	0.232	0.228	1.160
	低创新氛围	0.162	0.149	-0.126	0.459				

综合来看，团队异质性对成长绩效经过创业拼凑中介的作用在创新氛围的调节下有明显的效应差异。虽然性别异质性、创业经验异质性对创新绩效影响的中介调节效应只是边缘显著，但是基于358个样本的实证研究基本支持了创

业团队异质性与新创企业成长绩效间存在中介调节效应。其中，创新氛围对创业团队的年龄、教育程度、行业经验、职能经验异质性与创业拼凑间关系的调节作用经创业拼凑的中介对成长绩效产生了显著影响（在 p = 0.05 处显著），而对创业团队性别、创业经验异质性与创业拼凑间关系的调节作用经创业拼凑的中介对成长绩效的作用属于边缘显著（在 p = 0.1 处显著）。按照95%置信区间要求，H5 – 49 至 H5 – 54 中，除了 H5 – 49、H5 – 52 外都得到了支持。

二、创业团队异质性与创新绩效关系的中介调节效应

接下来检验创业团队异质性经过创业拼凑中介对创新绩效影响的调节效应。采用 Process 方法，利用 Bootstrap 法抽取 2 000 个样本，将置信区间设为95%对中介调节效应的进行检验，并对中介调节效应差值进行比较。由表 6 – 13 的结果可知，年龄异质性、创业经验异质性、行业经验异质性、职能经验异质性的中介作用在高创新氛围下显著，而在低创新氛围下不显著。同时，年龄异质性、行业经验异质性、职能经验异质性的中介调节效应差在95%置信区间显著，表明创新氛围的中介调节效应存在。而创业经验异质性的中介调节效应差在95%区间不显著，但是在90%置信区间都显著，属于边缘显著。性别异质性、教育异质性经过中介的效应虽然在高、低创新氛围下都显著，但是教育异质性的中介效应在高低创新氛围下的效应差异在95%置信区间显著。而性别异质性的中介效应差95%置信区间不显著，但是在90%置信区间显著，也属于边缘显著。综合来看，六种创业团队异质性经过中介对创新绩效的作用或多或少都受到了创新氛围的调节。

表 6 – 13　　中介调节效应（N = 358）

自变量		效果系数	BootSE	95%置信区间		效应比较			
				下限	上限	效应差	BootSE	BootLLCI	BootULCI
性别异质性对创新绩效经中介的效应	高创新氛围	0.965	0.250	0.478	1.472	0.537	0.308	–0.062	1.133
	低创新氛围	0.428	0.190	0.064	0.813				

续表

自变量		效果系数	BootSE	95%置信区间		效应比较			
				下限	上限	效应差	BootSE	BootLLCI	BootULCI
年龄异质性对创新绩效经中介的效应	高创新氛围	0.788	0.164	0.476	1.127	0.924	0.228	0.492	1.388
	低创新氛围	-0.134	0.143	-0.426	0.145				
教育异质性对创新绩效经中介的效应	高创新氛围	0.920	0.160	0.607	1.228	0.548	0.188	0.196	0.899
	低创新氛围	0.371	0.130	0.142	0.643				
创业经验异质性对创新绩效经中介的效应	高创新氛围	0.605	0.228	0.127	1.019	0.496	0.285	-0.103	1.039
	低创新氛围	0.109	0.168	-0.199	0.444				
行业经验异质性对创新绩效经中介的效应	高创新氛围	0.441	0.074	0.297	0.589	0.389	0.093	0.205	0.576
	低创新氛围	0.052	0.056	-0.057	0.155				
职能经验异质性对创新绩效经中介的效应	高创新氛围	0.511	0.128	0.282	0.781	0.414	0.157	0.139	0.753
	低创新氛围	0.096	0.092	-0.087	0.286				

综合来看，团队异质性对创新绩效的经过创业拼凑中介的作用在创新氛围的调节下有明显的效应差异。虽然性别异质性、创业经验异质性对创新绩效影响的中介调节效应只是边缘显著，但是基于358个样本的调查数据基本支持了创业团队异质性与新创企业成长绩效间存在中介调节效应。其中，创新氛围对创业团队年龄、教育程度、行业经验、职能经验的异质性与创业拼凑间关系的调节作用经过了创业拼凑的中介对创新绩效产生了显著影响（在 $p=0.05$ 显著），而创新氛围对创业团队性别、创业经验异质性与创业拼凑间关系的调节作用经创业拼凑的中介对创新绩效的影响属于边缘显著（在 $p=0.1$ 处显著）。按照95%置信区间标准，H5-55至H5-60中，除了H5-55、H5-58外都

得到了支持。

三、异质性与财务绩效中介调节效应检验

接下来检验团队异质性经过创业拼凑中介对财务绩效的影响是否受到创新氛围的调节。采用 Process 方法，利用 Bootstrap 自助抽样 2 000 个，将置信区间设置为95% 进行检验。结果如表 6 - 14 所示。年龄异质性、教育异质性、行业经验异质性、职能经验异质性经过创业拼凑中介对财务绩效的作用在高低创新氛围下，效应差在 95% 置信区间显著，说明调节效应存在。而性别异质性、创业经验异质性经过创业拼凑中介对财务绩效的作用在高低创新氛围下不显著（95% 置信区间），但是在 90% 置信区间显著，属于边缘显著。综合来看，六种团队异质性经过创业拼凑中介作用于财务绩效的效应或多或少都受到创新氛围的调节。

表 6 - 14　　中介调节效应（N = 358）

自变量		效果系数	BootSE	95% 置信区间		效应比较			
				下限	上限	效应差	BootSE	BootLLCI	BootULCI
性别异质性对财务绩效经中介的效应	高创新氛围	1. 109	0. 272	0. 556	1. 642	0. 618	0. 354	-0. 088	1. 327
	低创新氛围	0. 492	0. 218	0. 081	0. 952				
年龄异质性对财务绩效经中介的效应	高创新氛围	0. 895	0. 185	0. 541	1. 273	1. 047	0. 249	0. 563	1. 542
	低创新氛围	-0. 152	0. 152	-0. 447	0. 141				
教育异质性对财务绩效经中介的效应	高创新氛围	1. 002	0. 182	0. 666	1. 376	0. 597	0. 217	0. 176	1. 027
	低创新氛围	0. 405	0. 139	0. 146	0. 710				
创业经验异质性对财务绩效经中介的效应	高创新氛围	0. 703	0. 278	0. 163	1. 286	0. 576	0. 336	-0. 071	1. 280
	低创新氛围	0. 126	0. 181	-0. 210	0. 493				

续表

自变量		效果系数	BootSE	95%置信区间		效应比较			
				下限	上限	效应差	BootSE	BootLLCI	BootULCI
行业经验异质性对财务绩效经中介的效应	高创新氛围	0.508	0.093	0.330	0.690	0.448	0.118	0.215	0.691
	低创新氛围	0.060	0.069	-0.073	0.207				
职能经验异质性对财务绩效经中介的效应	高创新氛围	0.591	0.131	0.355	0.869	0.480	0.171	0.151	0.848
	低创新氛围	0.111	0.103	-0.084	0.306				

基于358个样本的实证研究结果表明，创业团队异质性对财务绩效的经过创业拼凑中介的作用在创新氛围的调节下有明显的效应差异。虽然性别异质性、创业经验异质性对创新绩效影响的中介调节效应只是边缘显著（在p=0.1处显著），但是创新氛围对创业团队的年龄、教育程度、行业经验、职能经验异质性与创业拼凑间关系的调节作用经创业拼凑的中介对财务绩效产生了显著影响（都在p=0.05处显著）。按照95%置信区间标准，H5-61至H5-66中，除了H5-61、H5-64外都得到了支持。

第七章

基于 fsQCA 方法的研究

第一节　概述与模型构建

一、QCA 方法

整体论与还原论是社会科学研究的两大范式。还原论起源于原子论，认为可以从个体因素来解释整体，包括对社会现象的解释也可以采用还原论。而整体论则认为社会现象不同于自然现象，不能用还原论方法来解释社会现象，对社会现象的解释应当采用整体论方法。在企业管理研究领域占主流地位的方法之一是以统计学为核心的实证方法，表现为利用多元回归分析对管理问题进行研究，探寻变量间的关系。对企业现象的解释是通过单个前因来解释，虽然某一现象的影响因素会存在多个前因，但是利用多元统计方法却难以兼顾各个前因间的彼此关系和相互作用，即便是引入多重交互项也难以起到效果。基于统计的多元回归方法可以归结为还原论的范式。由于这种方法与自然科学主张的方法类似，在研究单个因变量与自变量的关系中被认为具有严谨性和科学性，获得了学术界的广泛认可。但是这种方法的缺陷在于忽视了多个前因变量相互作用、组合效果对因变量的影响。而社会科学研究无法做到像自然实验一样，对各种变量进行严格的控制，因此对以统计回归为主进行社会科学研究一直都存在争议。因此，社会科学研究中也常常使用案例研究方法，但是案例研究方法因为研究结果普适性不高而一直受到诟病。

在组织管理领域的研究也存在上述问题。虽然长期以来以利用单一前因变量结合交互项解释结果变量的方法在组织管理研究中占据了主流并得到了普遍的认可，但是这种孤立看待前因变量，不考虑各个前因变量间相互作用的还原论式的研究，对导致某个结果的复杂前因的解释越来越难以令人信服。

在社会科学领域研究中一个不能忽视的问题是因果关系的非对称性。比如，当一个因素出现会导致一个结果，但是当这个因素不出现时这个结果是否就一定不出现？显然，在现实社会中，导致一个结果出现的因素消失时并不一定导致该结果也不出现，这样的例子比比皆是。而多元统计回归方法的研究思想则默认了因果关系存在对称性。这其实就是原子论思想的应用。而 QCA 技术关注跨案例的“并发因果关系”，即要素的不同组合可能产生同样的结果（伯努瓦·里豪克斯，查尔斯·C. 拉金，2017），是一种整体论的范式。QCA 方法打破了主流统计中关于因果关系的假设，提出（1）不存在恒定不变的因果关系；（2）因果效应的一致性假设被打破；（3）分析单位不具备同质性；（4）可加性被打破；（5）不再假定因果关系的对称性。（努瓦·里豪克斯，查尔斯·C. 拉金，2017）。由此开启了多重并发因果关系、多种等效路径以及因果非对称性等问题的研究，而对这类问题的研究，还原论就显得力不从心。因此，在组织管理研究中整体论范式正在得到认可和重视。

龚丽敏等（2014）认为，组织管理研究范式经历了“普适—权变—构型（架构）”的变迁过程，与之对应，管理研究的核心逻辑也从简单的线性逻辑经历权变逻辑过渡到现在的全局逻辑，基于此，构型（configuration）视角的研究逐渐得到了学者的重视。特别是在 AMJ 等高质量国际期刊的推动下，基于构型的定性比较方法（qualitative comparative analysis，QCA）逐渐被学界所接受。

QCA 法是介于案例导向（定性方法）和变量导向（定量方法）之间的研究方法，是一种能够兼得两种方法优势的综合研究策略（Ragin，1987）。其基本思想是，以集合论和布尔运算作为其方法论的基石，探究多个前因条件的组合是如何引致被解释结果出现可观测的变化或不连续（Fiss，2013）。相较于传统的 Logit 模型、交叉表检验或卡方检验等将结果变量处理为分类变量的方法，QCA 处理此类问题更为便捷。由于这种方法以组态比较为基础，以整体论思想为指导，采用整体层次的视角来研究、解释社会科学中的复杂因果关系，同时该方法也较好地结合了定量与定性研究的优点（Ragin，1987），因而在中国管理学界得到了快速的普及。定性比较分析（QCA）以及基于模糊集的定性比较（fsQCA）方法在组织管理领域得到了更多关注，被快速应用于创新创业、营商环境、数字化转型、创新创造能力方面的研究（杜运周和马鸿佳，2022）。QCA 方法强调，在现实社会中，因果关系具有复杂性和非对称性，该方法基于一定的理论基础和知识对研究对象进行校准，获得样本中各变量的集合隶属度，通过集合隶属度分析多个前因变量所构成的各种组态对结果变量的充分性及必要性，在理论分析与经验分析的基础上结合“思想实验”与“反事实分析”推断出前因变量的组合态与结果变量间的复杂因果关系（Ragin & Fiss，2008）。

定性比较方法（QCA）相较于传统的计量方法有着显著不同。首先，传统计量统计方法是以构建“自变量—因变量”二元关系下的回归模型为根本，其主要自变量与因变量皆为一个。虽然在研究中也考虑了其他自变量，以交互项的方式放入回归模型中，但是对自变量间相互作用对因变量的影响考虑不够，而基于定性比较的方法从整体（组态）来研究多个自变量与因变量的因果关系（Ragin & Fiss，2008），更加符合社会科学的特点。其次，传统回归分析实质研究的是相关关系，而 QCA 方法通过集合关系可以直接证明因果关系的存在（Fiss，2011），并且可以解决因果关系非对称问题，而传统回归方法的研究结果解释的因果关系具有对称性（张驰、郑晓杰和王凤彬，2017）。最后，传统回归方法无法解释多重并发因果关系、多种等效路径这类因果关系，而 QCA 方法有助于回答上述问题。

具体到本章研究问题，我们之所以采用 QCA 方法对异质性与创业绩效关系进一步研究除了上述原因之外，还出于以下三点考虑。

首先，目前学术界常用到的异质性包括了性别异质性、年龄异质性、教育背景异质性、创业经验异质性、行业经验异质性、职能经验异质性，取得了大量的研究成果，但是创业团队异质性各因素间并不是孤立存在的，彼此间存在交互作用。单独、割裂地考察某一个因变量对创业绩效的影响就犯了还原论的谬误，并不能反映现实中多个因素共同存在的影响，因此只有考察上述各因变量在共同存在、相互作用情况下如何影响创业绩效才更接近现实。因此，本章我们采用 QCA 方法，通过对上述六类异质性构型分析，从整体视角研究他们的组态对创业绩效的影响就更加具有现实意义。希望通过采用 QCA 方法、计量统计方法来对此问题进行更加深入的研究。

其次，传统的量化研究方法主要用于处理线性相关关系，而对非线性关系挖掘比较困难，即便采用二次回归的方式可以检验“U”型或倒“U”型关系，但是二次项的实际意义却难以解释，导致研究结论缺乏实际意义的支持。而 QCA 基于集合论可以发掘存在于多个因素之间的相当复杂的非线性关系（Ganter & Hecker，2014；Cárdenas，2012）。这为研究前因变量与结果变量的非线性关系提供了新的方法。而本研究中异质性与创业绩效的关系属于典型的非线性关系，因此采用 QCA 方法作进一步的检验具有很好的适配性与合理性。

最后，长期以来，主流管理研究采用的回归分析法要求各变量之间相互独立，不得具有共线性，并在样本量足够大的情况下，探究各个前因变量对结果的主效应，或者通过分析二元或三元交互作用来分析变量间的联合作用，但对这种多重交互作用，却难以解释清楚多重交互的意义和合理性，导致交互作用分析被规定为以三元交互为上限，而这显然不符合构型研究的实际和需求（Fiss，2007）。QCA 则与之不同，作为最适合构型研究的方法，QCA 并不强调析出各变量的独立净效应（Bell et al.，2014），而是重在分析引致某特定结果的多个条件组合（Judge et al.，2014；Castro et al.，2013；Freitas et al.，2011），只要数据量得到满足，理论上不存在所考虑因素的“上限”问题。而本研究中有六类异质性，超过了传统的三元交互上限，因此考察这些前因的交互就必须借助 QCA 方法。

二、创业团队异质性组态与创业绩效模型构建

创业团队异质性对创业绩效的影响是学术界研究的焦点。在我们的研究中用到的异质性包括了性别异质性、年龄异质性、教育背景异质性、创业经验异质性、行业经验异质性、职能经验异质性。这六种异质性是创业团队异质性的主要组成部分，在之前的研究中我们检验了单个异质性对创业绩效的影响，但是在研究中忽视了异质性间彼此交互作用对创业绩效有何影响，简单认为各异质性都是单独发挥作用，没有考虑这些异质性的组态效应。而现实中创业团队异质性构型可能有多种分布。基于整体论的研究范式认为，创业团队的绩效是受到团队各种异质性共同综合作用、发生化合作用的结果，而非各异质性彼此独立作用的简单加总。基于此，本部分从组态视角研究上述六类异质性组合效果对创业绩效的影响。结合前述研究的理论分析，我们继续将创业团队的异质性分为社会异质性、经验异质性两大类别，构建如图 7－1 所示的创业团队异质性组态与创业绩效关系模型。

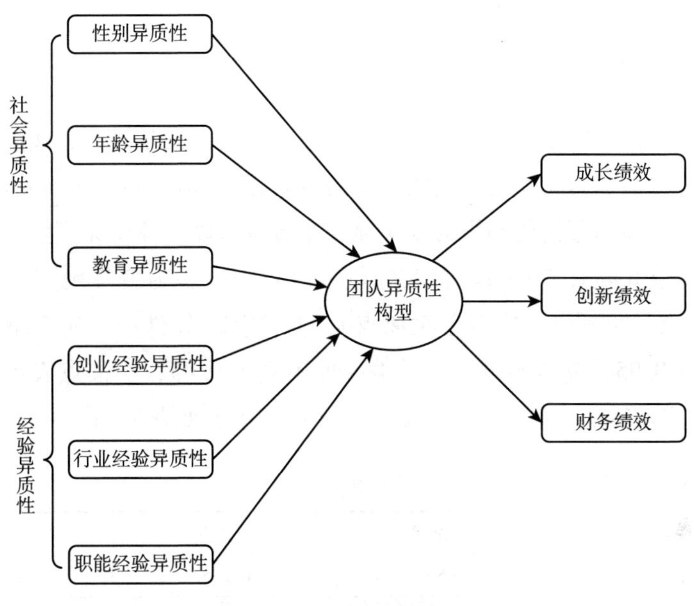

图 7－1　理论模型

三、数据准备

（一）数据来源

本研究的数据采用与第五章研究中一样的数据，通过对同样数据用不同方法进行研究，具有较好的比较性。

（二）前因变量

创业团队异质性前因变量包含性别异质性、年龄异质性、教育异质性、创业经验异质性、行业经验异质性、职能经验异质性。将这六种异质性分为社会异质性、经验异质性两类，其中，社会异质性包含性别异质性、年龄异质性、教育异质性；经验异质性包含创业经验异质性、行业经验异质性、职能经验异质性。各异质性特征数据的来源与测量方法如前。

（三）结果变量

本研究的结果变量包括创业企业的财务绩效、创新绩效、成长绩效。数据来源与测量方法如前，都采用5点李克特量表进行。

（四）变量校准

定性比较方法的核心是集合与布尔运算，并不对变量进行直接的运算。在使用fsQCA方法进行构型分析前需要对各变量进行校准（calibrating）。在校准过程中通过实际和理论的知识为变量赋予集合隶属度，使得原变量具有可解释的集合意义（Ragin，2008）。在实际校准过程中需要为变量确定三个定性点（完全隶属点、交叉点、完全不隶属点），在fsQCA软件中，完全隶属表示隶属度不低于0.95，完全不隶属表示隶属度不高于0.05，交叉点表示隶属度为0.5。结合实际值和理论分析，本研究隶属度对应值见表7－1。

表7－1　　变量校准

变量名	完全隶属	交叉点	完全不隶属
性别异质性	0.450	0.265	0.015
年龄异质性	0.630	0.330	0.020
教育异质性	0.616	0.305	0.022
创业经验异质性	0.445	0.235	0.010
行业经验异质性	1.35	0.800	0.080
职能经验异质性	0.900	0.480	0.015
创业拼凑	5.00	3.80	2.70
成长绩效	4.50	3.50	2.50
创新绩效	5.00	4.50	3.50
财务绩效	5.00	4.50	3.60

第二节　创业团队异质性组态与成长绩效

创业团队异质性特征被看作是影响新创企业成长绩效的重要因素，但是研究局限于单个异质性特征对成长绩效的影响，缺乏对各个异质性特征交互作用对成长绩效影响的研究。本节对异质性特征交互作用（组合）影响成长绩效进行研究。

一、数据分析

基于 fsQCA 的方法在分析前因变量的构型与结果变量间的充分必要关系时，应当先分析单个前因变量是否能够解释结果变量。在本研究中，有六个影响成长绩效的前因变量，分别是性别异质性（GH）、年龄异质性（AH）、教育异质性（EH）、创业经验异质性（EEH）、行业经验异质性（IEH）、职能经验异质性（OEH）。分析创业团队异质性六个前因变量单独对创业成长绩效的解释效果，即作必要性分析，看是否存在单一因素可以解释成长绩效。利用 fsQCA3.0 软件包分析结果如表 7－2 所示。

表 7－2　必要性分析

前因变量	GP		~GP	
	一致性	覆盖度	一致性	覆盖度
GH	0.7162	0.5538	0.6086	0.6707
~GH	0.5741	0.5072	0.5951	0.7493
AH	0.7036	0.5670	0.5805	0.6667
~AH	0.5864	0.4952	0.6230	0.7497
EH	0.7291	0.5845	0.5612	0.6412
~EH	0.5524	0.4690	0.6364	0.7700
EEH	0.6947	0.5370	0.6034	0.6647
~EEH	0.5662	0.5004	0.5797	0.7302
IEH	0.7404	0.5871	0.5665	0.6402
~IEH	0.5463	0.4693	0.6347	0.7770
OEH	0.6906	0.5466	0.6006	0.6774
~OEH	0.5924	0.5100	0.5980	0.7337

从必要性分析结果可以看出，创业团队六个异质性单独作用时对高创业绩效（GP）、低创业绩效（~GP）的一致性都低于 0.9。分别来看，六个异质性中对高创业绩效一致性最高值仅仅为 0.7404，最低为 0.5463，覆盖度最高为 0.5871，最低为 0.4690；六个异质性中对低创业绩效的一致性最高为 0.6364，最低为 0.5612，覆盖度最高为 0.7770，最低为 0.6402。这说明没有一个异质性在单独作用时可以成为导致高创业绩效或低创业绩效的必要条件。因此，有

必要考虑六个异质性的联合作用，利用组态分析来探究其对新创企业成长绩效的影响。

接下来，继续利用 fsQCA 方法进行创业团队异质性前因与创业成长绩效关系的分析。要构建真值表，真值表包含了所有的前因变量组合，并展示了每一个组合对应包含的案例。由于真值表包含了所有的前因变量的可能组合，因此存在零案例以及一致性值过低的情况，所以需要对真值表进行优化。具体优化步骤如下。

（1）需要设定案例阈值。依据理论研究的需要和案例数的多少，设定案例阈值，低于该阈值的真值行将被删除。

（2）设定最低一致性水平。低于设定的最低一致性水平的真值行也将被删除。

依照初步的数据分析结果，本研究将最低一致性阈值设置为 0.76，比通常使用的 0.75（Ragin，2008）的建议阈值要高，同时将案例阈值设为较高的 9。最后得到真值表 7－3。

表 7－3　高成长绩效真值表（案例数阈值 9，一致性阈值 0.76）

GH	AH	EH	EEH	IEH	OEH	Number	GP	原始一致性
1	1	0	1	0	1	10	1	0.8403
1	1	0	0	0	1	9	1	0.8271
0	1	1	1	0	1	9	1	0.8091
0	0	1	1	0	1	9	1	0.8044
1	0	0	0	1	1	9	1	0.8005
1	1	1	0	0	0	11	1	0.7818
1	1	0	0	0	0	9	1	0.7779
0	0	0	1	1	0	11	1	0.7671
0	1	0	1	0	0	11	0	0.7357

从表 7－3 可以看出，高于设定的案例频数阈值及最低一致性的真值表行有 9 行，对应包含的案例数为 88 个。

接下来使用基于布尔代数的算法逻辑对真值表进行简化得出前因变量的简单组合。进一步利用 fsQCA3.0 软件可以计算出复杂值、简约值、中间值，并且对因果条件基于反事实分析后将前因条件划分为核心条件、边缘条件。核心条件是与结果有着强烈因果关系的条件，而边缘条件则为与结果间因果关系较弱的条件。分析所得结果如表 7－4 所示。符号⊗和⊗表示条件不出现，符号●和•表示条件出现，较大的符号表示该条件为核心条件，较小的符号表示该条件为边缘条件。空白表示该条件出现与否对结果没有影响。

表 7－4　　异质性—高创业成长绩效构型表

项目		GP1	GP2	GP3	GP4	GP5
社会异质性	GH	●	●	⊗	●	⊗
	AH	•	•			⊗
	EH		⊗	•		⊗
经验异质性	EEH	⊗		•	⊗	•
	IEH				●	●
	OEH	⊗	●	●	●	⊗
原始覆盖度		0. 2997	0. 3271	0. 3176	0. 2462	0. 1950
净覆盖度		0. 0815	0. 0523	0. 0884	0. 0135	0. 0250
一致性		0. 7339	0. 8161	0. 7595	0. 8052	0. 7671
总体覆盖度		0. 5859				
总体一致性		0. 6501				

二、研究结果

可以看出，共有 5 类团队异质性组态对高创业成长绩效产生影响。总体覆盖度为 0. 5859，说明这 5 个构型解释了 58. 59% 的新创企业高成长绩效的原因，总体一致性为 0. 6501，不高的总体一致性说明因果关系的不唯一。各个组态代表的含义分述如下。

（一）组态 GP1

该组态提供了一种新创企业达成高成长绩效的一条路径，该组态的一致性为 0. 7339，一致性较高，原始覆盖度为 0. 2997，净覆盖度为 0. 0815。该组态表明当团队中存在高性别异质性、高年龄异质性，而高创业经验异质性、高职能经验异质性不存在时新创企业成长绩效较高。教育经验异质性、行业经验异质性在此种组态下存在与否对结果不产生作用。此种类型的团队具有男女比例相当、年龄差异较大，而创业经验、职能经验差异不大的特点。当创业团队具有高性别异质性时，表明团队成员男女数量相当，这种性别结构的团队中，男性思维、女性思维都不占明显的优势，可以充分利用男女比例相当的特点，利用好男、女两种思维的特点。这样在团队遇到创业难题时能够从不同角度去思考问题。比如，女性特有的细心、耐心、风险回避特征可以为决策提供更为稳妥的方案，而男性具有的冒险、进取精神能够为团队提供更为激进的方案。而具有高性别异质性的团队能够较好地结合女性与男性成员的思维优势，形成较为稳妥而又不失进取的方案，从而有助于获取较好创业成长绩效。当团队具有较高的年龄异质性时，表明团队成员由老年、中年、青年不同年龄段构成，年龄差异较大。团队成员具有不同年龄反映了团队成员的心智成熟度、人生阅历等都有所不同。这会为团队分析问题，解决问题带来优势。比如，年长的团队成员在解决问题时，思考问题比较全面，会考虑到问题的方方面面，有助于规避风险，但是也会比较保守，可能会错失发展机遇。而年轻的团队成员，易于接受新事物、新观点，思维活跃，有利于抓住发展机会，但是有时会欠考虑，风险较大。因此年长与年轻成员相当的团队可以很好地吸收两者的优势，实现风险可控下的较为稳定、快速的发展。

但是高性别异质性、高年龄异质性同时存在会带来团队成员间交流沟通的困难，还有可能在组织中形成小圈子或小团队。由于男女从小受到的教育有所不同，社会对其的期望也不同，因此，男女在对待风险方面的态度、价值观也会有所不同，这些不同会导致彼此间交流沟通困难。此外，团队成员间年龄差异过大更是容易导致交流沟通的困难。通常年长的成员往往对新知识掌握不够、思维易偏于保守、价值观也偏于传统，对新事物的敏感程度也较低，而年轻的成员往往具有新思维，新知识，其价值观与认知与年长者有着明显不同。而且两者间兴趣爱好也有所不同。这些都易于导致交流沟通困难。当团队中缺乏良好沟通时必然不利于成长绩效。但是在此组态中，团队中不存在高创业经验异质性、高职能经验异质性，这说明团队成员具有较为相似的创业经历、职能工作经历。这种相似的创业经历、职能工作经历则为成员间沟通交流奠定了良好的基础，从而在一定程度上克服了团队成员间交流沟通困难的问题。

综合来看，这类创业团队异质性组态在性别、年龄方面异质性较高，可以为团队带来丰富多样的认知和思维模式，能够综合男女在思维认知方面的独特性，易于形成丰富的观点和创新的思维，同时，年龄差异较大可以为团队决策中提供经验与创新思维的融合，既能发挥年长团队成员稳妥、防范风险的特点，也能融合年轻成员积极进取、创新的特征。创业经验、职能经验的相似为团队间彼此信任、彼此交流提供了坚实的基础。因此，这类团队结构有利于创业成长绩效。

（二）组态 GP2

该组态的一致性为 0.8161，原始覆盖度为 0.3271，净覆盖度为 0.0523。该组态表明在创业团队中高性别异质性、高年龄异质性、高职能经验异质性存在，同时，高教育异质性不存在时，新创企业具有较高的成长绩效。这种团队的特点是男女比例接近、团队成员在年龄、职能经历方面差异明显，但是成员间受教育程度相当、差别不大。

在这种团队中由于男女比例接近，因此可以结合男女在思维模式、认知决策方面的优点促进企业成长。通常，女性具有细致、思考问题周全的特点，而男性具有冒险、创新的特点，两者结合能够较好地发挥各自思维优势。高年龄异质性意味着团队成员间年龄差距较大，年长和年轻的团队成员数量较接近。年长的团队成员往往具有丰富的工作、生活经历，具备丰富的社会经验，这为回避创业中的风险、防止过于冒进提供了较为积极的作用。但是年长的成员往往也趋向于保守，新知识、新技能的学习掌握有所欠缺，对新机会、新事物的敏感程度也不高；而年轻的团队成员具有积极进取、富于想象、敢于冒风险的特征，这就能弥补年老成员的不足。同样，年轻成员缺乏经验，容易忽视风险，而年长的成员可以弥补团队经验不足且忽视风险的缺陷。这样就能保证团队决策中进取与稳妥的平衡，从而有利于新创企业成长。高职能工作经验异质性表明团队成员所从事过的职业有较大的差异，即团队中拥有不同职业技能的成员。这能够为团队提供丰富的工作技能经验，这些丰富的技能可以为解决创业中的问题、提升行动能力、抓住创业机会提供极大的便利，从而有利于成长绩效。高教育异质性不存在说明团队成员的教育层次接近，相似的教育层次则有利于塑造成员相似的价值观，这为团队成员的交流和达成共识带来了一定的好处。

综合来看，具有此类组态结构的创业团队，可以充分利用男性、女性在思维认知方面的不同，形成多样化的认知，这为创业机会的识别、问题的妥善解决提供了较大的帮助；同时，年长和年轻成员的组合可以发挥经验的优势但又不至于过于保守，让创业团队既能保持积极的活力；富有进取性，还能较好地控制风险，不至于过于激进；而且高职能经验异质性可以为团队带来丰富技能的同时，为团队成员认知和理解问题、提出多样化的解决方案提供了支持；此外，团队成员受教育程度的相似性为团队成员间建立彼此的信任、开展交流提供了基础。因此，这样的创业团队异质性组态对成长绩效有积极作用。

(三) 组态 GP3

该组态的一致性为 0.7595，原始覆盖度为 0.3176，净覆盖度为 0.0884，表明该组态对结果的解释贡献较好，即对成长绩效影响较大。该组态表明创业团队在教育层次、创业经验、职能经验方面有较大差异，而性别异质性较低时，新创企业成长绩效较高。这种创业团队组态的特点是团队中男性或女性占比较高（即性别异质性较低），教育程度参差不齐、差异较大，创业经历方面也差异较大，有的成员可能是多次创业、创业时间较长，而有的只是创业的新手；同时团队成员所从事的工作岗位有较大差异，说明团队成员具有差异化较大的工作技能。

高教育异质性表明团队成员的受教育程度差异较大，意味着团队成员受教育程度有显著的不同。不同教育程度的成员往往具有不同的思维与认知模式，这为问题的分析、解决提供了丰富的视角，而且不同教育程度的成员同学圈、社交圈也大不相同，这也能为团队带来较为丰富的社会资本，从而有利于成长绩效。高创业经验异质性表明团队成员在创业经验方面有较大差异。较大的创业经验差异意味着创业团队中既存在经验丰富的创业老手，也存在创业新手。这样的团队组合一方面可以发挥创业老手的经验，易于让团队处理创业中经常遇到的困难，防止犯常见的错误以及规避常见的创业风险。同时，创业新手的存在，有助于创业团队保持一定的想象力和大胆拼搏的精神，这对避免因循守旧、实现突破性发展具有积极意义，从而有利于成长绩效。高职能经验异质性表明团队成员曾经从事的工作有较大的差异，这样的团队通常拥有丰富的职能技能，这为团队捕捉创业机会、解决创业中的问题提供了丰富的技能基础，也有利于成长绩效。高性别异质性不存在，说明团队中的性别构成较为单一，以某一种性别为主，虽然这会带来思维模式趋同的弊端，但是这也有利于团队成员间的沟通交流。

综上所述，创业团队高教育异质性、高创业经验异质性、高职能经验异质性时，反映了团队成员在这些方面差异较大，这种差异化能够为团队带来丰富的知识、多样化的人脉资源、差异化的创业认知，为解决问题、抓住创业机会提供多样化的技能，这些就能够克服性别构成较为单一、思维模式容易趋同的弊端。同时，性别构成较为单一为彼此间交流、信任的建立奠定了基础，能够较好地克服团队成员在教育异质性、创业经验异质性、职能经验异质性方面因过大差异而带来的沟通不便问题。因此，此类团队组态也有利于新创企业成长绩效。

（四）组态 GP4

该组态的一致性为 0.8052，原始覆盖度为 0.2462，净覆盖度为 0.0135，说明该创业团队异质性组态对创业成长绩效的解释力度较低。该种组态表明团队在性别、行业经验、职能经验方面存在较高差异，同时在创业经验方面差异较低，虽然解释力度较低但同样也有利于创业成长绩效。团队性别异质性较高说明团队成员男女比例接近，行业经验异质性高表明团队成员在当前行业中的工作经验有较大差异，有些成员具有丰富的行业经验，有些则没有本行业的经验。职能经验方面存在较高差异表明团队成员在职业技能方面有较大的差异，从事过的职能岗位差别较大。而较低的创业经验异质性表明团队成员在创业经验方面有较高的相似性，有可能都具有创业经验，也可能都缺乏创业经验。

团队成员男女比例接近时，团队成员在思维上不容易趋同。团队可以充分吸纳男女成员在思维、认知方面的差异以及在决策方面的差异为创业提供支持。高行业经验异质性存在表明团队中有行业老手也有行业新兵，这种组合能够充分利用行业老手和新兵的优势推动新创企业成长。具体而言，行业老手对行业发展熟悉，掌握了隐性行业知识，从而能有效避免行业发展中的陷阱，但是行业老手容易形成固有的思维而缺乏创造性；虽然行业新兵行业经验缺乏，对行业发展了解不够，有时会遭遇行业风险，但是行业新兵易于形成创新的思维或观点，且发展思路不易受到行业发展现状的束缚。两者的结合则有助于形成创新的发展模式帮助企业成长。职能经验方面的高异质性表明团队成员具有丰富的职能经历，团队成员的职能技能有较大不同，这为团队提供了丰富的技能储备，有助于团队实现多样技能组合，快速解决遇到的问题，从而也有利于新创企业的成长。

综合来看，此类团队组态在性别、行业经验、职能经验方面存在的差异能够为团队带来认知模式、行业经验、职业技能方面的差异化、丰富性、多样性，这为团队解决在创业过程中遇到的问题提供了丰富的技能和多样化的知识，有助于企业的成长。而创业经验差距不大，说明团队成员要么主要是创业老手，要么主要是创业新手，这为团队成员理解创业、开展沟通交流、建立彼此间的信任提供了有效的基础，因此这类团队组态有利于创业成长。

（五）组态 GP5

该组态的一致性为 0.7671，原始覆盖度为 0.1950，净覆盖度为 0.0250。该团队异质性组态在创业经验、行业经验方面具有较高的异质性，同时，在性别异质性、年龄异质性、教育异质性、职能经验异质性方面的差异较小。

当团队在创业经验异质性方面差异较大时，说明团队成员中有创业经验丰富的多次创业者，也有刚刚创业的新手，而且比例比较接近，这种结构一方面能够帮助团队避免创业中的各种常规风险，同时也可以防止出现思维僵化、认知固化问题，发挥创业新手积极进取、思维活跃的特点，因此能够帮助企业打破常规、避免风险，从而实现高成长。行业经验方面的高差异表明在创业团队中熟悉行业特点的成员和不了解行业的成员比例相当，这种组合一方面可以帮助团队避免行业中的陷阱，在行业老手的指导下快速获得行业隐性知识、防范行业风险、提升行业发展适应能力；另一方面可以发挥行业新手富于想象、大胆进取的特点，避免团队陷入过于保守、创新不足的泥潭中，从而有助于促进新创企业成长。性别异质性较低说明团队性别构成较为单一，这种构成虽然有思维模式趋同、认知结构单一的问题，但是却有利于团队成员间的沟通与信任建立。同理，年龄异质性较低，虽然也存在认知趋同、经验趋同的问题，但是年龄相仿也有助于团队成员的沟通交流与建立信任；教育异质性较低表明团队成员的受教育程度接近，虽然不能带来差异化知识和多样的社会资本，但是教育程度接近有助于团队成员间有效沟通和信任；职能经验异质性较低说明团队成员从事过的职业大致相同，虽然不能为团队提供多样化的技能，但是相同的职业经历不仅为团队成员间的沟通交流提供了便利，也利于建立良好的信任。

综合而言，高创业经验异质性、高行业经验异质性，同时性别异质性、年龄异质性、教育异质性、职能经验异质性差异较小的团队异质性组态有利于形成高成长绩效。

（六）小结

进一步分析发现，以上五种创业团队异质性组态中，高性别异质性、高行业经验异质性、高职能经验异质性在多个组态中起到核心条件作用。这说明高性别异质性、高行业经验异质性、高职能经验异质性对于创业成长绩效具有重要作用。

高性别异质性表明团队中男女成员比例接近，可以充分发挥男女成员间不同认知、思维模式的特点，形成既有创新又务实可行的决策或方案，从而能够促进新创企业高速成长；高行业经验异质性团队能把创新思维与丰富的行业经验相结合，既能够求新求变，在把握创业机会的同时也能够识别行业陷阱防范发展风险，因而能够促进新创企业成长。团队中存在高职能经验异质性，表明团队成员从事过不同职能，具有不同的职能技巧。比如有的从事过营销、有的从事过研发、有的从事过管理、有的从事过制造。这就为创业团队带来了多样化的职业技能，提升了创业团队的综合能力。而创业本身是一项综合工程，需要多种能力的组合使用，因此高职能经验异质性有助于新创企业成长。因此，高性别异质性、高行业经验异质性、高职能经验异质性对新创企业成长具有重要作用，属于核心条件。

从上述 5 种组态中可以发现，高创业经验异质性并不是影响成长绩效的核心条件，这与现实是相符的。现实中可以看到许多不乏多次创业、有丰富创业经验却依然创业失败的例子。同时与此相对，也存在不少创业者之前没有创业经验却一次创业就成功的例子。这说明创业经验的丰富与否与创业成功并没有直接关系。出现看似矛盾现象的原因就在于具有丰富创业经验的个体，虽然往往能够避免一些常见的创业错误，但是通常缺乏创新思维、难以将创业机会变为成功的商业模式，以至于屡次创业屡次失败。而一些创业新手能够创业成功就在于虽然缺乏创业经验，很可能会犯一些常规的错误，但是这些常规错误对创业成功的影响并不是最重要的，反而因为这些创业新手具有创造性的思维和决策能力，通过异想天开的方式将创业机会变为现实商业模式，从而创业成功。但是基于传统统计回归的研究却无法解释这一矛盾现象。早期创业研究中，学术界普遍认为丰富的创业经验有利于创业成功，但随着研究的深入却认为创业经验与创业成功无关。对此看似矛盾的现象，可以通过组态的思想来进行解释。从组态思想来分析，高成长绩效的团队异质性前因并不是某个单一异质性，而是多个异质性的组合，且某个异质性会被其他异质性替代。具体到创业经验异质性，作为一个单一异质性并不能直接影响到创业成长，只有与其他异质性有效组合时才会促进创业成长，即如果不能与其他团队异质性有效组合，即便是具有丰富的创业经验也不能促进新创企业成长。这就为解释创业经验与创业成功的矛盾现象提供了新的视角。

三、稳健性检验

为提高研究的可信度，本研究还对创业团队异质性组态与成长绩效关系进行了稳健性检验。在稳健性的检验中采取了两种方法：一是提高一致性阈值；二是计算出导致低成长绩效的组态与高成长绩效组态比较。

（一）提高一致性阈值检验稳健性

提高一致性阈值检验稳健性的思路是，如果提高一致性阈值得到的新构型属于未提高前构型的子集，则说明研究具有稳健性。为检验研究结果的稳健性，本研究将一致性阈值从 0.76 提高至 0.77，案例阈值则为 9，得到导致高成长绩效的构型结果见表 7－5。

表 7－5　稳健性检验构型表

项目		1	2	3	4
社会异质性	GH	●	●	⊗	●
	AH	•	•		
	EH		⊗	•	⊗
经验异质性	EEH	⊗		•	⊗
	IEH				●
	OEH	⊗	●	●	●
原始覆盖度		0.2997	0.3271	0.3176	0.2462
净覆盖度		0.0909	0.0558	0.0988	0.0138
一致性		0.7339	0.8161	0.7595	0.8052
总体覆盖度		0.5609			
总体一致性		0.6696			

从表 7－5 的结果可以看出将一致性阈值提高到 0.77 后，得到的构型与未提高前的构型具有相似性。其中，构型 1、2、3 与未提高阈值时的构型相同，而构型 4 则为未提高前构型的子集。因此可以说明本研究结果具有稳健性。

（二）计算导致低成长绩效的组态

由于 QCA 方法的理论观点之一是变量间的因果关系具有不对称的特征，因而导致高绩效结果的前因变量与导致低绩效结果的前因变量在组态上是不对称的。因此，可以在对高水平结果变量进行组态分析的同时对低水平的结果变量也进行组态分析来检验稳健性（Bell et al.，2014）。我们生成异质性与低成长绩效的真值表，结果见表 7－6，限定了案例数阈值为 9，对一致性最低值设为 0.80。

表 7－6　　低成长绩效真值表

GH	AH	EH	EEH	IEH	OEH	Number	GP	原始一致性
0	1	0	1	0	0	11	1	0.9044
1	1	0	0	0	0	9	1	0.8849
0	0	0	1	1	0	11	1	0.8846
1	1	1	0	0	0	11	1	0.8792
0	0	1	1	0	1	9	1	0.8739
0	1	1	1	0	1	9	1	0.8710
1	0	0	0	1	1	9	1	0.8588
1	1	0	1	0	1	10	1	0.8539
1	1	0	0	0	1	9	1	0.8490

进一步对真值表进行简化求得低创业成长绩效的异质性前因组合简约解，结果见表 7－7。可以看到低创业成长绩效与高成长创业绩效的异质性前因不同且不具有对称性，证明本研究具有稳健性。

表 7－7　　异质性—低创业成长绩效构型表

项目		1	2	3	4	5	6
社会异质性	GH	⊗	⊗	•	•	•	⊗
	AH		⊗	•	⊗	•	•
	EH	⊗	⊗		⊗	⊗	•
经验异质性	EEH			⊗	⊗		
	IEH	⊗		⊗		⊗	⊗
	OEH	⊗	⊗	⊗	•	•	•

续表

项目	1	2	3	4	5	6
原始覆盖度	0.2142	0.2250	0.1886	0.1830	0.1859	0.1920
净覆盖度	0.0269	0.0475	0.0547	0.0470	0.0351	0.0542
一致性	0.8999	0.8845	0.8692	0.8632	0.8334	0.8575
总体覆盖度	0.5084					
总体一致性	0.8461					

综合考虑上述两种稳健性检验结果，可以说明本研究结果具有稳健性。

第三节　创业团队异质性组态与创新绩效

异质性团队被认为具有较好的创新能力与创新绩效，但是现有基于统计回归范式的研究却并未表现出一致的结果。未考虑各个异质性之间的交互作用被认为是导致结果不一致的重要原因。虽然基于统计回归范式可以引入交互项来综合考察各个异质性交互作用，但是多个交互项既不能很好地解释其研究含义，而且交互项的次数也有限。因此，在本小节利用 QCA 方法研究创业团队异质性特征对创新绩效的影响，从组态范式出发，为理解两者间的关系提供新的视角。

一、数据分析

首先对创业团队六个异质性特征与创新绩效关系进行必要性分析。利用 fsQCA3.0 软件进行分析，结果见表 7－8。从结果可以看出，对于高创新绩效没有任何单一异质性的一致性超过 0.9，同样对于低创新绩效也没有任何单一前因的一致性超过 0.9，说明没有任何一个异质性可以单独成为创新绩效的必要条件。

表 7－8　　必要性分析

前因变量	IP		~IP	
	一致性	覆盖度	一致性	覆盖度
GH	0.7214	0.6641	0.6579	0.6281
~GH	0.5960	0.6269	0.6482	0.7070
AH	0.7095	0.6807	0.6287	0.6255
~AH	0.6096	0.6129	0.6790	0.7079
EH	0.7194	0.6866	0.6243	0.6179
~EH	0.5997	0.6062	0.6834	0.7163
EEH	0.7364	0.6777	0.6277	0.5990
~EEH	0.5643	0.5938	0.6622	0.7226
IEH	0.7304	0.6895	0.6255	0.6124
~IEH	0.5894	0.6028	0.6829	0.7242
OEH	0.7114	0.6703	0.6316	0.6172
~OEH	0.5937	0.6085	0.6626	0.7042

接下来进行各异质性组合效果与创新绩效关系的分析。建立真值表，案例阈值取9，一致性最低值选择0.75，符合一致性的标准要求。真值表结果如表7－9所示，共包含了88个案例。进一步利用布尔运算对真值表进行简化，计算得出中间解。

表 7－9　　异质性—高创新绩效真值表

GH	AH	EH	EEH	IEH	OEH	Number	IP	原始一致性
1	1	0	1	0	1	10	1	0.8944
0	1	1	1	0	1	9	1	0.8397
1	1	0	0	0	1	9	1	0.8374
0	0	1	1	0	1	9	1	0.8210
1	0	0	0	1	1	9	1	0.8126
0	0	0	1	1	0	11	1	0.7844
1	1	0	0	0	0	9	1	0.7560
1	1	1	0	0	0	11	0	0.7481
0	1	0	1	0	0	11	0	0.7352

基于中间解，可以得到5个影响高创新绩效的异质性组态。表7－10展示

了生成新创企业高创新绩效的团队异质性组态。符号代表的含义如前。5 个团队异质性组态的总体一致性为 0. 6592，总体覆盖率为 0. 6121，说明这 5 个团队异质性组态解释了新创企业高创新绩效的 61. 21% 。

表 7－10　　　　异质性组态—高创新绩效表

项目		IP1	IP2	IP3	IP4	IP5
社会异质性	GH	●	●	⊗	●	⊗
	AH	•	•			⊗
	EH	⊗	⊗	•	⊗	⊗
经验异质性	EEH	⊗		•	⊗	•
	IEH				●	●
	OEH		●	●	●	⊗
原始覆盖度		0. 3157	0. 3836	0. 3667	0. 2867	0. 2283
净覆盖度		0. 0233	0. 0562	0. 1221	0. 0194	0. 0300
一致性		0. 7206	0. 8362	0. 7662	0. 8194	0. 7844
总体覆盖度		0. 6121				
总体一致性		0. 6592				

二、研究结果

（一）组态 IP1

此组态表的一致性 0. 7206，原始覆盖度 0. 3157，净覆盖度为 0. 0233。该组态表明具有高性别异质性、高年龄异质性，同时不存在高教育异质性、高创业经验异质性的创业团队具有较好的创新绩效。高性别异质性表明团队成员男女构成比较接近，高年龄异质性表明团队成员在年龄上有较大差异，高教育异质性不存在表明团队成员的受教育程度较为接近，创业经验高异质性不存在表明团队成员的创业经验差距不大。

创新需要多样化的思维，需要一些大胆创新、与众不同甚至另类的想法。男女在思维模式上的不同能够激发丰富且多样化思维。比如男性偏于逻辑推理、女性擅长于直觉思维，男女在认知模式上也有较大的区别，因而男女构成比例均衡的团队，可以综合男女在思维、认知方面的特点，不会出现单一的思维模式，容易形成创新的思维和多元的观点，有助于产生新的策略和商业模式。高年龄异质性团队中，年长的成员和年轻的成员比例相当。年长的成员和年轻的成员在思维、认知方面存在较大差异，对同样的事物理解也不同。当不同的认知和观点在一起发生碰撞时就有可能形成创新思维，从而推动创新绩效。

创新思维的碰撞和交流需要有良好的沟通氛围。团队成员受教育程度较为接近表明团队成员的教育经历较为相似，这种相似的教育经历有助于团队成员形成类似的认知能力。当形成类似的认知能力时，则有助于团队成员在分析问题、解决问题时形成较为一致的观点，这可以帮助成员间开展交流沟通，并在彼此间建立起信任。这刚好可以解决由于团队成员存在高性别、年龄异质性而带来的沟通、交流困境。同样，创业经验差距不大表明团队成员在创业知识、创业经历方面具有相似性，这种相似性也可以为成员间交流沟通、建立信任提供支持。

综合来看，性别、年龄的异质性能够为团队提供丰富多样的思维与观点，易于创新思维的形成，但是过高的性别、年龄异质性又会导致团队成员间交流沟通的困难，但是教育程度的相似、创业经验的相似为团队成员沟通交流奠定了一定的基础，易于团队成员开展交流沟通和建立起彼此信任。上述异质性组态构成既能促进创新思维的产生，同时也能增强团队成员之间的沟通，从而有助于新创企业形成高创新绩效。

（二）组态 IP2

此组态的一致性为 0.8362，原始覆盖度为 0.3836，净覆盖度为 0.0562，该组态表示具有高性别异质性、高年龄异质性、高职能经验异质性，但是不存在高教育异质性的创业团队具有较好的创新绩效。高性别异质性表明团队成员构成男女比例接近，不存在明显的性别优势；高年龄异质性表明团队成员在年龄上有较大的差距，团队成员的构成有青年、中年、老年，年龄结构比较多样化；高职能经验异质性意味着团队成员在职业经历、职业技能方面有较大的差异。

团队中男女成员比例接近意味着团队中不会出现单一思维，这有助于团队中出现创新、多样化的思维。而且男女在社会角色、社会期待方面的不同会导致其在认知模式、决策风格方面有差异。因此，高度异质性的性别结构有利于形成多样化的认知，有助于创新思维的形成。团队成员间年龄差异较大时，同样可以发挥不同年龄成员认知差异的特点，促进多元化观点的形成。比如，年长的成员在问题思考方面比较全面，但是也会偏于保守，年轻的成员善于从不同的视角看待问题，易于提出新的观点、大胆的想法。年轻的成员会积极进取、冒险倾向较高，能够接受创新的思维与观点，易于采用激进创新的方式，而年龄大的成员往往较为谨慎、思维也较为缜密，虽不易接受激进、创新的观点，但比较稳妥。因此高年龄异质性的创业团队有利于将创新思维转化为可行的方案，从而有助于创新绩效。团队成员在职业经验方面的差异，代表了团队成员之前所从事的工种、岗位有所不同。而不同的工作岗位形成的技能、思维模式都有所不同。这种差异化为其提供了不同的认知基础，形成了多样化的知识，这些多样化的知识都有利于创新思维的形成，此外多样化的工作经历，为团队提供了丰富的知识与技能，也有利于将创新思维转化为创新实践，从而提升创新绩效。

而受教育程度差异较小说明团队成员受教育的程度较为一致，这种较为一致的教育基础容易形成彼此的认同，这有助于彼此间交流、沟通的展开，也容易形成相互信任。因此可以有效弥补性别、年龄、职能经验高异质性带来的沟通困难，从而有助于创新思维的交流、沟通，有助于形成普遍接受的创新观点。而且年长和年轻成员都存在，可以帮助团队形成既不过于激进，同时也不过于保守的创新方案，从而有利于创新绩效。

（三）组态 IP3

此组态的一致性为 0.7662、原始覆盖度 0.3667、净覆盖度 0.1221，该组态对创新绩效的解释度较高，达到了 12.21%。该组态表示当团队成员在受教育程度方面、创业经验、职能经验方面存在高差异，而在性别方面不存在较高的差异时，新创企业具有较高的创新绩效。高教育异质性表明团队成员受教育程度、年限差距较大。高创业经验异质性表明团队成员的创业经历有较大的差异，团队中有创业经验丰富的也有缺乏创业经验者。高职能经验异质性意味着团队成员之前从事过不同的职业技能，说明团队拥有丰富的职业技能资源。

团队成员在受教育程度、创业经验、职能经验方面的高差异为团队成员形成不同的认识与思维提供了基础，有利于创新思维的形成和创新实践的开展。受教育程度较高的成员往往在思考问题时更加符合规范、科学，但是往往也缺乏创新，易囿于固化的思维，通常强调创新的合理性、逻辑性，从而难以实现突破性的创新。而受教育程度低的成员通常受到较少的思维限制，倾向于异想天开，有时会提出更为大胆、创新的观点，有可能形成新颖、异于常规的想法；创业经验不足的成员，往往能够保持对新事物的好奇，对创业活动充满了激情，能够接受创新的观点和新的事物，乐于采用创新的方式来解决问题，有时候甚至会提出“异想天开、不切实际”的想法，同时具有较强的开拓创新精神，有可能将新思维、新想法付诸实践。但是由于经验不足，对创新的可行性难以把握。创业经验丰富的成员往往对创业中的问题缺乏敏感性，虽然对遇到的问题能够有较为深刻的认识、能够对创业中遇到的问题把握得较为准确，其分析理解也会比较全面合理，但是由于经验丰富往往也会受制于经验，而容易陷入先入为主的陷阱，难以突破固有的思维模式。不仅无法形成创新的思维，而且还不容易接受创新的观点。因此，创业经验丰富与创业经验缺乏的成员在团队中同时存在，有助于结合各自的优点、发挥各自的特长，从而不仅有助于创新思维的出现，而且能提高其实践的可行性，从而有利于创新绩效。团队中丰富的职能经验能够为团队处理具体事务提供各种技能的支持，不同职业经历的个体在思维、认知方面存在较大差异，有助于多种思维、多种观点的形成，避免单一思维的出现。多种观点、思维的存在可以保障团队在创新决策中寻找到合理、可行的方案，从而有利于创新的实现。但是当团成员在受教育程度、创业经验、职能经验方面的差异较高时，会阻碍彼此间的沟通交流，如果难以有效沟通，则创新的思维或方案就难以达成共识，从而创新也就难以实现。因此上述三个方面的差异虽能够为团队提供多元化、创新的观点，为创新奠定基础，但是这些差异也会导致团队成员在交流沟通方面的困难，难以在成员间建立有效的彼此信任，继而影响创新活动的开展。

而团队成员在性别构成方面的低异质性恰好能弥补团队成员交流沟通方面的障碍。团队成员在性别构成方面的低异质表明在团队中某一性别的成员占有优势，同性别的成员往往容易有效开展沟通交流，彼此间容易理解和认同，更容易让团队成员间建立起信任。这就能够很好地弥补团队成员在教育程度、创业经验、职能经验方面高差异带来的沟通困难。综合来看，在教育程度、创业经验、职能经验方面的高差异不仅有利于团队中创新思维的形成，而且为创新方案实施提供了技能资源，会提升创新绩效。此外，虽然这类团队成员中单一性别占据优势容易导致单一思维和认知盲区，但是成员在受教育程度、创业经验、职能经验方面的高差异可以弥补这一不足，因此，这种团队异质性组态有助于新创企业形成较好的创新绩效。

（四）组态 IP4

该组态一致性为0.8194，原始覆盖度为0.2867，净覆盖度为0.0194。该组态表明当创业团队具有高性别异质性、高行业经验异质性、高职能经验异质性，同时受教育程度差异小，创业经验差异小时，新创企业会具有较高的创新绩效。

团队高性别异质性表明团队中男女成员数量相当，比例接近。高行业经验异质性表明在团队中有熟悉行业的老手，也有不熟悉现在行业的新手。高职能经验异质性表明团队成员从事过不同的职业，团队有着丰富、多样的职能技巧。教育程度差异小表明团队成员受教育的年限接近，彼此差异不大。创业经验差异小表明团队成员在创业方面的经历基本相同。

当团队中男女数量接近时可以避免出现单一思维。男性、女性在认知方面都有着不同的特点，有各自的优点也有缺点。比如男性在逻辑思维、空间想象方面优于女性，而女性在直觉、周全方面优于男性。高性别异质性的团队可以吸收和发挥男女在认知决策方面的优势并且避免出现单一思维倾向，可以激发更多、更丰富的观点，有利于团队中创新思维的产生。当团队中既有行业老兵，也有行业新手时有助于形成稳妥可行的创新方案。行业新手善于发现新的现象，敢于异想天开、大胆创新，但往往缺乏对风险的认知，而行业老手对行业发展有着较为丰富的经验和认知，能够较好地判断和预测行业发展态势和可能存在的风险。因此，行业老手和行业新手的结合，既有助于产生新颖的创新思维和方案，同时也可以有效避免在大胆创新中出现错误，从而提高创新绩效。团队中拥有不同职业技能的成员一方面由于职业经历不同会形成多样化的观点和思维，另一方面，多样的技能又可以提高创新的落地能力。比如，有新产品开发经历的成员能够制定较好的产品开发及管理方案，但是不一定具有市场推广、财务核算的能力，此时团队中如有从事过市场营销、财务工作的成员就能够发挥作用，提高新开发产品的市场接受度与财务可行性，进而能提高创新绩效。因此，上述差异化特征明显的团队能够促进创新思维生成，同时，多样的技能能够有效地提高创新方案的可执行能力，从而使得创新能够快速落地实现，实现良好的创新绩效。

然而，高性别异质性、高行业经验异质性、高职能经验异质性会带来交流、沟通的困难。这些高异质性表明团队成员在这些方面彼此差异过大，有可能在团队中形成小集体或小圈子，这就为团队成员间交流沟通、信任的建立带来了困难。而教育异质性低说明团队成员在受教育程度方面接近，这容易拉近团队成员的心理距离，有利于形成对彼此的认同，建立起交流沟通的基础。同时，相似的创业经验能够让彼此产生更多的共鸣，从而建立起良好的交流以及信任。因此，综合来看，这种组态的团队能较好地促进新创企业的创新绩效。

在此组态中高性别异质性、高行业经验异质性、高职能经验异质性存在是核心条件，说明在此类组态中团队中的性别比接近、行业经验多样性、职能经验多样对创新有重要作用。这些多样化能够为组织提供创新的思维和创新的技能，同时也可以防止创新中的风险，保证创新方案的可行性，因此对创新具有重要作用。同时在此组态中创业经验差异较小也是核心条件，说明具有相似创业经历能够促进团队成员更容易形成彼此的认同、开展良好的交流沟通，与高性别异质性、高行业经验异质性、高职能经验异质性组合能发挥出更好的作用，促进创新绩效。

（五）组态 IP5

该组态的一致性为 0. 7844，原始覆盖度为 0. 2283，净覆盖度为 0. 0300，对创新绩效的解释度较低。该组态表明具有高创业经验异质性、高行业经验异质性，低性别异质性、低年龄异质性、低教育异质性、低职能经验异质性特征的新创企业有较高的创新绩效。

高创业经验异质性表明团队成员中有创业经验丰富者，也有创业新手，而且在数量上彼此相当。一方面，这种团队特征有利于发挥创业新手大胆创新、积极进取、敢于冒险的特点。创业新手往往缺乏创业经历，观察事物和认知的视角在很大程度上不同于创业老手，受到思维定式束缚较少，能够大胆思索，提出创新的观点。另一方面，创业老手具有的丰富创业经验，能够避免创业中的一些常见错误。然而创业老手虽然经验丰富，可以较好地洞察创业中存在的问题与痛点，但是却由于多次创业，不可避免地形成了某些思维定式，难以想到创新的方法。因此，创业老手和创业新手的组合能够利用各自的优点，弥补缺点，有利于创新绩效。同理，高行业经验异质性表明团队中具有丰富行业经验和行业小白的成员比例接近，这样的结构可以形成互补态势激发更多的创新观点。行业经验丰富的老手虽然能够避免一些常规错误，但是身处行业中时间过久，难以发现行业中存在的不足，即便发现了不足，还会由于长期身处行业中，缺乏开拓性的思维与创新意识，无法形成创新的方案来解决问题。而行业经验缺乏的成员往往能够从不同的视角看待行业发展现状，不受固定思维模式的束缚，有可能提出大胆的想法，形成创新思维。

但是创业经验、行业经验的高差异很可能会引发团队成员间的沟通交流困难，也难以建立彼此间的信任。具有丰富经验的个体往往对缺乏经验者有不信任和轻视的态度，而经验缺乏的成员对经验丰富者也并不完全认同。而性别、年龄、教育程度、职能经验异质性低表明团队成员在这些方面比较相似，这种相似能够促进彼此的认同，从而减缓交流中的困难和障碍。比如，团队中某一性别占有优势、同性别成员较多时便于形成认同和沟通，年龄相似更容易形成良好的交流，职能经验异质性低说明团队成员从事过的职能种类较为集中，很可能从事过相似的职业。这些也为成员间进行沟通交流奠定了基础，可以有效弥补创业经验、行业经验的高差异带来的交流不便的问题。因此，具有这类特征的团队能有较高的创新绩效。

在该组态中高行业经验异质性属于核心条件，说明行业经验的差异对创新绩效有着重要作用。如前所述，具有丰富行业经验者囿于“丰富的经验”限制，固化了其思维，难以观察到行业中的弊端，也不愿意去尝试新的方法，因此往往难以突破行业的发展现状。但他们往往能够有效规避行业发展的风险，对行业发展趋势的把握也比较准确。而缺乏行业经验的创业者却能够大胆探索，不受行业规则的限制，敢于变革和接受新事物，从而可以提出创新的方案，但有可能忽略创新的风险。因此，经验丰富和缺乏经验的创业者组合可以形成科学合理的创新方案。同时，团队成员在性别、年龄、教育程度、职能经验方面的相似性又能克服经验差异过大而形成的交流障碍，因此在这种组态中行业经验起到了核心作用。

三、稳健性检验

为检验上述结果是否稳健，采用了提高一致性阈值、计算导致低财务绩效的异质性组态进行检验。如果提高一致性阈值后没有出现新的组态或者导致低财务绩效的异质性组态与导致高财务绩效的组态不存在对称性则表明研究结果稳健。

（一）提高一致性阈值

采用提高一致性阈值的方法来检验稳健性，将一致性阈值设为 0.77，通过计算真值表，计算简约解得到提高一致性阈值后的组态，见表 7-11。

表 7-11　　　　提高一致性阈值结果

项目		1	2	3	4
社会异质性	GH	•	⊗	•	⊗
	AH	•			⊗
	EH	⊗	•	⊗	⊗
经验异质性	EEH		•	⊗	•
	IEH			●	●
	OEH	●	●	●	⊗
原始覆盖度		0.3836	0.3667	0.2867	0.2283
净覆盖度		0.0744	0.1221	0.0194	0.0380
一致性		0.8362	0.7662	0.8194	0.7844
总体覆盖度		0.5887			
总体一致性		0.6977			

可以看出除了总体覆盖度、总体一致性有所改变外，组态为 4 个，而这 4 个组态与之前 5 个组态中的 4 个完全相同，说明提高一致性阈值后的组态是原组态的子集。从而证明本研究具有稳健性。

（二）低创新绩效组态

为了检验研究结果的稳健性，进一步进行了低创新绩效前因条件组态检验，同样利用 fsQCA3.0 软件，先构造出真值表，结合理论与实际经验，案例数阈值选择为 9，一致性阈值选择为 0.80，结果见表 7-12，包含了 97 个案例样本。

表 7-12　　　　异质性组态—低创新绩效真值表

GH	AH	EH	EEH	IEH	OEH	Number	IP	原始一致性
1	1	0	0	0	0	9	1	0.9659
1	0	0	0	1	1	9	1	0.9403

续表

GH	AH	EH	EEH	IEH	OEH	Number	IP	原始一致性
1	1	1	0	0	0	11	1	0.9381
1	1	0	0	0	1	9	1	0.936
0	1	0	1	0	0	11	1	0.9323
0	0	1	1	0	1	9	1	0.9321
0	0	0	1	1	0	11	1	0.9033
0	1	1	1	0	1	9	1	0.9010
1	1	0	1	0	1	10	1	0.8590
1	1	0	0	0	0	9	1	0.9659

接下来利用真值表，进行标准化分析，由于在理论上各个异质性与结果之间可能存在倒“U”型关系，因此未指定各个前因条件为出现或缺失，运行后所得中间解结果如表7-13所示。从结果可以看出，低创新绩效的前因条件组合与高创新绩效的前因条件组合不同，且不存在对称性，因此可以确定研究结果具有稳健性。

表7-13　　异质性—低创新绩效组态

项目		1	2	3	4	5	6
社会异质性	GH	•	•	⊗	⊗	⊗	•
	AH	•	•	⊗	•	⊗	⊗
	EH		⊗	•	⊗	⊗	⊗
经验异质性	EEH	⊗		•	•	•	⊗
	IEH	⊗	⊗	⊗	⊗	•	•
	OEH	⊗	•	•	⊗	⊗	•
原始覆盖度		0.2316	0.2208	0.2289	0.1905	0.1860	0.1930
净覆盖度		0.0648	0.0398	0.0654	0.0321	0.0429	0.0466
一致性		0.9246	0.8572	0.8855	0.9323	0.9033	0.9403
总体覆盖度		0.5327					
总体一致性		0.8506					

综合两种稳健性检验结果可以确定，本研究中团队异质性特征与创新绩效关系的组态结果具有稳健性。

第四节　创业团队异质性组态与财务绩效

本节继续利用 QCA 方法研究新创企业生成高财务绩效的创业团队异质性组态，探索新创企业高财务绩效生成的路径。一方面，通过研究拓展了新创企业财务绩效影响因素的研究，为理解创业团队异质性特征及其作用机理提供新的视角；另一方面，为新创企业提高财务绩效提供了新的路径指导，有助于新创企业从团队视角提升财务绩效。

一、数据分析

在进行组态分析之前先进行单个条件必要性检验，验证是否有单一条件为必要条件，分析结果如表 7－14 所示。单个异质性特征前因条件对高财务绩效的一致性最高为 0.7257，覆盖度最高为 0.6459，都没有达到 0.90，同样单个前因条件对低财务绩效的一致性最高为 0.6586，覆盖度最高为 0.7259，也没有达到 0.90，说明单个前因条件对财务绩效的影响有限，不存在单个前因为必要条件的情况。因此，需要从各个异质性条件组态视角研究其组合对高财务绩效的影响。

表 7－14　　必要性分析

前因变量	FP		~FP	
	一致性	覆盖度	一致性	覆盖度
GH	0.7257	0.6349	0.6220	0.6223
~GH	0.5682	0.5679	0.6351	0.7259
AH	0.6936	0.6324	0.6079	0.6338
~AH	0.5983	0.5716	0.6474	0.7073
EH	0.7121	0.6459	0.5803	0.6020
~EH	0.5612	0.5390	0.6586	0.7235
EEH	0.6992	0.6114	0.6229	0.6229
~EEH	0.5688	0.5687	0.6114	0.6992
IEH	0.7157	0.6421	0.5905	0.6058

续表

前因变量	FP		~FP	
	一致性	覆盖度	一致性	覆盖度
~IEH	0.5606	0.5449	0.6511	0.7237
OEH	0.6858	0.6141	0.6080	0.6226
~OEH	0.5785	0.5634	0.6231	0.6940

接下来构建真值表，基于理论与经验分析，设定案例频数阈值为9，一致性阈值为0.78，高于要求的0.75，包含了88个案例。真值表结果如表7-15所示。

表7-15　　异质性—高财务绩效真值表

GH	AH	EH	EEH	IEH	OEH	Number	GP	原始一致性
1	1	0	0	0	1	9	1	0.8884
1	1	0	1	0	1	10	1	0.8749
0	1	1	1	0	1	9	1	0.8682
1	0	0	0	1	1	9	1	0.8642
0	0	1	1	0	1	9	1	0.8548
1	1	1	0	0	0	11	1	0.8232
1	1	0	0	0	0	9	1	0.8139
0	0	0	1	1	0	11	1	0.8068
0	1	0	1	0	0	11	0	0.7728

接下来利用标准分析计算得出中间解，结果见表7-16，符号含义与前相同，包含了5种组态的中间解，其总体一致性为0.7250，总体覆盖度为0.5776，表明该5种组态可以解释因果关系的57.76%，具有较高的解释力。

表7-16　　异质性—高财务绩效组态

项目		FP1	FP2	FP3	FP4	FP5
社会异质性	GH	●	●	⊗	●	⊗
	AH	•	•			⊗
	EH		⊗	•	⊗	⊗
经验异质性	EEH	⊗		•	⊗	•
	IEH				●	●
	OEH	⊗	●	●	●	⊗

续表

项目	FP1	FP2	FP3	FP4	FP5
原始覆盖度	0.2797	0.3033	0.2980	0.2345	0.1813
净覆盖度	0.0832	0.0540	0.0922	0.0255	0.0274
一致性	0.7749	0.8563	0.8064	0.8679	0.8068
总体覆盖度	0.5776				
总体一致性	0.7250				

二、研究结果

（一）组态 FP1

该组态的一致性为 0.7749，原始覆盖度为 0.2797，净覆盖度为 0.0832。此组态表明具有高性别、年龄差异，同时，在创业经验、职能经验方面差异不大的创业团队会引致高财务绩效。高性别异质性表示团队成员中男女数量接近，不存在某一性别占比过高的现象；高年龄异质性表示团队成员年龄分布较广，很可能是老中青结合。创业经验差异不大表明团队成员在创业方面的经历相似；职能经验异质性不高表明团队成员从事过的职业差异不大，有较大相同的可能。

团队中男女数量接近可以防止单一思维出现，还可以发挥男女在认知、决策、思维模式方面的性别优势，形成更为科学合理的决策。年龄异质性高可以结合年长成员与年轻成员的优势来更好发展。通常年长的成员在经验方面比较丰富，也拥有较多的社会资本，这些都有助于财务绩效，但是年长的成员通常会趋于保守，创造力与进取性不足，而年轻的成员虽然在经验方面比较欠缺，社会资本也有所不足，但是往往倾向于积极创新，创造力与进取性较强。因此，老年、中年、青年结合的团队，既可以利用年老成员的经验与社会资本，也可以利用年轻成员的积极进取和创造力，从而有利于财务绩效。

然而团队中成员男女数量接近以及年龄差异较大容易导致形成小圈子，导致彼此间沟通困难，不利于形成合力。但是团队成员相似的创业经验、较为单一的职能经验为团队成员沟通奠定了基础。相似的创业经验对团队成员彼此信任的建立有着良好作用，单一的职能经验说明团队成员在职能经历方面有较多的交集，这为彼此理解、彼此沟通奠定了良好的基础。因此，这类团队既可以发挥性别、年龄高异质性的优点，保持团队的创造力与活力，同时又可以通过相似的创业经验、职能经验避免交流困难，较好地建立起成员间的信任，不至于出现团队断裂带，从而对财务绩效有积极作用。

（二）组态 FP2

该组态的一致性为 0.8563，原始覆盖度为 0.3033，净覆盖度为 0.0540。此组态表示具备高性别异质性、高年龄异质性、高职能经验异质性，同时具备低教育异质性的创业团队会有较好的财务绩效。

高性别异质性表明团队成员中男女数量较为接近，不存在某一性别占据优势的现象，这样可以充分结合男性与女性在认知、思维方面的优点并弥补彼此的不足，避免认知模式的固化和陷入思维盲区，从而提升决策的科学性与合理性。高年龄异质性表明团队成员年龄差异较大，团队中年长、年轻的成员数量相当。这种年龄结构的团队既可以发挥年长成员经验丰富、思维周密、做事周到的特点来弥补年轻成员大胆创新、积极进取而过于冒进的风险；同时也可以通过年轻成员思维活跃、接受新事物较快的优点来弥补年长成员偏于保守、对新事物敏感度低的不足，在创业过程中既能积极进取、不断创新，又能平衡风险、稳妥推进从而提高新创企业的财务绩效。高职能经验异质性表明团队成员拥有多样化的职业经历，多样化的职业经历为团队带来了丰富的技能及社会资本，这为解决创业中遇到的困难、提高执行能力、获取多元的资源奠定了基础，从而也有利于财务绩效。

但是高性别、高年龄、高职能经验异质性会带来成员间彼此难以认同、不易交流的问题。有研究表明，个体往往倾向于基于性别、年龄以及工作经历划分成小圈子。而一旦形成了小圈子，则与圈外人难以进行有效沟通，彼此间的信任也无法建立。但是团队中存在低教育异质性表明团队成员有着较为相似的教育程度，相似或相近的受教育程度拉近了团队成员的心理距离，有助于彼此信任的建立，这为团队成员开展沟通奠定了良好基础。因此，高性别、高年龄以及高职能经验异质性搭配低的教育程度异质性有助于新创企业形成良好的财务绩效。

（三）组态 FP3

该组态的一致性为 0.8064，原始覆盖度为 0.2980，净覆盖度为 0.0922。

此组态表示具备高教育异质性、高创业经验异质性、高职能经验异质性，同时在性别方面集中度高的团队能够获得较高的财务绩效。高教育异质性表示团队成员在受教育程度方面差异较大；高创业经验异质性表示团队成员中有创业经验丰富的老手，也有创业经验不足的新人；高职能经验异质性表示团队成员有多样化的职能工作经历。这些差异构成了团队的多样化特征，为团队带来了多样化的资源，多样化的观点，有利于团队解决创业实践中遇到的各种问题。比如，高教育异质性反映了团队成员在受教育程度上的差异，虽然受教育程度较低的个人在认知的科学性方面不如受过较高教育程度的个体，但是这类个体往往易于形成创新的观点，可以弥补受教育程度较高成员偏向追求规范、难以突破"科学思维"束缚的弊端；拥有较多创业经验的成员对解决一些创业中的常规问题具有丰富经验，能够快速、妥善地解决遇到的常规问题，但是易于陷入思维惯性，在解决未遇到的新问题时表现可能欠佳，而创业经验不足的个体在解决常规问题时表现不够理想，但是往往有可能提出创新的思维和方案来创造性解决遇到的问题。此外，高职能经验异质性表示团队成员从事过较多种类的职能，在团队中可能具有懂管理、生产、财务、市场、研发的各种人才，这样丰富的职能构成，能帮助新创企业很好地抓住商业机会并将其实现，因此有助于团队的财务绩效。

而高性别异质性表明团队成员中男女比例适当，不存在某种性别占据明显多数的情况。当团队中男女比例相当时，便于成员间的沟通交流、容易在彼此间建立起信任，这就能够很好地克服高教育异质性、高创业经验异质性、高职能经验异质性导致的团队成员间不易于沟通交流的困境，消除了受教育程度、创业经验、职能经验差异化过高带来的沟通障碍，这为各类观点、思维的交流与碰撞提供了良好的环境，因此这类团队异质性特征组态有助于新创企业的财务绩效。

（四）组态 FP4

该组态的一致性为 0.8679，原始覆盖度为 0.2345，净覆盖度为 0.0255。此组态表示具备高性别异质性、行业经验异质性、职能经验异质性，同时在受教育程度方面、创业经验方面差异不大的创业团队会有较高的财务绩效。

高性别异质性的团队表明男女成员数量较为接近，这样就容易形成多样化的思维与认知，可以实现男性思维与女性思维的互补，同时既可以发挥男性冒险、进取的特点，也可以发挥女性细致、谨慎的特点；高行业经验质性表明团队成员的创业经历差异较大，团队成员间创业认知、创业经验方面有较大不同，这为团队成员分析、看待问题提供了不同的视角，有助于发挥创业老手和创业新兵的优势；高职能经验异质性表明团队成员拥有不同的职能技巧和经验，团队可能由熟悉财务、生产、市场、管理等职能的多种类型成员构成。上述较高的差异化一方面能够为团队解决创业问题提供不同的观点、思路；另一方面还可以为问题的解决提供不同的资源和技能，从而有利于财务绩效的提升。

但是较高的异质性会带来成员间沟通的困难。异质性较高时成员间缺乏共同点，容易在团队中形成小圈子而不利于沟通。而低教育异质性、低创业经验异质性能够较好地解决沟通困难的问题。较低的教育异质性表明团队成员在受教育程度上差异较小，这为彼此间的认同和信任奠定了良好的基础；同时，相似的创业经验也有利于形成团队成员间的认同和信任，这也为开展有效沟通提供了基础。因此，具有高性别异质性、行业经验异质性、职能经验异质性，同时在受教育程度方面、创业经验方面差异不大的团队利于形成高财务绩效。

（五）组态 FP5

该组态的一致性为 0. 8068，原始覆盖度为 0. 1813，净覆盖度为 0. 0274。该组态表明在创业经验、行业经验方面差异较大，但是性别异质性、年龄异质性、教育程度异质性低且职能经验差异较低的团队有较好的财务绩效。

创业经验差异大意味着团队中有创业经验丰富的老手，也有创业新人。一方面，这种结构可以发挥创业老手的创业经验，及时解决创业中的常规问题并避免一些错误，同时可以发挥创业新手敢于创新的优势，创造性地解决问题。同时，老手和新手的搭配可弥补老手保守、创新不足的问题，以及防止新手过于激进、不切实际的缺陷，从而有利于创业实践形成良好的财务绩效。行业经验差异大同样意味着团队中有行业经验丰富的老兵，也有行业经验缺乏的新人。这样的组合一方面可以发挥老手与新手的优势，既可以利用老手丰富的行业经验以及积累的行业社会资本，还可以发挥新手思维活跃、敢于创新的特点促进新创企业发展。另一方面，两者的结合还可以弥补行业老手思维固化、对新事物反应不够灵敏的不足，以及行业新手过度创新、急迫冒进的问题，防范发展中的问题。

但是创业经验、行业经验异质性过高意味着团队成员间差异较大，不利于建立彼此的信任，这就可能导致团队成员间沟通困难，不易于形成团结协作的局面，甚至引发团队内耗。但是团队中性别、年龄、受教育程度、职能经验方面差异较小，这表明团队是由某一性别占多数、成员年龄、受教育程度相似，且工作经历相似的群体构成。这些相似性能够为团队成员提供共性基础、拉近心理距离，易于信任和认同的建立，这为团队成员间开展沟通交流提供便利条件。比如同性别的成员便于交流，当团队中某种性别占有优势时，便于信任和沟通。年龄、教育程度相似可以快速拉近彼此的心理距离，建立信任感；工作经历相似易于形成共鸣、达成一致观点。因此，创业经验、行业经验方面差异较大，但是性别异质性低、年龄、受教育程度差别不大，且职能经验差异较低异的组合有利于新创企业的财务绩效。

三、稳健性检验

为检验上述结果是否稳健，采用了提高一致性阈值、计算导致低财务绩效的异质性组态进行检验。判断标准和方法与之前稳健性检验相同。

（一）提高一致性阈值

为了检验稳健性，将一致性阈值提高到 0.81，频数阈值保持不变。计算真值表并求得中间解后得到组态构型如表 7－17 所示。

表 7－17　　提高一致性阈值后的组态

项目		1	2	3	4
社会异质性	GH	●	●	⊗	●
	AH	•	•		
	EH		⊗	•	⊗
经验异质性	EEH	⊗		•	⊗
	IEH				•
	OEH	⊗	●	●	●
原始覆盖度		0.2797	0.3033	0.2980	0.2345
净覆盖度		0.0912	0.0574	0.1031	0.0255
一致性		0.7749	0.8563	0.8064	0.8679
总体覆盖度		0.5502			
总体一致性		0.7432			

从表 7－17 可以看到，提高一致性阈值后，总体覆盖度、总体一致性有了轻微的改变，组态构型由 5 种降低为 4 种，但是这 4 种构型与之前的 5 种构型中的四种完全相同，表明提高一致性阈值后的组态是之前组态的子集，说明本研究具有一定的稳健性。

（二）计算导致低财务绩效的组态构型

为进一步检验研究结果的稳健性，求出了导致低财务绩效的前因组态构型。利用 fsQCA3.0 软件，构建真值表，依据理论和经验将案例频数阈值设为 9，一致性阈值设为 0.80，满足真值表构建的一般要求。结果如表 7－18 所示。

表 7－18　　异质性—低财务绩效真值表

GH	AH	EH	EEH	IEH	OEH	Number	GP	原始一致性
1	1	0	0	0	0	9	1	0.9659
1	0	0	0	1	1	9	1	0.9403
1	1	1	0	0	0	11	1	0.9381
1	1	0	0	0	1	9	1	0.9364
0	1	0	1	0	0	11	1	0.9323
0	0	1	1	0	1	9	1	0.9321
0	0	0	1	1	0	11	1	0.9033
0	1	1	1	0	1	9	1	0.9010
1	1	0	1	0	1	10	1	0.8590

进一步利用 fsQCA3.0 求出中间解，如表 7－19 所示，符号含义同前。借助 Schneider 和 Wagemann（2012）提出的 QCA 结果稳健的两个标准，可以看出高财务绩效的前因组态与低财务绩效的前因组态明显不同，其不具有对称性关系，而且组态的拟合参数有明显差异，因此可以确定本研究的结果具有稳健性。

表 7－19　　异质性—低财务绩效组态

项目		1	2	3	4	5
社会异质性	GH	⊗	⊗	⊗	•	•
	AH		⊗		•	•
	EH	⊗	⊗	•		⊗

续表

项目		1	2	3	4	5
经验异质性	EEH				⊗	
	IEH	⊗	⊗	⊗	⊗	⊗
	OEH	⊗	⊗	•	⊗	•
原始覆盖度		0. 2377	0. 2532	0. 2572	0. 2076	0. 2034
净覆盖度		0. 0265	0. 0648	0. 0864	0. 0530	0. 0386
一致性		0. 9065	0. 9037	0. 8544	0. 8685	0. 8274
总体覆盖度		0. 5291				
总体一致性		0. 8291				

第八章

策略性拼凑对创业绩效的作用机制
——多案例研究

多元统计方法、QCA 方法在社会科学研究中具有其独特的优势，但是也都存在不足。比如，多元统计方法不能整合考虑多个前因变量间的交互、组合对结果变量的影响，QCA 方法虽然能够解决上述问题，但是却不能很好地解释新创企业创业绩效如何产生这一“how”的问题。而案例研究方法对“how”“why”问题的解决具有很好的效果。因此，本章采用多案例研究方法展开，基于创业拼凑框架，深入剖析和探索新创企业的资源拼凑行为如何影响创业绩效，通过对其作用过程和路径的揭示，不仅能打开创业拼凑作用于创业绩效的黑箱，而且有效拓展和丰富了创业过程领域的研究，为新创企业提升创业绩效提供了拼凑视角的路径建议。

第一节　研究设计

一、案例研究方法

（一）概述

关于案例研究的用途学界众说纷纭，罗伯特·殷（Robert Yin）认为，其可以构建理论、验证理论，而艾森哈特认为，案例研究是从现象中归纳或构建理论，而不是用现象验证理论，构建的理论以中层理论为主，主要是解释复杂现象背后的法则（陈晓萍和徐淑英，2012），毛基业和陈诚

(2017) 认为，案例研究适用于现有理论存在缺陷、构念难以测量、需深入探究复杂管理过程以及极端现象类问题的研究。但毋庸置疑的是，案例研究是一个线性的、反复的过程，要遵循规范化的步骤（Robert Yin，2003）。规范化就是要确保研究结论的信度和效度，为此研究过程要遵循一系列严格的程序和使用科学化的工具（毛基业和张霞，2008）。例如，研究中要使用多元化的数据来源，数据收集和数据分析交叠进行并对案例进行严谨归纳，使其符合逻辑（Langley，1999）。案例研究的重点在于构建理论框架、命题并与已有文献进行对话，深入完善理论乃至获得全新的理论。案例研究通过理论抽样选取研究对象，深入研究案例以补充、修正现有理论或者构建新理论（Glasser & Strauss，1967）。艾森哈特认为，案例研究可以分为描述性案例研究、诠释性案例研究和探索性案例研究。探索性案例研究需要在现象描述上"浓墨重彩"，而诠释性研究不仅需要有"浓墨重彩"的现象描述，还着重分析不同情境以及研究者与研究对象的互动等（毛基业和苏芳，2019）。罗伯特·殷（2003）认为，案例研究根据是否包含多级分析单位，可分为单案例整体式、单案例嵌入式、多案例整体式和多案例嵌入式 4 种类型。此外，已有综述根据研究范式将案例研究分为实证主义和诠释主义两大类型。以罗伯特·殷和艾森哈特为代表的研究因采用信效度作为评判标准而被冠以实证主义；诠释主义以民族志、扎根理论方法为核心，代表性方法如乔亚（Gioia）方法。除了以上两大主流范式之外，潘善琳等（2014）针对中国案例研究现状设计 SPS 研究法，其特别之处在于设计中选取多个平行案例进行迭代，最终达到理论饱和；也有学者提出过程研究范式（Langley，1999），不同于量化研究中将时间线抽离或以时滞效应代替，该方法试图剖析时间发展事件之间的相关关系和或然性互动。

（二）案例研究分类

案例研究主要分为多案例、单案例研究。由于这两类案例都可以采用纵向研究的方法，因此纵向案例研究也是一种主要的案例研究类型。

1. 多案例研究

以艾森哈特（Eisenhardt）为代表倡导使用多案例研究方法，倾向于遵循自然科学主张的实证主义，遵循因素理论化逻辑，在研究中不预设理论假设，重在探究自变量的不同变异水平或者不同过程变量对因变量的影响（毛基业和陈诚，2017），以此解释多案例不同结果间差异产生的原因，而不是归纳、理解特定案例随时间演化的模式或现象（Langley & Abdallah，2011），多案例研究的目的是建构在不同情境下可推广的假设或理论、排除其他可能的解释（Kouamé & Langley，2018）。艾森哈特为了实现理论的高度概然性，通常利用多样本作为研究对象并辅以复制扩展逻辑，此方法类似于罗伯特·殷（2003）提出的逐项复制、差别复制的案例选择方法来验证、修正或推翻之前的假设（毛基业和陈诚，2017）。罗伯特·殷（2009，2011）指出复制原则是将每一个案例视为一个独立试验，逐项复制是为了产生相同结果，而差别复制是为了加大案例影响因素的差异性，增强归纳推理的广度。除此之外，应用复制原则可以消除随机性关联、提高案例研究过程的外部效度并最大限度达到理论饱和，使研究结论更具普适性、稳健性和精练性（Eisenhardt & Graebner，2007）。然而多案例也存在弊端，如损失故事的一贯性，对读者的吸引力减弱。此外，多案例研究的数据收集强调三角验证、实时数据与回溯性数据的交叉使用（刘洋和应瑛，2015），以此削弱不同视角下的观点对最终结论的影响，以解决研究的构念效度问题（Robert Yin，2003）。与数据收集交叠并行的数据分析贯穿于案例内分析和跨案例分析。其中，案例内分析包括采用表格展示和图表表达等形式组织文字形成数据集，使案例内容翔实，增强直观性；而跨案例分析则是基于案例内分析，消除克服信息处理过程的偏差。

2. 单案例研究

罗伯特·殷认为，单案例研究可以用于五种情况：第一，对现存的理论进行批驳，因为证伪只需找出一个反例即可；第二，对“会说话的猪”这类极端性案例进行分析；第三，研究有代表性的、典型的案例，结合情境分析其机制；第四，研究启示性案例，观察和分析先前无法解释的现象；第五，对案例进行纵向深描（Robert Yin，2003）。在管理学领域，深入研究一个极端的组织现象比研究多个典型的组织现象更能得到更多的启示（Siggelkow，2008）。对于单案例研究，因为其注重纵向的因果关系诠释，进行案例选择时要注意案例的极端性和启发性（Eisenhardt & Graebner，2007）。单案例研究多为对现象纵向深层次的研究不断深化理论，其开辟全新视角或引入其他学科知识，提供某一构念或理论的全新解读。因此，对于单案例研究而言，唯一或独特的数据就显得极其重要，这便于“讲出好故事”，情境化程度、抽象程度及描述的厚度等是单案例研究的评判标准（毛基业，2020）。为完成高质量的案例研究，罗伯特·殷（2011）认为，模式匹配、建构性解释、时序分析、逻辑模型与跨案例聚类分析这 5 种分析技术应当在数据分析中有所体现。但艾森哈特指出，单案例研究很难排除其他因素的影响，导致结论不具有简约性与普适性。

3. 纵向案例研究

当研究的问题特别复杂、跨层次、动态演进时，适合应用纵向案例方法（谭劲松等，2021），这种方法试图发掘随时间演进案例背后所隐含的动力机制（如路径依赖或演化过程），其重点落在将过程理论化，背靠过程研究范式，不同于实证主义范式和诠释主义范式下探讨影响因素并将其理论化，产生确定性结果，过程理论化强调结果的多种可能性，因而研究者要捕捉可能性、异质性和非决定性（Cloutier & Langley，2020）。近年来，过程研究这一新型研究范式得到了发展，形成了包括本体论假设、理论化内核、过程数据分析策略和理论化模式在内的系列研究成果（王凤彬和张雪，2022）。在单案例纵向研究中，跨阶段比较是主流，偏于过程导向，围绕研究对象本身展开，忽视时间变动中的互动关系。相比之下，不划分阶段的纵向案例研究采用的是没有任何比较分析的“非复制”逻辑，这极大考验学者独到的领悟力和创造力（Hoorani et al.，2019）。不局限于单案例纵向研究，也有纵向研究融入比较或复制逻辑，在多案例分析性归纳中探索更具普适性的过程模型或导致不同过程轨迹的权变因素。

（三）案例研究的两种重要范式

案例研究的范式有趋于多样化的特点，但现阶段仍以实证主义案例研究（positive case study）和诠释主义案例研究（interpretive case study）为主。诠释主义可形象地概括为“解读漫画”，而实证主义则为“看图说话”。现阶段，诠释主义的发展（尤其在美国）呈现出与实证主义融合的特点与趋势（井润田和孙璇，2021）。事实上，学者应根据研究对象与研究范式选择适合的研究方法（Gephart，2004）。循此逻辑，本书以各研究范式下的研究方法为切入点，详述两种案例研究范式及其两者间差别。

1. 诠释主义

乔亚（Gioia）是一位倡导诠释主义案例研究的管理学学者（毛基业，2020）。同时，乔亚方法，即结构化数据分析方法，是广为使用的扎根理论研究方法。回溯扎根理论的形成过程，其最早由格拉泽（Glaser）和斯特劳斯（1967）提出。二人明确指出，定性研究的目的应该是从经验数据中生成理论，不只是描述现象或分析研究对象的叙事结构、话语特征或生活史（Glaser & Strauss，1967），而在于理解现象后的本质。此后二人转向两种研究路径，格拉泽强调归纳式分析，而斯特劳斯创设程序化扎根理论，依据开放式、主轴式、选择式三阶段编码进行研究。在此基础上，乔亚应用系统性的概念化和结构化的分析方式，依次经过一阶编码、二阶主题、聚合维度形成数据结构，在主客体的持续互动中分析，进而得出对数据的可信诠释（Gioia et al.，2013）。以上三位学者的方法是目前扎根理论应用的主要参考模板，在方法论视角下，扎根理论都是需要研究者从现象逐级抽象形成概念。从本体论视角来看，诠释主义不局限于某一时刻主体和客体间的静态关系，而是从主客体两者的动态关系中提炼新的理论（Brandom，2002），诠释主义范式与扎根理论研究方法是不谋而合的。

然而扎根理论并不完全归属于诠释主义，其两者只是存在交叠部分。以评价标准为例，理论抽样程序、数据的信度、系统性编码、持续比较分析等是评价采用扎根理论的归纳式理论构建研究的重要标准，但他们并不适用于诠释性研究（毛基业和苏芳，2019）。事实上，诠释主义研究并未提供一套预先明确、可以机械应用的评价标准，也因此增加了其获得公正认可并被推广应用的风险（Cepeda & Martin，2005）。扎根理论仅仅是诠释主义的一种近似外显方式，逐级编码的结果只是研究者对案例研究发现主观诠释的反映，编码的目的在于便于读者通过编码理解研究者的诠释。本质上而言，“诠释主义”研究范式与伽达默尔（Gadamer）提出的“视域融合”相仿，均指出研究者会带着已有的认知从当下情景出发去和文本的“视域”相接触，进而理解文本所揭示的意义，在此过程中研究者的认知与文本信息不断碰撞、更新，并最终提炼成新的观点。

2. 实证主义

实证主义与诠释主义研究范式下的扎根理论研究方法相对应，在实证主义研究者看来，管理实践是真实、客观存在的，而且可以通过研究将其规律如实地揭示出来（李亮、刘洋和冯永春，2020），因此实证主义研究的目的是探索和发现管理实践的“真理”（Gephart，2004）。以殷和艾森哈特的案例研究方法为代表的实证主义案例研究，准确来说是后实证主义研究。后实证主义认为所有社会观察都基于理论预设和价值判断，驳斥了实证主义研究独立于任何文化、理论、主体判断的理论假设。相比于诠释主义试图通过丰富描述呈现一个不同解释的世界，实证主义范式与大样本假设检验类似，却带有主观性，重在从案例中寻找客观证据，开发新的理论构念或测度方式，结合情境通过解析变量、数据分析解释案例现象，并总结为超出情境限制的、可供实证检验的、具有普遍性的理论命题，强调理论的可验证性。

3. 两者区别

现有研究存在混淆实证主义与诠释主义而引起的不统一问题。实证主义与诠释主义源于哲学基础的不同，实证主义基于现实主义的本体论，诠释主义源于相对主义的本体论。本体论回答的是“现实的形式和本质”问题，而认识论关注的是“研究者和被研究者之间的关系”，基于此两者的定性研究范式和方法论也相去甚远。两者在理论定义、研究设计、数据分析、研究者角色等方面有不同的原则与要求（毛基业和苏芳，2019）。从研究过程与结果来看，实证主义案例研究在结论上追求普适性，采用客观的视角和方法对研究对象加以分析，注重寻求原因和支持因果关系的解释。而诠释主义案例研究给出的理论解释往往具有多样性和不确定性，将研究者与研究对象互为主体，强调研究者基于已有知识体系对现象与数据的解读，侧重于话语分析（刘志迎等，2022），并不追求因果关系。

（四）扎根理论

为了提升案例研究的严谨性，除了利用多渠道收集数据进行三角验证之外，本研究在数据分析阶段采用了基于扎根理论的编码方法。扎根理论（grounded theory）是一种被学术界普遍认可和接受的质性研究方法，最早由格拉泽和斯特劳斯于 1967 年在共同著作 *The discovery of grounded theory：strategies for qualitative research* 一书中提出，该方法强调从资料中以涌现的方式来构建理论。经过二人共同努力，扎根理论方法在社会科学研究领域得到了较为广泛的认同。但是在后续的发展中，因为二人在编码理念上的不同而分化为不同的流派。格拉泽在 1978 年独立出版了一本专著 *Theoretical Sensitivity*，标志着经典扎根理论流派的形成。到了 1987 年，斯特劳斯也独立出版了自己的著作 *Qualitative Data Analysis*，为程序化扎根理论（proceduralised grounded theory）学派的诞生奠定了基础，此后斯特劳斯和其学生科宾（Corbin）陆续出版了多本专著，逐渐扩大了程序化扎根理论的影响和使用范围。同时，经典扎根理论与程序化扎根理论的分歧也越来越大，致使诸多初学扎根理论者感到困惑和茫然。2006 年，卡麦滋（Charmaz）结合两大流派的特点，开创出了被称为建构扎根理论的学派，该学派吸收了经典扎根理论中有关归纳、对比、涌现和开放性的方法，同时借用了程序化扎根理论中的因果假设逻辑，形成了以其为代表的建构型扎根理论（the constructivist's approach to grounded theory）。由此形成了扎根理论的三大流派。这三个流派在编码方法上的区别可以参考图 8－1。

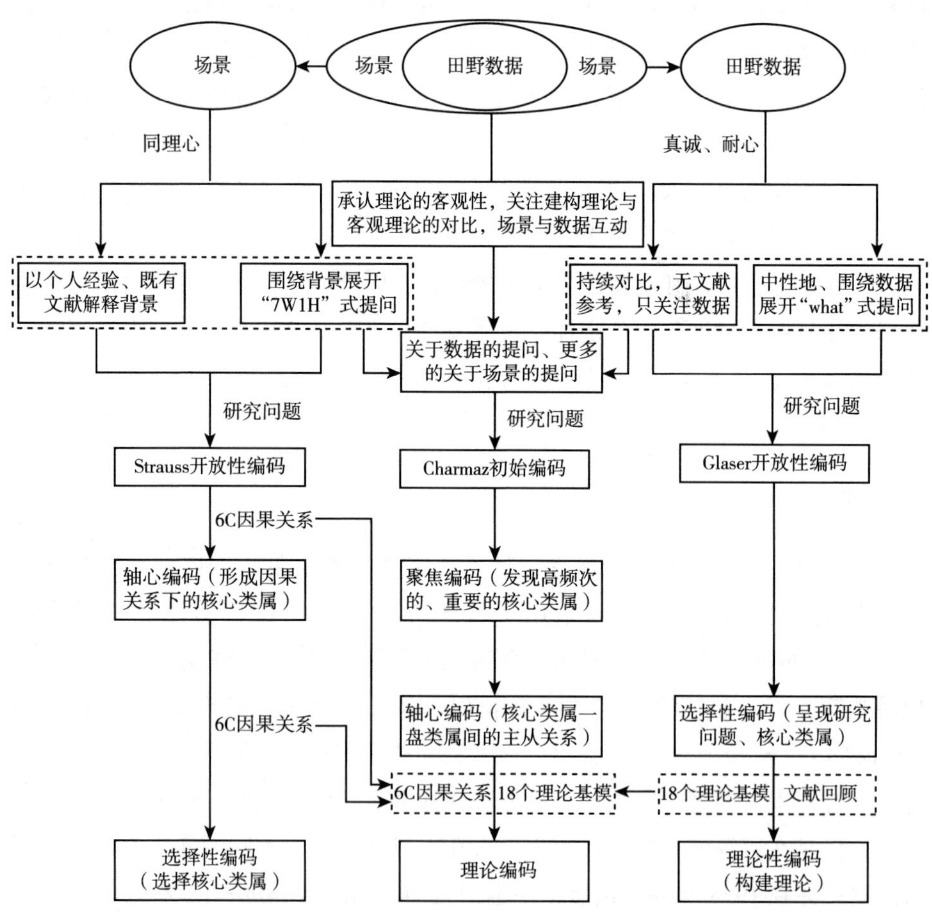

图 8－1　经典扎根理论、程序化扎根理论、建构扎根理论编码比较

资料来源：贾旭东，衡量．扎根理论的“丛林”、过往与进路［J］. 科研管理，2020，41（5）.

自20世纪90年代起，国内学者陆续开始采用扎根理论方法开展相关研究，如陈向明（1999）、费小东（2008）、贾旭东和谭新辉（2010）等。到目前来看，在工商管理研究中，将案例与扎根理论编码方法结合的研究已经越来越普遍，而且大多数研究采用了程序化扎根编码方法。程序化扎根编码方法包含开放性编码、主轴编码（亦称为轴心编码）、选择性编码三个步骤，如图8－2所示。

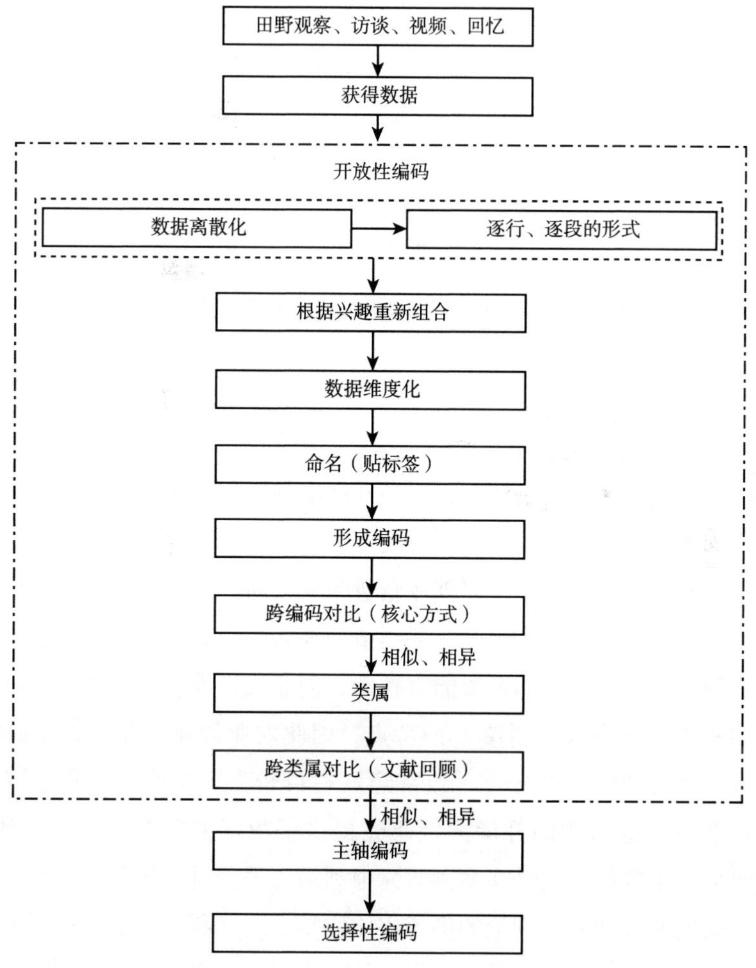

图8－2　程序化扎根编码流程

资料来源：贾旭东，衡量．扎根理论的“丛林”、过往与进路［J］．科研管理，2020，41（5）：151－163.

二、研究设计

（一）案例研究方法选用依据

本书选用多案例方法开展研究是出于研究问题和案例研究方法的特点考虑的。本章研究的核心问题是拼凑行为如何影响创业绩效这一“how”问题，期望通过对此问题的研究能够深入解释拼凑行为作用于创业绩效的过程和机理，而这恰恰是案例研究方法独具的功能。通过对收集到的资料进行归纳性理论化来开展研究不仅是质性研究的核心基础（Bansal et al.，2018），也更适合于理论构建。同时多案例研究方法能够克服单案例研究普适性不够的弊端，能够通过复制逻辑构建具有普适性的理论（毛基业和陈诚，2017），而且多案例研究中通过多视角、多维度比较，最终形成的结论也具有更高的稳健性和精练性（Eisenhardt & Graehner，2007）。因此，本章选择了多案例研究方法。

（二）案例选择

选择具有典型性、代表性的案例是开展案例研究的基础。本部分研究的核心问题是创业者如何利用闲置、不被人重视的资源，通过有目的的拼凑实现成功创业。因此，在样本选择上以创业企业为准，同时为了突出创业者在资源拼凑中的特点，选择了创业中受到资源约束程度高的创业企业。农业创业往往具有启动资源缺乏、获得外部资源能力较低、创业过程规范性不高，面对问题时常常采用非正规解决（即拼凑）的特点，因此农业创业企业符合本研究的需要。同时，考虑到中央电视台《致富经》栏目较为翔实地记录和报道了众多农业创业企业，这为我们开展案例研究提供了很好的资料。虽然《致富经》栏目资料为二手资料，但是在案例研究中利用二手资料，如图书、报道、影视资料开展研究并成功开发理论的例子比比皆是，而且利用二手资料开展案例研究能够较好地克服研究者在数据收集中的理论偏向，因此基于二手资料的案例研究也已经得到了学术界的普遍认同。在具体选择标准上遵循了以下几点：1 案例企业在创业过程中使用了明显的拼凑行为；2 案例企业除了《致富经》栏目的报道之外，还可以收集到相关新闻报道或学术研究；3 案例企业愿意接受电话、邮件调研。基于上述标准，本研究从 2019 ~ 2022 年近 1 000 期报道中，选择了 19 家案例企业，其中 13 家案例企业用于发现构念、理论模型构建，剩余的 6 家案例企业用于理论饱和度检验。

三、案例简介

（一）案例 S1

GJS 是山东临沂人，出身农家，后来考上山东农业大学学习畜禽饲养饲料专业，1993 年毕业后进入山东肥城一家饲料厂工作。1999 年，GJS 辞职创业，自己办了一家饲料厂，多年打拼，他赚到了上百万元的财富。2007 年他突然决定进山养当地人嫌弃的一种鸡。在养鸡中，GJS 就地取材，充分利用不起眼的资源提高养鸡质量。不仅利用小山坡、铁钩子训练鸡，还借助小酸枣、白馒头来卖鸡。靠着这些独特的招法，GJS 把一只活鸡卖到 120 元，更是把鸡加工成美食，让鸡增值。2020 年的销售额达到 5 000 多万元。GJS 说他能够赚到钱，靠的就是差异化策略，他选了当地农户嫌弃的红玉鸡，改进养殖方法，提高了鸡的品质；他寻找特别的配方，制作出与众不同的风干鸡，同样是卖鸡，他还要搭着送馒头。GJS 通过与别人不一样的生产经营策略获得了成功。

（二）案例 S2

ZLB，安徽铜陵人，一直在南京的水产批发市场帮别人卖鱼。2016 年，他看中了大口黑鲈鱼的商机，开始自己养殖孵化。在三年的时间里，他一批一批孵化鱼苗却一条也不卖，由此陷入了捉襟见肘的境地，也不得不借钱来维持公司的发展。ZLB 之所以这么做，是因为他布了一个三年的局，经过努力，最终孵化出了抗病力、成活率都很高的大口黑鲈鱼鱼苗，他还在鱼塘里面种植绿色植物来净化水质，以此来提高鱼的品质，由此打开了市场，也赢得了口碑。到了 2019 年，ZLB 孵化出的大口黑鲈鱼鱼苗年销售额达到了 2 800 多万元，不仅成为了当地孵化大口黑鲈鱼鱼苗的带头人，还带动 100 多位农户致富。为了促进销售，ZLB 研发出大口黑鲈鱼的特色菜肴，以此打开酒店等终端销售市场，他还免费提供养殖技术给养殖户，并帮助养殖户寻找商品鱼的销路，从而赢得了更多养殖户的认可，拓宽了鱼苗的销售渠道。

（三）案例 S3

XGH 本来是一个事业有成的女老板，靠着在北京做医疗器械的生意起家，年纪轻轻就积累了千万资产。2012 年，她看中了郴州老家的森林资源，想要回来投资种树。别人觉得 XGH 瞎折腾，但她自己却觉得这是个商机。但是种树是个长线投资，最少有十年是光投入不见产出。XGH 不想看到这片林子这么空着，就产生了发展林下经济的想法，最后想到了发展养猪行业。但是 XGH 想养的猪还真不是一般的猪，当地很多人都管这种猪叫大肚子猪。2016 年，XGH 用了四个多月的时间，收上来 100 头纯种土猪开始了养猪事业。但是这种猪肥肉比较多，卖不上好的价格。XGH 通过深加工，把猪肉做成夫子肉、汤粉、包子，让无人问津的五花肉成了爆款产品，一斤五花肉的价格就卖到了 40 多元，原本卖不上价的肉皮和肥肉一下子就增值了六倍以上，将原来毫不起眼的那个小土猪做成一个产业链。XGH 在自己发展的同时，也用她的行动影响着周边的人，不仅自己挣钱了，还带领周边的老百姓们也实现了养猪致富。

（四）案例 S4

在江苏省常州市，有一个名叫 CXP 的人，已年过 60，他在当地是数一数二的养鹅大户，养殖场里有五万多只鹅，年销售额过千万元。他的反季节鹅苗销售到了全国各地，截至 2021 年 10 月，当年的销售额就达到了 1 500 多万元，人送外号“鹅王爷爷”。这位“鹅王爷爷”可不简单，靠着养鹅年入千万元。20 世纪 90 年代初，30 岁的 CXP 辞去公职，下海创业搞养殖，养鱼养狗，也养过猪，但因为经营不善和货款收不回来等原因，八年的创业让 CXP 赔了 50 多万元。2012 年，CXP 接触到了反季节鹅苗，他觉得这是一个大商机，跟鸡鸭不同，鹅一年的产蛋时间为六到八个月，其他时间为休产期。在休产期一是作为养殖户没鹅苗养；二就是作为消费者来讲，就没有新鲜的鹅肉吃，但对于养种鹅的来讲，这一块是商机。在小半年的休产期内，很多养殖户没有新鹅可养，鹅舍空置，而反季节鹅苗正好可以解决这些痛点，而且反季节鹅苗的价格也十分可观。CXP 去广东学习技术，回来后不断摸索，终于实现了反季节鹅苗在当地的孵化。

（五）案例 S5

2012 年 6 月，YX 从凉山民族师范学校毕业后原本打算去当老师，但这一年的夏天，YX 在附近村子看到的一幕彻底改变了他的命运，让他走上了一条以前从未想过的道路。他看上了大山里一种特别的猪，这种猪很可爱，但在当地没人大规模养殖，这就是当地的一种特色猪——乌金猪。YX 却偏要把这种猪卖出大山。没想到一开始困难重重，好不容易养出来了，但都卖不出去。通过改变养殖和销售方式，YX 终于走出困境，把乌金猪肉卖到全国，一斤猪肉最高时卖到 40 元左右，制作的腊肉腊肠一斤能卖到 70 元。在整个喜德县，共有八个乡镇 21 个村的 200 多户农户跟着 YX 养殖乌金猪。2020 年 10 月喜德县退出贫困县序列，YX 也为家乡自豪，他说，在带领农户脱贫奔小康的路上，他也贡献出了一份自己的力量，而这正是他当初回乡创业的初心。YX 是土生土长的梁山小伙，他扎根家乡，大胆创新，拥抱市场，通过改变养殖方式和加工方式，让乌金猪产品焕然一新，走出了大凉山，在赚到钱的同时，还带领 200 多户农户共同迈上了致富道路。

（六）案例 S6

ZYM 一直在北京从事教育行业，每年和丈夫有上百万元收入。2018 年，不顾家人反对，ZYM 回到家乡河南宁陵县高价收梨，十天收了 40 万斤梨，本想大赚一笔，却惨遭失败。不服输的她决定从头再来，不仅解决了梨的运输难题，还想出了种梨三步法，把梨的价格提高了六倍多。2018 年，电商平台上卖梨的商家并不多，她就抓住这个机会，承诺对方可以货到付款。返乡创业第一年，ZYM 就帮村民卖出 300 万斤酥梨。如今一年 ZYM 酥梨鲜果销售 700 万元，通过电商平台销售梨膏 10 万余斤，年卖 500 万元，整体年销售额达 1 200 万元。返乡创业三年，ZYM 帮助梨农卖梨 2 000 余万斤，带动当地 860 余户梨农增收致富。2019 年，ZYM 流转了 468 亩梨园，还带头成立了合作社。通过改变传统种植方法，深耕细作，提高酥梨的品质，设计更符合消费习惯的包装，找准产品的卖点，ZYM 让家乡酥梨内外兼修，不仅找到了销路，还卖出了好价钱。

（七）案例 S7

1996 年，四川省冕宁县的 ML 中专毕业后，决定去西昌打工。刚到西昌，ML 进了一家酒店做洗碗工。只要一有空，他就主动给厨师打下手，别人不愿意做的事儿，他抢着做。几个月后，其中一位厨师看他勤奋好学，决定收他做徒弟，仅用五年的时间，他就成了饭店的行政总厨。2009 年，他有了 300 多万元存款，也正是这一年，他接触到了巴马香猪。发现这个广西的巴马香猪品质很好，于是决定养殖巴马香猪。用了三年时间，花费 200 多万元，ML 不断选育品种，最终让商品猪体重只有 40 斤左右，养出了高品质巴马香猪。不仅凭借小小香猪赚取了财富，还带动当地 200 多户村民一起致富。创新养殖方式，让猪跑山，养出与众不同的产品，拥有了核心竞争力。在销售上，不仅自掏腰包做活动，请人品尝猪肉，还免费给厨师去送猪肉，并和电商合作开拓销售渠道。通过借助他人的资源，实现强强联合，快速打开销路。当需要自己付出时，他能够持之以恒，需要借助他人渠道的，他又能够灵活变通。

（八）案例 S8

LQZ 是栾川赤土店人，后来考上了当时的洛阳市财会中等专业学校，19 岁毕业后进入当地一个乡的广播站工作，后来调入当时的栾川电视台，因为工作出色又调入当时的河南电视台新农村频道，成为了一名出色的农业记者，也在郑州市安了家。可是 2015 年，他却放弃了城市里的安稳生活，到河南省栾川县的大山里面去养猪，而且养的还是当地人嫌弃的一种猪。这种猪肥肉多不好卖，他也曾因卖不掉猪肉而发愁。困境中，一片树林给了他灵感，他靠着树林里的涩果子找到了出路，并且从当地美食上寻到新的商机，把不好卖的猪肉平均价格提到了 40 元一斤，比当地同行一斤就能高十多元钱。就连肥肉在他手里也变成了宝。2020 年，他的销售额达到 900 多万元，并带动了当地养殖户致富。LQZ 赚钱的秘诀，其实归根结底就是四个字“因地制宜”。从选择当地的玉溪黑猪品种，到利用当地的橡树林资源让猪吃橡果，再到从当地人爱的特色菜八大碗当中找到灵感，给卖不出去的肥肉找到了出路，一步步都本着因地制宜的原则，放大了优势，也突出了特色，事业自然越来越红火。如今的 LQZ 还担任了多家公司的股东。

（九）案例 S9

2009 年 WY 大学毕业后在云南一个水利工程单位上班。到 2020 年，WY 的腊肉已经卖到了北京、上海、成都等地，年销售额达到了 2 000 多万元，而让 WY 更高兴的是，他不仅自己收获了财富，还有很多人跟着他一起过上了富裕的生活。WY 做的腊肉的却不一般，不但价格高，还供不应求。WY 认为，市场上经常让买卖双方有这样的困惑，买方找不到好东西，而有人做好了东西又常常感觉到不好卖，其中的关键就在于不够精准，也就是说卖东西要有一个精准的定位。WY 就是看准了腊肉市场里年轻人这个消费群体，针对年轻人的口味，他不断地改变腊肉的熏制方法，寻找新的腊肉原料，最终他在市场里站稳了脚跟。WY 还和农户合作养猪，他把猪仔分发给合作的农户。农户把猪仔养大后，WY 负责回收。每年 WY 发给农户的猪崽有六千多头，不仅自己赚到了钱，还带着其他的农户一起致富。

（十）案例 S10

2016 年 LHH 回丈夫的老家河南栾川县白土镇探亲，那时刚好是柿子成熟的季节，每年进入 10 月，红彤彤的柿子挂满枝头。栾川县盛产柿子，全县柿子种植面积超过 10 万亩，柿子种植户也达到了 5 万多户。白土镇是当地主要的柿子种植基地，镇子里基本都是无核的柿子，有巴玉黄、牛心柿子等多个品种。当 LHH 回到家乡时就看到满山遍野都是柿子，就像是一道风景线。LHH 回到家第一件事就是吃柿子，觉得那柿子特别甜，特别好吃。当时她的儿子也上小学了，她不想天天在家待着，就想自己去种柿子，干出一番属于自己的事业。创业五年，每一步她都走得很不容易，收获财富的同时，她也体会到了创业带来的充实和快乐。LHH 认为，虽然创业是一件非常艰辛的事，但是当你看到从种植到开花到结果一步一步成长的时候，在别人不敢继续做下去的时候，大胆去做，当看到希望的时候，就会有种说不出的喜悦感。LHH 说，创新很重要，正是创新让她抓住了商机，她改变了当地传统的柿饼加工方式，还把又小又涩的柿子酿造成了柿子醋，卖出了好价钱，让大山里的柿子成了农户增收的宝贝。2020 年，她的柿子产业销售额达到 900 多万元，带动 100 多位农户增收。

（十一）案例 S11

QSC 江苏淮安人，中学毕业后，他先后到上海、无锡、苏州等地打工。2013 年，经朋友介绍，他来到苏州昆山的一家大型物流公司工作，仅用两年多时间，就在公司数百名业务员中业绩排第一，年薪过百万元。可 2017 年 2 月，QSC 却突然要回农村老家养牛。他养牛的方式与众不同，越是成本高、风险大的事儿，他越要尝试。QSC 常说，养牛必须要会算账，而且要算大账。因为善于算大账，他养成了个头大、体质好的牛，养殖户见了都羡慕。因为善于算大账，即便他养的牛卖价高，经销商也抢着买，最终实现了牛肉的优质优价。QSC的牛肉卖到了50多元一斤的价格，高于当地45元左右一斤的市场价，还供不应求。2020年，QSC的公司销售额超过了1 500万元，还带动了20多家农户增收致富。短短四年就拓展了市场，打响了品牌，创业之路也越走越宽。

（十二）案例S12

1988年QL出生在江苏省常州市金坛区，父母靠养螃蟹供他读完了大学。大学毕业后，QL进入南京一家建筑公司从事设计工作，年薪20万元。然而，就在2015年5月，QL突然做了一个决定，辞去南京的工作，回到老家养螃蟹。QL养蟹剑走偏锋，挑战当地传统养蟹模式，把每亩塘的养殖密度从2 000只降到800只，并且专注于养大螃蟹。通过打破当地传统养殖模式，提升螃蟹规格，想尽办法把螃蟹的规格养得更大，和同行拉开距离，形成自己的特色。同时，他还把握住年轻消费者的心理开发出了香辣蟹、醉蟹等产品，把不值钱的老头蟹也卖出了好价钱。不仅让大小螃蟹在他手里都是宝，还带领当地300多家农户增收致富。QL求新求变，抓住商机，把劣势变为优势，和周边120多个养殖户成立了10 000多亩水面的养殖合作社，年销售额超4 000万元，不仅带动了更多养殖户加入养殖大个螃蟹的队伍，还促进了当地螃蟹产业的发展。

（十三）案例S13

LSW是广东中山人。2002年高中毕业，在老家开了个物流公司，做快递配送业务。可到了2017年的时候，LSW发现他的生意做不下去了。随着市场竞争的激烈，快递配送业务的毛利水平已经降得很低，这迫使LSW要进行一个转型。LSW的想法很超前，他看到当地人养脆肉鲩，就突发奇想要养脆肉罗非鱼。但是一开始就栽了跟头，损失不小。经验没法照搬，他就自己摸索，终于成功养殖出了脆肉罗非鱼，一斤卖到了22元。他还让笋壳鱼跟脆肉罗非鱼做伴，从水塘捞出两份财富，一亩水塘销售额达到25万元。LSW能够成功养出脆肉罗非鱼，离不开创新二字，他既借鉴了养殖脆肉鲩的方法，又结合实际情况，在实践当中琢磨出了新的喂养方法，调整给罗非鱼投喂蚕豆的量，大大地降低了脆肉罗非鱼的死亡率。他还抓住脆肉罗非鱼口感脆爽的特点，把它加工成鱼片儿卖给火锅店、餐饮店，形成了自己的核心竞争力。他将脆肉罗非鱼的养殖技术经验分享给广大农户，积极带动各农户养殖脆肉罗非鱼，签约合作农户达32户，养殖面积达2 000亩，年产脆肉罗非鱼约750万公斤，产值超1亿元。他还与各高校合作开展产业链技术研究，促进产业兴旺发展，带领养殖户增产增收，共同致富。先后获得“中山好人”“中山市劳动模范”“中山市十大杰出创业青年”“广东好人”荣誉称号。

案例企业创业概括如表8－1所示。

表8－1　　案例企业创业概括

序号	编码（文件名）	性别	区域	业务	创业概况
1	20211108－S1	男	山东临沂	养鸡	就地取材，充分利用廉价资源如小山坡、铁钩子训练鸡，借助小酸枣、白馒头来卖鸡。靠着独特的招法，把一只活鸡卖到120元，更是把鸡加工成美食，让鸡增值。2020年的销售额达到5 000多万元
2	20211109－S2	男	安徽铜陵	养鱼	布了一个三年的局，最终孵化出了抗病力、成活率都很高的大口黑鲈鱼鱼苗。三年之后的2019年，他孵化的鱼苗年销售额达到了2 800多万元，并带动了100多农户致富
3	20211111－S3	女	湖南郴州	养猪	用了四个多月的时间，终于收上来100头纯种土猪。XGH只用了一招，就让无人问津的带皮五花肉成了爆款产品，一斤五花肉的价格就卖到了40多元，原本卖不上价的肉皮和肥肉一下子就增值了六倍以上
4	20211117－S4	男	江苏常州	养鹅	从广东学习技术，回来后不断摸索，终于实现了反季节鹅苗孵化。靠着反季节鹅苗赚钱，不仅因为他掌握了技术，更关键的是他每一步都用心，小细节都不放过
5	20211118－S5	男	喜德县	养猪	改变养殖和销售方式，他终于走出困境，把乌金猪肉卖到全国，通过扎根家乡，大胆创新，拥抱市场，通过改变养殖方式和加工方式，让乌金猪产品焕然一新，走出了大凉山
6	20211119－S6	女	河南宁陵县	种植酥梨	解决了运输难题，想出种梨三步法，把梨的价格提高了六倍多。返乡创业三年，ZYM帮助种植户卖梨2 000余万斤，带动当地860余户种植户增收致富
7	20211206－S7	男	四川省冕宁县	养猪	不断选育，让商品猪体重只有40斤左右。进行品种改良，让猪跑山，这才让他的产品与众不同，拥有了核心竞争力

续表

序号	编码（文件名）	性别	区域	业务	创业概况
8	20211207 - S8	男	河南省栾川县	养猪	从当地美食上寻商机，他的猪肉平均价格能卖到 40 元一斤，就连肥肉在他手里也变成了宝。2020 年，他的销售额达到 900 多万元
9	20211209 - S9	男	四川省的峨边彝族自治县	腊肉加工	不断地改变腊肉的熏制方法，寻找新的腊肉原料，最终他在市场里站稳了脚跟，不仅自己赚到了钱，还带着其他的农户一起致富
10	20211214 - S10	女	河南省栾川县	柿子加工	创新很重要，正是创新让她抓住了商机，她改变当地传统的柿饼加工方式，还把又小又涩的柿子酿造成了柿子醋，卖出了好价钱，让大山里的柿子成了农户增收的宝贝
11	20211215 - S11	男	江苏淮安	养牛	养牛必须要会算账，而且要算大账，因为善于算大账，他养成了个头大体质好的牛，实现了牛肉的优质优价。2020 年，销售额超过 1 500 万元，还带动了 20 多家农户增收致富
12	20211222 - S12	男	江苏省常州市	养蟹	打破当地传统养殖模式，提升螃蟹规格，想尽办法把螃蟹的规格养得更大，和同行拉开距离，形成自己的特色。还把握住年轻消费者的心里开发出了香辣蟹、醉蟹等产品，把不值钱的老头蟹也卖出了好价钱。大小螃蟹在他手里都是宝
13	20211224 - S13	男	广东中山市	养鱼	突发奇想要养脆肉罗非鱼。经验没法照搬，他就自己摸索，终于养殖成功，一斤卖到了 22 元。他还让笋壳鱼跟脆肉罗非鱼做伴，从水塘捞出两份财富，一亩水塘销售额达到 25 万元

四、资料收集

案例资料的收集主要有三个来源。一是通过中央电视台《致富经》栏目，将栏目记者采访的音视频资料转录为文字版。19 家案例企业共计转录文字 18. 2 万字。二是通过新闻报道、地方政府网站收集案例企业资料，共收集到资料 26 份，共计 7. 9 万字。三是对案例企业发送电子邮件进行问卷调研，回收问卷 19 份。通过上述渠道实现了数据来源的多样化，保障了研究的可靠性。

第二节　数据编码与结果呈现

一、信度与效度

案例研究的信度和效度是学术界对案例研究方法质疑的焦点。对此学者们提出利用多渠道来源数据进行三角验证以提高案例研究的信度和效度（Eisenhardt & Graebner，2007；毛基业和李亮，2018）。本研究通过视频资料、新闻报道、问卷方法从不同渠道获取资料作为研究材料，实现了三角验证的要求，同时，利用多个案例进行了理论饱和度检验，保证了研究的信度和效度。

二、编码方法

对于案例研究，讲好故事固然很重要，但是对数据进行科学的编码可以极大地提高案例研究的规范性和可靠性。虽然一些学者专家指出案例研究并不一定要进行编码，但是利用编码技术开展案例研究有其独特的优势。

在本研究中，采用了程序化扎根编码方法。具体编码方法过程如下：第一步，开放式编码。即将案例资料进行分解、打碎。程序化扎根可以逐句编码，也可以逐词甚至逐字编码。在本研究中采用了逐句编码方法。在此阶段，由于研究者的关注点不同，就同样的资料可能会形成不同编码。为了排除研究者个人选择性认知对编码结果的影响，由两位课题组成员独立编码，尽量使用资料中的原始语句作为标签。将得到的编码依据内在的联系进行归纳，形成初始概念。在归纳形成初始概念的过程中，有些语句可归纳出多个初始概念。接着对形成的初始概念进行比较归纳，形成核心概念。得到核心概念后开始范畴化，即将核心概念进行聚拢和归纳形成范畴。通过对核心概念和范畴的提炼，对创业拼凑行为影响创业绩效的机理与过程有了进一步的深入理解。第二步，进行主轴编码。在形成范畴后，就开始主轴编码。主轴编码的主要任务是发现范畴之间的内在联系，从而体现出各个范畴间的联系。进一步依据存在的关系，在研究理论的指导下，建立起范畴之间的内在联系，形成轴线从而归纳出主范畴。第三步，选择性编码。在归纳出主范畴后，需要寻找出主范畴间的逻辑联系，即选择核心范畴，把各范畴有机整合起来形成一个扎根理论模型。提炼核心范畴的关键在于找到“故事线”，在故事线的寻找中，要对基于研究问题所确立的各个范畴关系进行深入分析，所建立的“故事线”能够将绝大多数范畴连接起来，当寻找到“故事线”时也就实现了扎根理论模型的构建。因此，寻找故事线是基于扎根理论方法开展研究的关键。第四步，进行跨案例比较分析，对比各个主范畴在不同案例中的体现，并不断与现有理论比较，提升理论模型的稳健性。

三、编码结果

通过对 13 个案例的具体的编码实践，共得到了 563 个与研究主题密切相关的原始语句，其中有些语句可以归纳形成多个初始概念，对初始概念进行比较分析后，从中提炼出了 39 个核心概念。进一步对这 39 个核心概念进行比较、归纳、提炼后形成了 18 个范畴。

（一）产品相关范畴及其内涵

通过对与产品相关的核心概念进行分析、比较，生成了 3 个相关范畴，对应 6 个核心概念，范畴及其内涵见表 8 –2。

表 8 –2　　产品相关范畴及其内涵

范畴	范畴内涵
产品丰富化	创业者通过拼凑策略开发出不同的产品，实现产品多样化。通过对产品赋能，实现创业绩效
产品特色化	创业者通过拼凑策略塑造出产品的特色卖点，实现产品特色化。通过对产品赋能，实现创业绩效
产品品质化	创业者通过拼凑策略对产品进行改进提升，提高产品品质、附加值。通过对产品赋能，实现创业绩效

（二）市场活动相关范畴

在39个核心概念里有6个核心概念与市场活动有关，进行分析、比较，生成了与市场活动相关的2个范畴，范畴及其内涵见表8－3。

表8－3　　　　市场活动相关范畴及其内涵

范畴	范畴内涵
销售策略创新	创业者通过拼凑策略扩大销售渠道、创新销售方式，通过销售赋能实现创业绩效提升
市场运营创新	创业者通过拼凑策略回应市场需求、提升品牌影响力、顾客满意度，实现创业绩效提升

（三）经营赋能相关范畴

在形成的39个核心概念中对应有4个与经营活动有关的核心概念，通过进行分析、比较，生成了与经营活动相关的2个范畴，范畴及其内涵见表8－4。

表8－4　　　　经营赋能相关范畴及其内涵

范畴	范畴内涵
生产创新	创业者通过利用各种资源，改进生产方式、改善生产环境，从而实现经营赋能
模式创新	创业者通过利用各种资源，创造性地实现经营模式、合作方式创新，从而实现经营赋能

（四）资源利用相关范畴

在39个核心概念中与资源利用有关的核心概念有6个，通过对这6个核心概念进行分析、比较，生成了与资源拼凑相关的3个范畴，对应的范畴及其内涵见表8－5。

表8-5　　资源拼凑相关范畴及其内涵

范畴	范畴内涵
利用廉价的资源	创业者创造性地利用被认为是廉价的资源解决生产、经营中的困难，实现产品力、营销能力提升，为创业赋能
利用别人不用的资源	创业者利用其他同行看不上、不好的资源创新经营，解决生产、经营中的困难，实现产品力、营销能力提升，为创业赋能
利用常见的资源	创业者利用在身边、手头的，但是被其他同行忽视、未利用的资源解决生产和经营中的困难，实现产品力、营销能力提升，为创业赋能

（五）知识拼凑相关范畴

在形成的39个核心概念中，有4个核心概念与知识利用有关，通过进一步分析、归纳后生成了与知识活动相关的2个范畴，范畴及其内涵见表8-6。

表8-6　　知识活动范畴及其内涵

范畴	范畴内涵
利用自有知识	创业者利用已有的知识提升拼凑技能，解决创业中遇到的生产、经营等问题，为创业赋能
利用外部知识	创业者利用通过自学、向他人请教获得新知识，以提升拼凑技能，解决创业中遇到的生产、经营等问题，为创业赋能

（六）创业绩效相关范畴

在39个核心概念中有7个核心概念与创业绩效有关，通过对这7个核心概念进一步分析、归纳后提炼出与创业绩效相关的3个范畴，范畴及其内涵见表8-7。

表8-7　　创业绩效范畴及其内涵

范畴	范畴内涵
个人绩效	创业者通过创业成功获得了家人、同行的认可，个人价值得到了提升。属于创业绩效的个人绩效要素
市场绩效	创业者为市场提供的产品、服务得到了顾客、经销商的欢迎，产品销售全国各地。属于创业绩效的市场绩效要素
财务绩效	创业者提供的产品服务，具有较好的销售额、毛利，为创业者带来了财富。属于创业绩效的财务绩效要素

（七）拼凑支持系统

在39个核心概念中有6个核心概念与拼凑行为支持有关，通过对这6个核心概念的分析、归纳，提炼出与拼凑支持相关的3个范畴，各个范畴及其内涵见表8-8。

表8-8　拼凑支持相关范畴及其内涵

范畴	范畴内涵
战略意识	创业者具有的战略意识为创业拼凑实现长效、综合高效提供了支持，属于拼凑支持系统的要素之一
商业思维	创业者具有的商业思维为创业拼凑实现超前性、创新性提供了支持，属于拼凑支持系统的要素之一
工匠精神	创业者具有的工匠精神为创业拼凑实现提供了精神动力，属于拼凑支持系统的要素之一

（八）主范畴及故事线

基于主轴分析，通过对18个范畴间联系的探索，发现这个18个范畴间有着较为密切的内在联系，最后归纳出7个主范畴，分别是产品赋能、市场赋能、经营赋能、资源拼凑、知识拼凑、创业绩效、拼凑支持。各个主范畴对应的范畴及一级编码见表8-9。

表8-9　主范畴与核心概念

核心概念	（副）范畴	主范畴
开发出不一样的产品	产品丰富化	产品赋能
开发出更多产品		
选育优质品种	产品特色化	
培育独特品质		
提升产品附加值	产品品质化	
提升产品品质		

续表

核心概念	（副）范畴	主范畴
多策略促销	销售策略创新	市场赋能
多方式销售		
多渠道销售		
市场敏感	市场运营创新	
以顾客为中心		
注重塑造品牌		
生产方法改进	生产创新	经营赋能
生产环境改善		
经营方式创新	模式创新	
合作发展		
利用废旧资源解决问题	利用廉价资源	资源拼凑
利用低值资源解决问题		
利用遭人嫌弃的资源	利用劣质资源	
利用别人眼中的烂东西		
利用现有的闲置资源	利用常见资源	
利用不起眼资源发展		
创业经验	自有知识拼凑	知识拼凑
专业知识		
学习改进	外部知识拼凑	
请教咨询		
得到认可	个人绩效	创业绩效
内心充实		
顾客欢迎	市场绩效	
经销商认可		
市场销售好		
毛利高	财务绩效	
销售额高		

续表

核心概念	（副）范畴	主范畴
经营中有长远意识	战略意识	拼凑支持
综合考虑发展问题		
竞争意识	商业思维	
以求新求变谋求发展		
实干实践	工匠精神	
持续探究解决问题		

进一步基于选择性编码，提炼出本研究的核心范畴。通过分析各个范畴间的关系，确定核心范畴为“初创企业的拼凑行为、赋能路径、支持系统与创业绩效”，所蕴含的基本含义是“初创企业通过资源、知识的拼凑，实现产品、市场、经营的创新，实现了创业绩效，与此同时，拼凑者的战略意识、商业思维、工匠精神对拼凑活动起到了积极的支持作用”，据此形成了研究的理论模型。

第三节 研究发现

一、拼凑赋能

（一）拼凑赋能产品

农业创业中，利用差异化的产品开展竞争是创业成功的途径之一。从案例企业来看，绝大多数创业者都属于新手或是跨界创业者。为了在激烈的竞争中获取生存的机会，他们采用了产品丰富化、产品特色化、产品品质化对产品赋能，实现了产品品质和种类提升。在对产品赋能的过程中，创业者都巧妙利用了在手资源或廉价资源，并利用掌握、学习到的知识通过拼凑实现了对产品的赋能。

1. 通过拼凑实现产品丰富化

创业者在创业实践中非常注重产品的差异化，将差异化当作是提升竞争优势的重要途径。比如，案例 S1 中，创业者就提出“我觉得我得制作出不一样的口味来，要有差异化”。案例 S3 中，创业者也强调“想让消费者一下子就能吃出她的包子和别人的包子不一样”，而且创业者经过自身的努力最终实现了产品的差异化。案例 S7 中，所开发的猪肉“与本地普通猪肉相比明显不一样”。而这得益于创业者在养殖过程中拼凑利用知识，采取了不同的养殖方法。此外，创业者也很注重产品线的丰富，开发了不同的产品，实现了产品的多元化。比如，案例 S6 中，“除了梨膏，还开发出梨膏棒棒糖和用水冲泡的梨膏糖等产品，丰富品类”。创业者通过开发不一样的产品，以及开发出新产品实现了产品的丰富化。在这个过程中，创业者充分利用了自己的知识、资源，通过拼凑实现了产品丰富化。

2. 通过拼凑实现产品特色化

特色农产品往往具有良好的市场需求，且市场价格也较高。因此，案例中的创业者们也较为注重开发出有特色的农产品。比如，案例 S12 中，“花了 30 多万元，收回来 200 多只大螃蟹，这些螃蟹是为了繁育”，从一开始就注重选用独特的资源，通过选育优良亲本培育出大个螃蟹，形成了自己的特色。或者通过改变养殖方式，比如案例 S13，用常见的廉价资源实现了产品特色化。该创业者用蚕豆喂养罗非鱼，吃过蚕豆的“肉质紧致，不容易煮烂”，而“没有吃蚕豆的普通罗非鱼呢，它放下去煮一下就烂了”。还有通过改变加工配方，实现了产品特色化，比如案例 S1，利用常见的酸枣实现了产品特色化，“加入了酸枣后，风干鸡的味道变得更加独特”。

3. 通过拼凑提升产品品质

在生产、养殖过程中，创业者还通过利用知识以及各类资源，实现了产品品质的提升。通过提升产品品质，实现了更高的附加值，也实现了更高的销售价格。比如，案例 S1 中，通过拼凑利用不同的加工方法，“把鸡加工成了当地特色美食风干鸡，一只就能卖到 160 元”。案例 S6 中，通过将多种养殖技术拼凑于一体，“靠着蔬花、蔬果、深耕土壤和延长采摘时间这三步，ZYM 提高了梨的品质”。还有创业者承担了更高的饲喂成本以提高产品品质，比如案例 S13，“饲喂成本更高，但养出来的笋壳鱼品质更好”。创业者通过利用各种资源，坚持不懈，比如案例 S1，“想方设法地养出了这高品质的鸡”。案例中的创业者既巧妙利用了身边的资源，也利用了一些独特的知识，提升了产品品质，实现了对产品的赋能。

二阶主题产品赋能编码示例如表 8 - 10 所示。

表 8-10 二阶主题产品赋能编码示例

代表性数据	聚焦编码	一阶构念	二阶主题
所以我觉得我得制作出不一样的口味，要有差异化（S1）	不一样的口味	产品丰富化	产品赋能
XGH 在包子馅上也费了一番功夫，她想让消费者一下子就能吃出她的包子和别人的包子不一样（S3）	和别人的包子不一样		
太巴适了，那简直不同，外酥里嫩，跟我平常吃的又不一样（S7）	跟我平常吃的又不一样		
将猪的体重控制在 40 斤左右，这样的猪肉与本地普通猪肉相比明显不一样（S7）	明显不一样		
新增了口味，针对不能吃辣的消费者，在生产腊肠时，去掉了辣椒、花椒，加入了白糖、冰糖（S5）	改变产品口味		
除了梨膏，ZYM 还开发出梨膏棒棒糖和用水冲泡的梨膏糖等产品，丰富品类（S6）	开发出梨膏新品		
像这样的老头蟹，原来一两元钱都不好卖的，现在市场价十元一斤都供不应求，加工好的成品一罐能卖 35 元（S12）	加工罐装成品		
又研发出醉蟹，丰富自己的休闲食品品类（S12）	开发休闲食品		
那个肉质啊，比较紧，紧凑一点，包子皮还可以啊，弹性十足啊（S3）	弹性足	产品特色化	
QL 花了 30 多万元，收回来 200 多只大螃蟹，这些螃蟹他是为了繁育（S12）	选优良亲本		
鱼肉煮熟了，咬起来咯吱咯吱响，紧致而有弹性（S13）	有弹性		
加入了酸枣后，风干鸡的味道变得更加独特（S1）	独特		
为什么我选这个大的 600 斤到 700 斤呢？那么我算我的大账，我的牛在 7 个月左右就出栏了（S11）	选优良品种		
没有泥腥味，口感比较鲜甜，比较有韧性（S13）	韧性		
GJS 把鸡加工成了当地特色美食风干鸡，一只就能卖到 160 元（S1）	卖价高	产品品质化	
开了一家猪肉汤粉店，用猪骨头和猪皮熬汤，猪肉放进汤粉里，想通过这种形式来增加猪肉的附加值（S11）	增加附加值		
把一斤梨从过去的一元两角钱最高卖到八元多，价格提高了六倍多（S6）	卖价高		
吃的杂，运动量大，ML 养出的猪肉质紧实，肥瘦均匀（S7）	肥瘦均匀		
但是我们鱼不生病了，对，品质提升了，肉质好了（S2）	肉质好了		
梨的大小就均匀了，糖度也统一了（S6）	均匀统一		

（二）市场赋能

案例中的创业者不仅通过巧妙利用各种资源、知识对产品赋能，还利用各种资源实现了对市场营销活动的赋能，通过销售方式创新、市场运营创新，不仅打开了市场销售渠道，而且还开拓了市场销售范围，将产品销售到全国各地。

1. 销售方式创新

案例中的创业者通过对资源、知识的创造性应用，借助创新促销方式、多种销售渠道、多样的销售方式实现了销售方式创新。比如，案例 S8 中，通过免费的活动，“承诺如果市民来基地，可以免费参观品尝猪肉”；案例 S9 中，“还和餐馆合作，将腊肉免费提供给餐馆研究菜式”，通过免费促销活动迅速开拓了市场。这是典型的借鉴、利用已有的销售知识拼凑出新的模式。创业者还通过开发出新产品来带动自家产品的销售，比如，案例 S2 中，“研发了几道大口黑鲈鱼菜肴，并再次找到这几大酒店”，通过菜肴带动鲈鱼销售。创业者还不断学习开拓新的销售渠道，比如，案例 S8 中，“给照片和视频写一些推文，通过朋友圈、公众号等网络发布”；案例 S10 中，由于创业者懂得网络推广的知识和技巧，就“做起了网络宣推，发了很多包含照片的推文”，通过拼凑利用知识、技能实现了销售方式创新。还有企业找到了电商平台、带货达人来帮助销售产品，迅速提高了产品销量。

2. 市场运营创新

通过对案例的分析发现，创业者通常都具有较强的市场运营能力，而这都离不开创业者对知识的拼凑利用。首先，案例中的创业者对商机有着较为敏锐的认识，能够发现别人看不到的商机。比如，案例 S3 中，“看中了郴州老家的森林资源，想要回来投资种树。别人觉得 XGH 折腾，XGH 自己却觉得这是个商机”，之所以看到这个商机是因为了解到国家的环保政策。案例 S6 中，“娘家和婆家两个村子加起来总共有 4 000 亩梨园，按照一亩地利润 800 元来算，一年就能纯赚 300 多万元”，则是创业者商业知识的拼凑结果。其次，案例中的创业者都注重顾客需求导向，以顾客为中心开展经营。比如，案例 S5 中，“山外的消费者很难接受，要想把乌金猪肉卖出大山，就必须迎合外面消费者的喜好”。案例 S9 中，“他发现现在的年轻人都不喜欢烟熏味儿和咸味太重的腊肉，他决定要减少腊肉的烟熏味和咸味儿”。这是对顾客导向市场理念的拼凑使用。最后，案例中的创业者都有着较强的品牌意识，案例 S11 中，“这种销售渠道，不但咱们把这个销售了，也把我们这个品牌知名度给打出去了”。案例 S12 中，“就四处参加蟹王蟹后比赛，通过比赛为自己积攒名气”。创业者具有的市场敏感性促使其能够发现别人看不到的商机，利用自有的资源、知识的拼凑开发出商机，并且注重顾客需求，及时回应顾客关切，在运营时就树立了品牌思想，通过对市场知识的拼凑使用实现了市场运营创新。

二阶主题市场赋能编码示例如表 8 - 11 所示。

表 8 - 11　　二阶主题市场赋能编码示例

代表性数据	聚焦编码	一阶构念	二阶主题
只要愿意进他的店里看看，一个人可以免费领两袋馒头，买不买风干鸡都可以（S1）	进店送馒头	销售策略创新	市场赋能
举行抓鸡比赛（S1）	抓鸡比赛		
承诺如果市民来基地，可以免费参观品尝猪肉（S8）	免费品尝猪肉		
带着游客一起包饺子，在饺子端上桌的时候，她就会把柿子醋拿出来，咱添点醋，尝尝咱那柿子醋啥样（S10）	包饺子介绍醋		
定期举办试吃活动，让大家免费品尝（S12）	免费试吃活动		
WY 还和餐馆合作，将腊肉免费提供给餐馆研究菜式（S9）	免费提供给餐馆		
邀请郑州、洛阳等地的市民到柿子基地参观游玩，还承诺只要来了可以免费吃柿子（S10）	来就可以免费吃		
并不急着卖，而是找人屠宰了 10 头，分割后全部免费送人（S11）	免费送人		
葛金山的店铺吸引了很多人光顾，消费者品尝了烘干鸡，感兴趣的就会买两只带走（S1）	免费品尝带动销售		
带着十包脆肉罗非鱼鱼片样品，找到当地一家火锅店推销，它口感很脆，非常适合火锅（S13）	开发火锅店		
一只猪多卖出了 200 多元。一个部位，两个部位，三个部位，四个部位，五个部位，六个部位（S7）	产品分类销售		
原来能卖高价的鱼苗，他却降价销售，以口碑赢得市场（S2）	降价销售		
和做了 20 年厨师的弟弟一起研发了几道大黑鲈鱼菜肴，并再次找到这几大酒店（S2）	研发新菜品		
还要拓展更多的渠道。他花 20 多万元在泰安市区租下了一家店铺，专门卖风干鸡（S1）	开专卖店		
还在栾川县城开了自己的专卖店（S10）	开专卖店		
发个朋友圈，至少有几十个人，或者是几百，大到几千人、几万人，少到几十个人，要看一下他的朋友圈（S7）	利用朋友圈宣传		
给照片和视频写一些推文，通过朋友圈、公众号等网络发布（S8）	网络宣传		
做起了网络宣推，发了很多包含照片的推文（S10）	网络宣传		

续表

代表性数据	聚焦编码	一阶构念	二阶主题
看中了郴州老家的森林资源，想要回来投资种树。别人觉得XGH折腾，XGH自己却觉得这是个商机（S3）	自己却觉得这是个商机	市场运营创新	市场赋能
一是养殖户没苗养；二是作为消费者来讲，就可能没有新鲜的鹅吃，但对于我们养种鹅的来讲，那么这一块是商机（S4）	对于我们养种鹅的来讲，那么这一块是商机		
这引得周边不少同行都开始找渠道采购巴马香猪，这在CXP眼里成了一个巨大的商机，要是把这个东西做成凉山坨坨肉，那不是独一无二的吗（S7）	成了一个巨大的商机		
原来WY回来之前就已经调查了市场，他发现市场上买腊肉的消费者大多是中老年人，年轻人买腊肉的非常少。他认为这是一个巨大的市场缺口（S9）	发现巨大的市场缺口		
客户的反馈让YX意识到，农户们的传统做法满足不了山外消费者的需求，他必须作出改变（S5）	满足不了山外消费者必须作出改变		
尽量把客户群体定在年轻人（S12）	客户群体定在年轻人		
把握住年轻消费者的心理开发出了香辣蟹呀、醉蟹等产品（S12）	把握住年轻消费者的心理		
他发现现在的年轻人都不喜欢烟熏味儿和咸味太重的腊肉，他决定要减少腊肉的烟熏味和咸味儿（S9）	迎合年轻人口味		
大家对这个品牌认可了，这就是一种无形资产（S2）	认可了品牌就是一种无形资产		
你就走入市场的话，那就把我们这品牌给毁了，把乌金猪肉这个品牌毁了，把我们自己的公司品牌毁了（S5）	做不好就会毁了品牌		
往外送，这种销售渠道，不但咱们把这个销售了，也把品牌知名度给打出去了（S11）	把品牌知名度打出去		
就四处参加蟹王蟹后比赛，通过比赛为自己积攒名气（S12）	攒名气		

（三）经营赋能

案例中的创业者还通过开发自有的社会资源实现多元合作、创新经营方式提升经营能力，获得了良好发展。

1. 创新合作方式

案例企业中的创业者不仅与自己的朋友合作，还和商业伙伴、专家，甚至竞争对手合作，实现了快速发展，这是典型的关系拼凑。比如案例S2，“ZLB和安徽、浙江等地的一些酒店以及水产批发市场合作（S2）”属于和商业伙伴合作。案例S9，“找到了××××，他是当地养殖乌金猪的好手”，最终将这名竞争对手变为了自己的合作伙伴。案例 S11，“找到自己的发小×××，两人合伙做了一件事儿，竟然把饲料成本降低了 1/3”。案例 S8，与当地学院的农学教授合作，实现了品种改良。多样化的合作充分体现了创业者对自己拥有的社会资本的拼凑利用，在关系拼凑中，创业者不仅利用了发小、亲朋、熟人这种常见的关系，还利用了偶然建立的关系实现了合作。

2. 创新经营管理

通过案例研究发现，创业者在经营中还利用自己的资源和知识，通过拼凑使用这些知识和资源实现了经营方式的创新。比如，案例 S1，“要想脱颖而出，还要靠差异化”，通过经营创新减少了压力。案例 S5，“……农户来养，我们收就行，我们的资金压力也小”，通过与农户合作减轻了资金压力。而经营创新也是对市场的最好回应，如案例 S7，“市场的需求倒逼着 ML 将粗放式的模式逐渐转向精细化”，通过创新经营缓解了市场压力。同时，通过养殖、生产方式的创新，实现了产品品质提升、解决了经营中的难题。比如，案例 S8，“改圈养为散养，增加黑猪的运动量，应该能降低肥肉率”，实现了产品品质的提升。案例 S12，将“每亩塘的养殖密度从 2 000 只降到 800 只”，养殖出了大个头螃蟹。上述经营方式创新的实现，都体现了创业者对知识、资源的拼凑。比如，上述案例 S1、案例 S5、案例 S7 则是创业者利用市场知识拼凑实现了经营方式的创新，案例 S8、案例 S12 则是利用养殖技术、知识的拼凑使用实现了创新。

案例中的创业者通过资源、知识的拼凑利用，借助多元合作、经营方式创新很好地实现了为经营赋能，提升了经营绩效。

二阶主题经营赋能编码示例如表 8－12 所示。

表 8－12　　二阶主题经营赋能编码示例

代表性数据	聚焦编码	一阶构念	二阶主题
目前我们有八家长期合作的客户，分布在安徽、北京、江浙沪这一块，大概在 10 万斤吧。ZLB 和安徽、浙江等地的一些酒店以及水产批发市场合作（S2）	与商业伙伴合作	模式创新	经营赋能
他想到和农户合作养猪。这样一来，他做腊肉时就有了稳定的猪肉供应，同时还能带动农户多赚钱（S9）	与当地农户合作		

续表

代表性数据	聚焦编码	一阶构念	二阶主题
找到了×××××，他是当地养殖乌金猪的好手（S9）	与竞争者合作	模式创新	经营赋能
找到自己的发小×××，两人合伙做了一件事儿，竟然把饲料成本降低了1/3（S11）	与朋友合作		
LSW还与当地20多家饭店达成了合作（S13）	与商业伙伴合作		
要想脱颖而出，还要靠差异化（S1）	要靠差异化经营		
农户把猪养好的话，我们的养殖环节就没那么大的压力，因为农户来养，我们收就行，我们的资金压力也小（S5）	合作养殖减轻资金压力		
市场的需求倒逼着ML将粗放式的模式逐渐转向精细化（S7）	逐渐转向精细化经营		
猪赶到山上，自由觅食，山林中藏着各种野果野菜，这些都成了猪的美食（S7）	利用各种野果野菜来养猪	生产创新	
还加大了猪的运动量，让工人赶着猪上山溜达至少5个小时。这一头猪上山少说要跑十公里（S7）	让猪运动起来		
改圈养为散养，增加黑猪的运动量，应该能降低肥肉率（S8）	改圈养为散养，增加运动量		
然后我们现在等这个火停一下，等肉变软了过后，我们再重新生火，再熏一次，然后再反复（S9）	重新生火反复熏		
大缸发酵醋，因为它发酵时间很长，那些醇类物质会产生一些脂类（S10）	利用大缸发酵醋		
把笋壳鱼和脆肉罗非鱼混养，以前当地很少有人这么干（S13）	把笋壳鱼和脆肉罗非鱼混养		
每亩塘的养殖密度从2000只降到800只（S12）	降低养殖密度		
还进一步改善鱼塘底部的水质，他又在鱼塘底部种上水草，这样鱼塘生态得到了有效改善（S2）	改善鱼塘生态		
这一个圈舍大概400个平方，400个平方养多少牛？400个平方现在大概在13头吧（S11）	降低养殖密度		

二、拼凑行为

初创企业都面临的一个问题就是资源匮乏。在本研究中的19个案例企业也都面临着资源匮乏的情况。为了成功实现创业，案例中的企业都特别注重对各种廉价、闲置资源甚至对其他人而言有害的资源进行巧妙拼凑使用。对资源的拼凑使用是这些企业能够实现成功创业的关键。同时，案例企业中的大多数创业者或者是创业小白，或者是跨界创业，相关知识的缺乏是他们面临的一个共同难题。但是在创业中，各个案例企业都能够充分开发、利用自有知识，并且不断从外部获取知识，将自有知识与外部知识有机融合，通过知识拼凑赋能发展。

（一）资源拼凑

资源短缺是创业者面临的主要问题，在案例企业中也同样存在。案例企业中的创业者通过资源拼凑，不仅解决了发展中的难题，也实现了良性发展。比如，案例 S2，“却用一种不起眼的筛子解决了难题”，解决了“鱼苗大量失踪”的问题，就是利用低值廉价资源的典型。案例 S3，“猪皮冻添加到肉馅里面，固态的皮冻加热后变成汤汁，不仅解决了肉馅打不进水的问题，更是利用上了不好销售的猪皮和猪头骨”，利用其他人不看好的猪皮和猪头骨不仅解决了问题还带动了发展。案例 S1 是利用别人嫌弃的资源来发展的典范，“这种鸡个头大、肥肉多，而且养殖周期长，当地农户不愿意养”，但是该案例中的创业者却巧妙利用这种资源实现了良好的效益。还有创业者利用当地人认为不好的东西来发展，比如案例 S10，“正是因为又小又涩，当地人以前很嫌弃，因为这是烂东西，养多少年都没利用”，但却被创业者发现了独特价值，并加以巧妙利用制作成柿子醋，实现了良好的效益。从案例企业中可以明显看到对资源的巧妙使用，创业者正是通过对各种廉价、低值资源的“拼凑”实现了良好的创业绩效。

二阶主题资源拼凑编码示例如表 8－13 所示。

表 8－13　　　　二阶主题资源拼凑编码示例

代表性数据	聚焦编码	一阶构念	二阶主题
废旧轮胎被改装成了鹅的饲料盆（S4）	旧轮胎改装	利用廉价资源	资源拼凑
鱼苗大量失踪，他却用一种不起眼的筛子解决了难题（S2）	不起眼的资源		
找到了一个办法，在鱼塘里种植一些绿色植物，能有效改善水质（S2）	利用普通的绿色植物		

续表

代表性数据	聚焦编码	一阶构念	二阶主题
猪皮冻添加到肉馅里面，固态的皮冻加热后变成汤汁，不仅解决了肉馅打不进水的问题，更是利用上了不好销售的猪皮和猪头骨（S3）	利用猪皮冻解决问题	利用廉价资源	资源拼凑
还离不开一样东西，我带你们来看看的宝贝，这个大缸啊（S10）	用大缸解决发酵问题		
这种鸡个头大、肥肉多，而且养殖周期长，当地农户不愿意养（S1）	利用别人嫌弃资源	利用劣质资源	
养一种当地人嫌弃的猪（S8）	利用别人嫌弃资源		
原来这种本地土猪长得慢，个头又小，很多养殖户嫌它的（S3）	利用别人嫌弃资源		
但是当地很少有人规模化养殖乌金猪（S8）	没有人养殖		
正是因为又小又涩，当地人以前很嫌弃，因为这是烂东西，养多少年都没利用（S10）	被当地人当作烂东西		
GJS 走在基地这个山坡上，突然灵感：能不能把这个地方当作训练场（S1）	闲置资源的重新开发	利用不起眼的资源	
就从河南兰考引进种植，把采摘下来的构树叶打碎发酵后喂牛，解决了肉牛消化不良的问题（S11）	利用常见的资源解决问题		
用这种常见的香料改变了传统的腊肉，不仅将自己的腊肉卖到 88 元一斤，还让买腊肉的人都说物有所值（S9）	利用常见资源提升产品价值		
鸡要找食，就只能到处溜达找虫吃（S1）	利用常见资源		

（二）知识拼凑

案例中的创业者除了巧妙利用资源，通过资源拼凑来发展之外，对知识的拼凑利用也是促进创业发展的关键。通过知识拼凑实现创业中，创业者自有知识和从外部习得知识都发挥了重要作用。创业者的自有知识可以分为显性知识和隐性知识。在案例企业中有不少拼凑使用显性知识实现成功创业的例子。比如案例 S4，“30 岁的 CXP 辞去公职，下海创业搞养殖，养鱼养狗，猪也养”，之前的创业活动为其积累了丰富的知识，这些积累的知识不仅帮助他发现了养鹅的商机，而且他还将养狗、养猪所习得的知识移植到养鹅中，快速掌握了养鹅的窍门。案例 S1 则是利用专业知识，创业者借助曾经在“山东农业大学学习畜禽饲养饲料专业”所获得的专业知识为其开展养殖提供支持。同时，创业者拥有的隐性知识也起到了重要的作用，比如，案例 S10，“然后我就突然发现它身上一个小秘密，种它肯定能赚到大钱”。案例 S13，“敢这么干，是因为他了解到了两种鱼不同的生活习性”。创业者通过将些隐性知识与市场机会结合，为创业机会识别、经营模式创新提供了支持。在自有知识不足的情况下，创业者还采取了自学、外出学习、向专家请教等方式获取外部知识，促进发展。比如，案例 S11，“在网上看到，巨菌草和蛋白菜喂牛效果好，省钱省料，还能提升肉质”，于是就引进种植巨菌草和蛋白菜解决了饲料问题。案例 S10，“专门到一家柿子醋加工厂学习了一个月”，掌握柿子醋的制作工艺，与已有的工艺结合实现了产品质量的提升。案例 S7，向专家请教，“他与凉山州专家联系，专家给了他一个建议，挑选个头小的猪作为种猪进行选育”，并结合特有的养殖方式解决了品种的问题。案例中的创业者都非常注重知识的拼凑利用，利用自有知识或外部知识，通过拼凑融合多种知识，实现了产品赋能、市场赋能、经营赋能，促进了创业的成功。

二阶主题知识拼凑编码示例如表 8－14 所示。

表 8－14　　二阶主题知识拼凑编码示例

原句	聚焦编码	一阶构念	二阶主题
30 岁的 CXP 辞去公职，下海创业搞养殖，养鱼养狗，猪也养（S4）	丰富的创业知识	利用自有知识	知识拼凑
山东农业大学学习畜禽饲养饲料专业（S1）	受过专业学习		
然后我就突然发现它身上一个小秘密，种它肯定能赚到大钱（S10）	发现了一个赚大钱的秘密		
敢这么干，是因为他了解到了两种鱼不同的生活习性（S13）	了解到两种鱼不同的生活习性		
另外一个就是看它的食线，你看这个食线多，说明它的摄食性比较好嘛，只有吃得多，最后才能长得大嘛（S12）	知道那种能长大		
首先它整个还是要很整洁的，就看起来不是那么脏，没有带很多泥。如果带泥的话，说明它比较懒惰嘛（S12）	知道怎么挑选		

续表

原句	聚焦编码	一阶构念	二阶主题
在网上看到，巨菌草和蛋白菜喂牛效果好，省钱省料，还能提升肉质（S11）	上网自学养殖技术	利用外部知识	
当初 CXP 去广东学习反季节鹅苗技术，就是主要去学习如何改变鹅的光照时间（S4）	外出学习养殖技术		
觉得不能自己低头摸索了，不懂就学，而且要走出去请教（S10）	外出学习		
半年时间，先后去了内蒙古、山东、吉林等地，找当地的养牛大户学习养殖技术（S11）	外出学习		
专门到一家柿子醋加工厂学习了一个月（S10）	外出学习加工方法		
GJS 赶紧去请教附近的村民，村民们给他支了一招（S1）	请教附近的村民解决问题		
多次上门虚心找×××请教，×××这才把自己的独门配方告诉他（S1）	通过请教获得独门配方		
在安徽农业大学专家的指导下，ZLB 从广东购买了100 多条种鱼，开始自己繁育孵化（S2）	专家指导下开始孵化		
他多次请教水产专家后买来专用的筛子，就是这种不起眼的筛子，却解决了鱼苗大吃小的难题（S2）	请教专家解决了问题		
我一直都在记笔记，就是可能他无意中说的东西，对我来说都是一个新的知识点（S6）	咨询专家获得知识		
多方请教专家，才知道了原因（S13）	请教专家后知道原因		
再次请教××教授，得知罗非鱼的土腥味和水塘里过量的蓝藻有关（S13）	请教专家后知道问题所在		
他与凉山州专家联系，专家给了他一个建议，挑选个头小的猪作为种猪进行选育（S7）	请教专家得到方法		

三、创业绩效

案例中的企业都获得了良好的创业绩效，具体可以分为个人绩效、财务绩效、市场绩效。绩效的获得是一个综合利用资源、知识，不断探索的结果。

（一）个人绩效

创业者个人绩效的集中体现为幸福感。近年来关于创业幸福感的研究日益得到关注。国内学者崔连广等（2023），基于对 SSCI 文献的梳理，认为创业幸福感的研究可以分为三类，即主观幸福感、心理幸福感和社会幸福感（崔连广、邓舒婷和孟繁强等，2022）。其中，主观幸福感强调创业者对自己是否幸福的主观感受和评价，包含了创业者的生活满意度和情绪平衡两个方面，反映了创业者对自己生活状态是否幸福的认知判断和情感反应（Stephan & Ute，2018）。心理幸福感则强调了创业者主观活力或心理力量感，是个人成就感、表现力、个人发展、自我实现、个性化和自我决定的衍生物（Wiklund et al.，2019）。因此，心理幸福感主要包括自我接纳（self - acceptance）、个人成长（personal growth）、生活目的（purpose in life）、环境管控（environment master）、自主（autonomy）、积极的人际关系（positive relation with others）六个方面（Ryff，2018）。社会幸福感强调个体社会性与关系性，主要内涵包含：一是社会融合；二是社会接纳；三是社会贡献；四是社会实现；五是社会一致（Ali & Kazemi，2017）。

案例中的创业者通过创业不仅实现了财富增长，也通过自己的创业行为获得了更多的幸福，主要表现为：一是得到了认可；二是创业者内心有满足感。案例中的创业者不仅得到了亲朋好友的认可、钦佩，还得到了同行、竞争对手的认可，与此同时还获得了社会认可，被授予诸多头衔，实现社会价值的同时社会地位也获得了提升。通过创业，创业者获得了内心满足，实现了精神上的幸福。

1. 得到认可

创业者不仅获得了财富，而且在创业过程中解决了一个又一个的难题，在家人、同行不看好的情况下创业成功，最终得到了认可。比如案例 S11，创业者原本是个外行，家人、同行、亲朋都认为风险大，不支持其创业养牛。老父亲甚至一度要将其建好的牛棚卖掉。但是创业者通过自己的努力以及具有的“算大账”意识，获得了成功，“不仅经销商，很多养殖户也很佩服 QSC，他就是个牛人，不光是我心目中，好多人都说他是牛人（S11）”。而且还得到了家人的认可。比如案例 S1，创业成功后，“这让一直提心吊胆的家人也对他刮目相看”。创业者还得到了社会认可，比如案例 S13，创业者 LSW 获得了多项社会荣誉。

2. 内心满足

对创业者而言除了得到家人、同行、商业伙伴、社会的认可之外，在创业成功之际也实现了自身的社会价值，通过带动地方产业发展、带动乡亲致富得到了内心的满足。比如，“虽然很忙碌但是在为自己的事业奔忙，在领着农户们一起前行，内心满满的都是幸福”（S8），“感到非常高兴，你帮助别人的时候，别人通过你的帮助获得效益，获得成功，你心里有一种（很）非常高兴”（S9）。不仅让很多创业者感觉“带动养殖户增收致富的时候，我内心啊，有了一种成就感和满足感（S1）”，而且“然后就看到希望的时候，那种喜悦感我觉得说不出来的那种（S10）”。案例中创业者都获得了较高的内心满足感。

案例中的创业者通过努力不仅得到了认可，也获得了内心的快乐和幸福。同时，创业者的幸福感中也体现了社会幸福感，比如，案例中的一位残疾创业者不仅通过创业实现了自身的价值，也得到了社会的认可和接纳；还有创业者还带动了当地产业发展，获得了各种荣誉、先进称号，获得了较高的社会幸福感。

二阶主题幸福感编码示例如表 8－15 所示。

表 8－15　　　　二阶主题幸福感编码示例

代表性数据	聚焦编码	一阶构念	二阶主题
不仅经销商，很多养殖户也很佩服 QSC，他就是个牛人，不光我心目中，好多人都说他是牛人（S11）	得到同行认可	得到认可	个人绩效
这让一直提心吊胆的家人也对他刮目相看（S1）	家人刮目相看		
提起一个叫 LHH 的人，种植户们都很佩服（S10）	同行都很佩服		
你帮助别人的时候，别人通过你的帮助获得效益，获得成功，你心里会（很）非常高兴（S9）	心里高兴	内心满足	
他觉得很欣慰，在大山里扎根，与鸡群做伴，日子过得充实而快乐（S1）	感到充实快乐		
但是在为自己的事业奔忙，在领着农户们一起前行，内心满满的都是幸福（S8）	内心感到幸福		
然后就看到希望的时候，那种喜悦感我觉得说不出来的那种（S10）	说不出的喜悦		
带动养殖户增收致富的时候，我内心啊，有了一种成就感和满足感（S1）	有成就感和满足感		
已先后获得“中山好人”“中山市劳动模范”“中山市十大杰出创业青年”“广东好人”荣誉称号（S13）	社会荣誉		

（二）市场绩效

市场绩效体现了创业者所提供的服务或产品受到市场欢迎认可的程度，是创业绩效的重要内涵。研究中案例企业的市场绩效表现为顾客好评、经销商欢迎、市场覆盖广三个方面。

1. 顾客好评

案例中的创业者通对资源、知识的拼凑，赋能产品和市场，提高了产品（服务）在顾客中的受欢迎程度，得到了普遍好评。比如，案例 S1 中，顾客认为“我感觉这家啊，就是特别好吃”；案例 S2 中，“受到了很多年轻消费者的欢迎，很多人都成了他的回头客”，获得了年轻消费者的认可。

2. 经销商认可

除了得到顾客的认可外，案例企业的产品还得到了商业伙伴，经销商的认可。比如，案例 S11，“即使他养的牛卖价高，经销商也抢着买”，经销商愿意高价进货就体现了对产品的认可。案例 S4，“从各地赶来的经销商都在旁边焦急地等待”“经销商在田间地头等待拿货”，可见产品受市场欢迎的程度。

3. 市场覆盖广

由于产品具有的特色与优势，案例中企业的产品实现了走出县城，不仅销往全国各大城市，同时也有很多产品销往全国各地。比如，案例 S2，“目前我们有八家长期合作的客户，包括在安徽、北京和江浙沪这一块”；案例 S5，就“带领大家把深山里的乌金猪卖到了全国各地”；案例 S9 中的产品则是“已经卖到了北京、上海、成都等地”。这些体现了案例企业的产品市场覆盖广。

二阶主题市场绩效编码示例如表 8 – 16 所示。

表 8 – 16　　二阶主题市场绩效编码示例

代表性语句	聚焦编码	一阶构念	二阶主题
我感觉这家啊，就是特别好吃，跟其他家不太一样（S1）	感觉这家特别好吃	顾客欢迎	市场绩效
然后鸡肉也没啥说的，好吃（S1）	没啥说的就是好吃		
受到了很多年轻消费者的欢迎，很多人都成了他的回头客（S2）	很多人都成了回头客		

续表

代表性语句	聚焦编码	一阶构念	二阶主题
从各地赶来的经销商都在旁边焦急地等待（S4）	经销商焦急等待拿货	经销商认可	市场绩效
已经有北京来的经销商在鱼塘旁边等候（S2）	经销商在鱼塘旁边等候拿货		
没有这么多，没有，5 300，这个为啥要打折扣，不够了，不够了，苗紧张（S4）	供不应求		
即使他养的牛卖价高，经销商也抢着买（S11）	价格高却抢着买		
要分别在两个鱼塘捕捞不同规格的大口黑鲈鱼，一网供给北京的经销商，另一网供给安徽安庆的经销商（S2）	供货给不同地域	市场销售好	
带领大家把深山里的乌金猪卖到了全国各地（S5）	销售到全国各地		
养殖种鹅五万多只，它的反季节鹅苗销售到了全国各地（S4）	销售到全国各地		
已经卖到了北京、上海、成都等地（S9）	销售到大城市		

（三）财务绩效

案例企业的财务绩效表现在两个方面：一是产品销售价格高于同类产品；二是销售额远高于当地同行。

1. 销售价高

案例中的企业通过巧妙利用各种资源、知识，实现了产品创新与品质提升，让产品具有了更强的优势，从而实现了销售价格高于同类产品。比如，案例 S13 中，同样是养殖罗非鱼，但是“LSW 罗非鱼的价格是普通罗非鱼的四倍多”；案例 S9 中产品的“价格是别人的两倍左右”；案例 S6，则通过改进种植技术“把一斤梨从过去的一元两角钱最高卖到八元多，让梨的价格提高了六倍多”。较高的销售价格自然带来了较高的毛利，为实现良好的财务绩效奠定了基础。

2. 销售良好

案例中的创业企业不仅实现了较高的销售价格，同时高价的产品没有影响销售，反而是获得了市场的认可，取得了不俗的销售业绩。比如，案例 S3，一年的“销售额就达到了 2 500 多万元”，已经远远高于当地同行。还有案例 S13，“年销售额就能够达到 3 000 多万元，成为当地销售明星”。

良好的财务绩效离不开创业者对资源、知识的拼凑式利用，比如案例 S3，把“原本卖不上价的肉皮和肥肉一下子就增值了六倍以上”，就是结合当地特点，对不好的“肉片和肥肉”重新开发、利用，制作出了受当地人欢迎的“夫子肉”，从而实现了价值倍增。

二阶主题财务绩效编码示例如表 8 – 17 所示。

表 8 – 17　　　　二阶主题财务绩效编码示例

<table>
<tr><th>代表性语句</th><th>聚焦编码</th><th>一阶构念</th><th>二阶主题</th></tr>
<tr><td>LXW 罗非鱼的价格是普通罗非鱼的四倍多（S13）</td><td>价格是普通同类鱼四倍多</td><td rowspan="9">销售价高</td><td rowspan="15">财务绩效</td></tr>
<tr><td>当地肉牛的市场价在 18.5 元左右一斤，而 QSC 养的牛却比市场价一斤贵一元钱。一头这样的肉牛就能多卖 1 500 元左右（S11）</td><td>卖价比市场价格高</td></tr>
<tr><td>有钱赚的，一亩地能够多卖 5 万元（S13）</td><td>一亩能多卖</td></tr>
<tr><td>价格是别人的两倍左右（S9）</td><td>是别人的两倍</td></tr>
<tr><td>原本卖不上价的肉皮和肥肉一下子就增值了六倍以上（S3）</td><td>增值了六倍以上</td></tr>
<tr><td>把一斤梨从过去的一元两角钱最高卖到八元多，让梨的价格提高了六倍多（S6）</td><td>价格提高了六倍多</td></tr>
<tr><td>原来一两元钱都不好卖的，现在市场价十元一斤都供不应求，加工好的成品一罐能卖 35 元（S12）</td><td>价格高</td></tr>
<tr><td>一斤猪肉就能卖到 40 元左右，加工的腊肉腊肠一斤能卖到 70 元左右（S5）</td><td>价格提高</td></tr>
<tr><td>最主要的是卖这个鱼片我们的利润率会更高，高 20% ~30%（S13）</td><td>利润率高</td></tr>
<tr><td>一亩塘里的笋壳鱼，LSW 能卖到 10 多万元，加上脆肉罗非鱼，一亩水塘带来的销售额就达到 25 万元（S13）</td><td>销售额高</td><td rowspan="6">销售良好</td></tr>
<tr><td>销售额就达到了 2 500 多万元（S3）</td><td>销售额高</td></tr>
<tr><td>2020 年，销售额达到 900 多万元（S4）</td><td>销售额高</td></tr>
<tr><td>2020 年，QSC 的公司销售额超过 1 500 万元（S11）</td><td>销售额高</td></tr>
<tr><td>年销售额就能够达到 3 000 多万元（S13）</td><td>销售额高</td></tr>
<tr><td>做的腊肉在当地的销量数一数二了（S9）</td><td>销量数一数二</td></tr>
</table>

当然个体获得的创业绩效离不开创业者敏锐的市场意识，以及对资源、知识的巧妙利用，这些在案例企业中都有明显的体现。

四、拼凑支持体系

随着学术界关于创业拼凑的研究日渐丰富，产生了大量的成果。但是关于拼凑是如何产生的以及哪些因素对拼凑有影响却缺乏深入研究。学术界主要关注了创业拼凑的后果，比如对创新绩效、财务绩效的影响。但是拼凑行为是如何发生的还不清楚，学术界只是强调了拼凑对创业的重要性，但是对于创业者如何开展拼凑以及为何有些创业者能够积极拼凑、高效拼凑却知之甚少，拼凑行为的发生过程似乎成了一个黑箱。而这不仅严重影响了对拼凑行为发生的理论解释，也严重制约了创业者对拼凑技巧的学习。因此，打开拼凑行为发生的黑箱就具有重要意义：一是在理论上能够进一步阐述拼凑行为发生的机理，打开拼凑能力的来源；二是为提高创业者资源利用能力，提升拼凑技巧提供实践指导。

通过案例研究发现，创业者具有的战略意识、商业思维、工匠精神是支持拼凑行为发生，并且是实现短期利益与长期利益相统一的关键。当创业者遇到困难、受到资源匮乏的困扰时，创业者的工匠精神会激发其不断探索、寻找解决问题的途径。比如，通过拼凑的方式来解决问题。但是基于拼凑的研究已经发现，创业者在拼凑的时候有时会陷入短期利益陷阱，虽然解决了眼前的问题，但却损害了长远利益。创业者采用不规范、不标准的资源虽然快速解决了创业遇到的难题，但是却可能带来产品体验差、功能不佳的问题。如果创业者不注重此问题，将影响长远的利益。本研究中的创业者虽然采用了拼凑的方式解决问题，但是创业者拥有的商业思维、战略意识较好地克服了拼凑中的短期利益导向，通过拼凑实现了解决短期困难与实现长远利益的较好平衡。

（一）工匠精神

当前，对于工匠精神不论是国家层面还是学术研究都在不断强调其重要性和价值，对其本质和内涵也进行大量研究。梅其君、韩赫明和陈凡（2022）认为，中国意义上的工匠精神，其基本内涵主要包括“专一坚守”“敬业诚信”“传承创造”“精益求精”四个方面，具有“以德为先”“德技兼求”和“通艺通道”“道技合一”的特征。中国传统工匠精神本质上是一种工作价值观，也是一种人格理想的实现。在研究案例中，创业者都表现出了良好的工匠精神，比如案例 S12，“这是我们自制的一个专门捞螃蟹的秘密武器”，通过自己的实践摸索制造出专用工具。而且还有不服输、不怕折腾勇于探索的精神，案例 S5，“这个就必须折腾，没有白吃的午饭嘛，你这个不折腾拿啥吃?”。遇到问题持续探索、锲而不舍，案例 S7，“他就是一个爱钻研，不放过任何一个机会的人”。还不断通过试验，利用常见的资源解决问题，案例 S3，“基本上是每天都做试验，用不同面粉进行掺兑”，最终解决了包子皮软塌、不弹的问题。通过对案例的研究可以发现，创业者具有的工匠精神是支持其巧妙利用资源、知识实现拼凑、推动创业成功的关键。

二阶主题工匠精神编码示例如表 8 - 18 所示。

表 8 - 18　　二阶主题工匠精神编码示例

代表性语句	聚焦编码	一阶构念	二阶主题
做了市场调研，发现不同地域的消费习惯和需求各不相同（S2）	市场调研	实践实干	工匠精神
非常自信可以成功，因为他已经做了详细的考察调查（S3）	考察调查		
他一了解，发现当地大规模养殖的人很少，全县当时的存栏量也只有 5 000 多头（S8）	了解生产		
去附近几个水产市场转了一圈（S13）	了解市场		
这是我们自制的秘密武器，一个专门捞螃蟹用的网（S12）	自制工具		
后来他才摸索到了养殖秘诀，养出这样与众不同的罗非鱼（S13）	摸索方法		
又结合实际情况，在实践当中琢磨出了一种新的喂养方法（S13）	琢磨方法		
一次次试做，一共用掉了 1 000 多斤猪肉，价值 3 万多元（S5）	试做实验		
基本上是每天都做试验，天天的用不同面粉进行掺兑（S3）	试验		
他就是一个爱钻研，不放过任何一个机会的人（S7）	爱钻研	持续探究	
是我发明的，我的遮光板是可以移动的（S4）	发明工具		
她不断地寻找包子卖不出去的原因（S3）	寻找原因		
这个就必须折腾，没有白吃的午饭嘛，你这个不折腾拿啥吃（S5）	持续思考		

续表

代表性语句	聚焦编码	一阶构念	二阶主题
他不断地改变腊肉的熏制方法，寻找新的腊肉原料（S9）	寻找原料	持续探究	工匠精神
到外地考察，这块总结经验（S10）	总结经验		
但当时我就想，是不是有些鱼没吃到饲料（S13）	思考		
在水塘边转悠的时候又琢磨开了，水塘里能不能再混养一种鱼（S13）	又琢磨		
我想牛肉很好，因为我们这个国家牛肉的缺口一年要几百万吨（S11）	市场猜想		
如何减少水塘里罗非鱼的粪便（S13）	思考		
思来想去，××琢磨出来一招（S5）	思考		

（二）商业思维

基于案例的研究发现，创业者具有的竞争意识、求新求变意识等商业思维，为拼凑活动的开展提供了有力的支持。比如，案例S13，“用养殖脆肉鲩的方法去养，就有了独一无二的产品，也避免了竞争”的奇思妙想，经过不断尝试，虽然多次失败但最终养殖成功，将普通常见的罗非鱼养殖成了独一无二的脆肉罗非鱼，获得了竞争优势取得了成功。支持其取得成功的关键是抓住了竞争优势，体现了创业者的竞争思维。案例S11，追求与众不同，“养牛方式与众不同，越是成本高、风险大的事儿，他越要尝试”，靠着独特的竞争意识，养出了品质独特的肉牛，取得了成功。这体现了创业者不拘泥于传统，积极求新求变的创新思维。例如，案例S9，“不断换着法子做腊肉”，最终制作出了口味更好、品质更优的腊肉。案例S10，正是靠着创新获得了成功，自己也坦言“创新很重要，正是创新让她抓住了商机”。案例S9，用了很多的招法，“让传统的腊肉走出了新路子”。通过创新最终实现了发展，也体现了创业者的创新思维。

二阶主题商业思维编码示例如表8－19所示。

表 8－19　　二阶主题商业思维编码示例

代表性语句	聚焦编码	一阶构念	二阶主题
想法很超前，当地人养脆肉鲩，他却突发奇想要养脆肉罗非鱼（S13）	奇想	竞争意识	商业思维
用养殖脆肉鲩的方法去养，就有了独一无二的产品，也避免了竞争（S13）	独一无二		
他养牛方式与众不同，越是成本高、风险大的事儿，他越要尝试（S11）	与众不同		
他通过把价值 20 多万元的牛肉免费送人，最终实现了牛肉的优质优价（S11）	免费		
在这种情况下，迫使我们要进行一个转型（S13）	转型	求变求新	
采购经理的路子走不通，不如调整方向，给熟悉的厨师送猪（S7）	调整方向		
他不断换着法子做腊肉（S9）	换法子		
必须要找到一条能提高自己猪肉卖价的新出路（S3）	新出路		
以前五亩的水塘喂一次饲料一个小时，后来延长到三个小时（S13）	改变投料		
我们就得胆大一点，我们就应该积极勇敢地去创新（S13）	创新		
创新就是一种改变，如果不去创新，不去改变的话，永远都不会成功（S10）	求变创新		
想尽办法把螃蟹的规格养得更大，和同行拉开距离（S12）	拉开距离		
×××说，创新很重要，正是创新让她抓住了商机（S10）	创新		
这个叫××的年轻人还用了很多的招法，他让传统的腊肉走出了新路子（S9）	新路子		

（三）战略意识

虽然有研究表明，拼凑活动对创业绩效有着积极作用，但是对拼凑活动的一个批评就是，拼凑往往只考虑了解决眼前的问题而可能对长远利益产生影响。而案例中的创业者在进行拼凑时，体现出了一定的战略意识，从长远、综合角度来考虑如何开展拼凑活动，较好地解决了眼前困难和长远利益的冲突，取得了良好的绩效。比如，案例 S11，“养牛必须要会算账，而且要算大账，因为善于算大账，他养成了个头大、体质好的牛”，正是因为有了战略思维，才使得创业者在经营方式、产品开发方面形成了与众不同的优势。同时，创业者在拼凑中综合考虑问题，也使得资源拼凑、经营策略更具有长远的优势。案例 S2，“如果你从面上看这个成本是感觉好像投资 3 000 元，但如果你从产业持续运转方面看的话，一折摊的话，反而这个成本很低的”。案例 S5，“我们不仅得在工艺上跟上，在肉质口感上也得下功夫”，综合考虑问题使得创业者在资源的拼凑使用上也更为科学、合理，从而赢得了更多的竞争优势。

综合来看，创业者具有的工匠精神促使其不断探索、追求精益求精，在这个过程中生成了许多资源、知识拼凑利用的方式。同时，创业者具有的商业思维也促使这些拼凑行为符合商业利益，再加上创业者的战略意识，为通过拼凑解决当前问题和兼顾长远利益提供了支持。

二阶主题战略意识编码示例如表 8-20 所示。

表 8-20　　二阶主题战略意识编码示例

代表性语句	聚焦编码	一阶构念	二阶主题
如果你从面上看这个成本，感觉好像投资 3 000 元，但如果你从产业持续运转方面看的话，一折摊的话，反而这个成本很低的（S2）	持续运转	综合考虑	战略意识
我把这个利益让给从业者，让他们获益以后，他们会讲我们苗好，这无形中在帮我宣传（S2）	让利		
为了缩短养殖周期，他没有购买小鱼苗（S13）	缩短周期		
知道后却一口拒绝了，这是我的心血，给多少钱我也不会卖（S11）	不会卖		
养牛必须要会算账，而且要算大账，因为善于算大账，他养成了个头大、体质好的牛（S11）	算大账		
我们不仅得在工艺上跟上，我们在肉质口感上也得下功夫（S5）	工艺口感		
鱼苗孵化出来了，他却不卖，用三年时间布了一个局（S2）	布局	长远思考	
大规模养殖前期投入大，但长远来看，节约成本，便于管理（S11）	长远来看		

续表

代表性语句	聚焦编码	一阶构念	二阶主题
屠宰场这个价格……，但是远远体现不出我们这个牛肉的价值（S11）	体现价值	长远思考	战略意识
不仅仅限于我们广东地区，可以卖到全国各地（S13）	全国各地		
可这时他并没有满足于此，他一直在寻找一个机会，能让自己制作出更具特色的腊肉（S9）	寻找机会		

第九章

结论与讨论

第一节　基于多元统计方法的研究结果讨论

一、研究发现

基于多元统计方法的实证研究结果表明，大多数研究假设都得到了支持。基于理论分析与实证研究的结果都支持了创业团队异质性与绩效之间存在倒“U”型关系。这一研究发现为理解创业团队异质性与创业绩效关系提供了新的视角，有助于平息以往研究中关于两者间关系不一致甚至相互矛盾观点的争议。

（一）倒“U”型关系形成机制

虽然基于理论和实证检验的结果表明，创业团队异质性与创业绩效间具有倒“U”型关系，但是倒“U”型关系是如何形成的，还需要深入分析。团队异质性并不能直接作用于创业绩效，因此要理解团队异质性与创业绩效的关系就需要揭开作用过程。基于高阶梯队理论可知，当团队成员间异质性较低时（此时可以理解为团队间没有差异）团队容易陷入单一、同质化思维，团队内拥有的资源、技能也较为单一，不利于企业绩效；而团队成员间异质性较高时（此时可以理解为团队间差异很大），虽然团队内有较为丰富的资源、团队成员难以实现有效沟通，不利于快速形成统一的思想，从而影响创业绩效。但是，这并未有揭示出为团队异质性特征作用于创业绩效的过程，团队异质性特征作用于创业绩效的过程“黑箱”依然存在。而探索其影响创业绩效的中间过程机制是打开黑箱的关键。本书基于理论分析和实证研究的结果表明创业拼凑在两者关系起到了中介作用，即团队异质性会影响到拼凑行为，而拼凑行为对创业绩效产生影响。拼凑在团队异质性影响创业绩效的过程中，起到了中介、传导作用。同时，基于多元统计的研究发现，团队异质性与创业拼凑间存在倒“U”型关系。之所以存在倒“U”型关系是因为，拼凑的本质特征是创造性地利用各种廉价、闲置的资源，强调了创业者要创造、创新。而当团队异质性较低时，由于缺乏差异化的思维和多样化的技能，必然会导致拼凑活动不够活跃，自然创业绩效也就不好。而当异质性较高时，过高的差异化导致了团队成员间意见难以形成一致，也不利于迅速作出拼凑行动，从而影响到创业绩效。只有当创业团队异质性适中时才能更好地激发创业拼凑行为，从而提高创业绩效。因此，创业团队异质性对创业绩效的影响并不是线性的。造成这种倒“U”型的原因是，创业团队异质性是通过创业拼凑的中介作用来影响创业绩效的，而团队异质性对拼凑的影响具有倒“U”型的特征，因此创业团队异质性经过创业拼凑的倒“U”型传递后，也就形成了倒“U”型关系。由此，通过研究打开了团队异质性影响创业绩效的黑箱，并且探明了团队异质性与创业绩效间倒“U”型关系的形成机制。

（二）倒“U”型关系受到调节

在本书研究中发现了两条倒“U”型关系：一条是团队异质性与创业拼凑之间有倒“U”型关系；另一条是团队异质性与创业绩效间有倒“U”型关系，该倒“U”型关系经过了创业拼凑的中介。基于理论分析和实证研究的结果都表明，团队异质性与创业拼凑之间的倒“U”型关系都受到了创新氛围的调节。而团队异质性与创业绩效间的中介调节效应只有部分假设得到了支持。其中，创新氛围对性别异质性与创业绩效倒“U”型关系，创业经验异质性与创业绩效倒“U”型关系没有得到实证支持。造成这一差异的原因可能是：首先，创业团队异质性与创业拼凑倒“U”型关系都受到了创新氛围的调节，其原因如前所述，拼凑是创新、创造的过程，异质性为拼凑行为的展开提供了差异化的思维，而在高创新氛围下，这种差异化思维更容易出现和形成，因此会提升拼凑行为，反之，在低创新氛围下，拼凑所需要的差异化思维不易出现和形成，因此拼凑行为也不易出现。综合而言则表现为高低创新氛围下，拼凑行为会有差异。其次，创业团队异质性与创业绩效倒“U”型关系只有部分受到了创新氛围的调节，可能是因为性别异质性有助于团队中形成不同的思维，但是这种不同思维对创新氛围可能不够敏感，因而在高低创新氛围下，其对创业绩效的影响没有显著差异。同理，创业团队经验异质性有助于产生中庸、稳妥的资源使用思想，对创新氛围可能也不够敏感，其对创业绩效的影响不会随着创新氛围而发生显著的变化。因此，团队性别异质性、经验异质性对创业绩效影响的中介调节效应在实证检验中没有得到支持。

二、理论贡献

本书基于团队异质性与公司绩效之间的关系在学术界的争论开始，引入创业拼凑对团队异质性与创业绩效间关系开展研究，展现了创业团队异质性作用于创业绩效的过程，并揭示了其作用机理，具有较好的理论意义。

（一）深化了创业团队异质性与创业绩效关系的研究

首先，基于多元统计的研究发现创业团队异质性与新创企业绩效有着倒“U”型关系。作为学术界关注焦点，学者们对创业团队异质性与创业绩效之间的关系进行了大量研究，但结论具有差异性。本书通过对创业团队异质性与创业绩效间关系的研究，发现了创业团队性别、年龄、教育、创业经验、行业经验、职能经验异质性与创业绩效间并不存在简单的线性关系，而是倒“U”型关系。这一研究研究结论为理解、平息创业团队异质性与创业绩效关系争论有积极意义。

其次，研究揭示了创业团队异质性影响创业绩效的中间过程机制。学术界普遍认为创业团队异质性对新创企业绩效有着重要影响，并对此进行了大量研究，但对两者间关系的研究结论还存在争议。事实上，异质性并不能简单地直接作用于创业绩效，故需要对异质性作用于创业绩效的转化过程路径进行研究。对此，有研究者也认为团队异质性特征并不能直接影响创业绩效，对异质性影响创业绩效的转化过程进行研究是认知两者之间关系的关键，核心就在于挖掘两者间作用效应传导转化过程（于晓宇、李雅洁和陶向明，2017）。本书引入创业拼凑作为中介变量，检验创业拼凑在团队异质性与创业绩效间的中介效应，揭示了创业团队异质性影响创业绩效的中介过程。研究发现创业团队异质性对新创企业创业绩效的作用是通过创业拼凑得以实现，揭示了创业团队异质性与创业绩效呈倒“U”型关系的中间转化过程。研究结果虽然未能完全打开团队异质性影响创业绩效的“黑箱”，但为理解团队异质性与创业绩效间关系提供了新的思路。研究结果有助于深入理解创业团队异质性与创业绩效的关系，并对两者关系为何存在研究结论不一致的原因提供了新的理解。

（二）丰富了创业拼凑前因研究

创业拼凑被认为是创业者的独特行为，反映了创业不同于其他管理活动的独特性，是当前创业学者关注的热点问题，但是对于创业拼凑行为的产生及影响因素的研究目前还比较有限，创业拼凑前因研究还很匮乏。高阶梯队理论指出，高管团队的特征能够很大程度上影响自身的决策和行为（Hambrick et al.，1996），而且战略管理领域的实证研究表明，高管团队决策行为、战略选择等都受到团队特征的影响，学术界也普遍认同高管团队特征对高管团队行为有显著影响。然而创业团队的异质性特征是否也会对创业团队行为，比如创业拼凑产生影响却缺乏经验证据的支持。虽然有研究指出，创业团队成员的背景差异化程度越高代表组织的协作能力越强，会促进创业拼凑（Banerjee & Campbell，2009），但是关于创业拼凑前因的研究还很缺乏。本书研究发现了创业团队异质性与创业拼凑呈倒“U”型关系。研究表明，创业团队的异质性与创业拼凑之间的关系并非简单的线性关系，这一研究发现不仅对理解异质性与创业拼凑间的关系有积极作用，而且拓展了创业拼凑前因的研究。

三、研究不足与展望

创业团队的异质性特征影响创业绩效的过程机制及其机理是学术界关心的热点理论问题之一，虽然已有较为丰富的研究成果，但研究结论仍然存在不一致的现象（崔小雨、陈春花和苏涛，2018），进一步研究此问题，揭示创业团队的异质性特征影响创业绩效的过程机制及其机理具有重要意义。同时，如何组建创业团队是创业者面临的现实管理难题，对此虽然众说纷纭但是缺乏科学的解释，难以对创业实践形成有效的指导。本书研究成果部分解决了上述问题，但是也存在一些不足，这些不足可以成为将来研究的方向。

（一）只打开了创业团队异质性影响创业绩效的部分黑箱

基于多元统计方法，本书研究构建了以创业拼凑为中介机制的模型，利用调研所获得的数据实证揭示了创业团队异质性特征影响创业绩效的过程机制及其机理。研究发现，创业团队异质性是以创业拼凑为中介传导机制作用于新创企业绩效的，这一发现打开了理解创业团队异质性与新创企业绩效两者关系的黑箱，为解释创业团队异质性与新创企业绩效间的关系提供了新思路和新视角。但创业团队异质性影响创业绩效的中介过程路径很可能不止一条，还有没有其他中介路径？创业团队的其他行为如即兴行为、推理模式是否同样起到了中间转化作用。如有，其与团队异质性是何种关系？是不是也是倒“U”型关系？与创业绩效是什么关系？这些问题都值得进一步研究。对中间转化路径进行深入研究不仅有助于全面打开创业团队异质性与新创企业绩效关系的黑箱，而且能够丰富创业团队理论，并对创业实践活动的开展提供良好的指导。

（二）对情境因素的挖掘不够深入

在研究创业团队异质性特征与新创企业绩效关系时一个不能忽略的因素就是情境因素。情境因素通常会对创业团队异质性特征与新创企业绩效关系发生调节作用。本书考察了创新氛围这一情境因素的调节效应，为揭示创业团队异质性特征与新创企业绩效关系提供了经验证据。但是还有一些其他情境因素比如团队的领导方式、团队知识搜寻方式、团队创业导向等是否发挥了调节效应尚未可知。由于各方面条件的限制，本书未能将情境因素对创业团队异质性特征与新创企业绩效关系的影响充分考虑在内，因此所得到的结论可能不能很好地反映创业团队异质性特征与新创企业绩效关系机理。

（三）创业拼凑与创业绩效关系还有待深入研究

近年来关于创业拼凑与创业绩效关系的研究结论都支持了创业拼凑对创业绩效有积极作用的观点，但也有学者质疑创业拼凑是否真的有作用（Hendry & Harborne，2011）。因此，对创业拼凑与创业绩效间的关系还需要作进一步的研究。而要证实创业拼凑对创业绩效的作用，最有效的方法之一就是采用面板数据进行研究。但是限于条件，本书只采用了截面数据进行研究，对两者间因果关系的支持还不够有力。今后对这一问题可采用更能支持因果关系的方法，比如采用纵向研究方法进行更深入的研究，得到的研究结论不仅会具有重要的理论价值，而且会有很好的实践指导价值。

第二节 基于 fsQCA 方法的研究结论与讨论

一、研究发现

基于组态思想利用 fsQCA 方法的研究得出了一些与多元统计实证方法不同的结论。这些研究发现为揭示团队异质性特征与新创企业绩效关系提供了新的视角和新的经验证据，同时也为新创企业组建创业团队提供了有价值的指导。

（一）高异质性需要搭配低异质性

基于 fsQCA 的前述研究结果表明，在高成长绩效、高创新绩效、高财务绩效的组态中，既有高异质性特征也同时存在低异质性特征，表明团队成员在某些方面的高异质性一定要搭配某些方面的低异质性。只有这类既有差异性也有相似性的团队才能表现出较高的创业绩效。之所以需要高异质性与低异质性搭配方能形成较高的创业绩效，其机理可能在于：当团队中某些方面表现出高异质性时，表明团队具有丰富、多样、差异化的资源（如认知、经验、技能等），这些异质性的资源能够为创业拼凑活动的开展提供支持，从而促进创业绩效。但是当异质性过高时会抑制团队成员间的交流与沟通，不利于团队保持行动一致，从而影响到创业绩效。而低异质性表明了团队成员在某些方面具有较高的相似性，这种相似性则为团队成员间进行沟通提供了基础。因此，高低异质性都有的团队才能表现出较高的创业绩效。

（二）创业经验异质性作用不强

基于 fsQCA 的研究结果表明，不论是对于成长绩效、创新绩效、还是财务绩效，创业经验异质性都未能成为高绩效的核心条件。这一结果有些出乎意料。关于创业绩效的研究中，学术界通常认为创业团队的构成应当是创业老手和创业小白的结合，即创业经验有明显差异有利于创业绩效。其核心逻辑是创业经验对创业绩效有重要作用，但是过于丰富的经验会阻碍团队的创新，因此团队中也需要没有经验的创业小白。但是基于 fsQCA 的研究成果表明，高创业绩效团队中，并不要求存在创业经验异质性，甚至要求不存在创业经验异质性，高创业经验异质性不能引发高创业绩效。反而是具有同质性创业经验的团队，即团队中都是创业老手或是创业小白时才有利于高创业绩效。对此可能的解释是：一是在创业经验相似的情况下，团队成员之间更容易形成彼此的认同，团队有较强的凝聚力，从而在创业中更能发挥出团结拼搏的精神从而取得较好的绩效；二是本研究中的样本大多属于对技术、知识要求不高的行业，行业内隐藏的知识并不是很多，因而学习成本较低，有机会让小白短期内理解、掌握相关行业知识。因此，在这种行业中创业经验就显得并不重要。这也与学术界对创业经验的研究比较类似。比如，学术界对创业经验的重要性一直有着较大争议，有学者认为创业经验具有重要作用，而也有学者认为创业经验不具有多大作用，小白有时比老手更容易创业成功。造成研究结果差异的原因可能与样本特征有关。

（三）职能经验异质性有重要作用

基于 fsQCA 的研究还发现创业团队职能经验异质性在成长绩效、创新绩效、财务绩效达到高水平的组态中，基本都属于核心条件。这说明团队职能经验异质性对高创业绩效有着重要意义。团队职能经验异质性高表示团队成员具有不同的职业经历。职能经验通常指个体在各个职能领域或岗位上，如销售、市场、研发、工程、制造、金融等方面的工作体验（Haiyang & Yan，2007）。关于职能经验与创业绩效关系的研究非常丰富，基本都认同职能经验对创业绩效有积极作用。本书研究中也体现出了这一特征。在关于高成长绩效、高创新绩效、高财务绩效的共计 15 个组态中，职能经验异质性在 9 个组态中起到了核心作用，属于核心条件。对此的可能解释是，团队成员具有不同的职能经验对团队处理创业中遇到的不同问题提供了很好的支撑，不同职能间的协同配合，对解决问题、提高创业者能力有显著的帮助，特别是不同的职能经验反映了团队拥有多样的技能和多样的认知能力，这对资源拼凑有着积极作用。因此，职能经验异质性在创业绩效中起到了重要作用也就不难理解了。

二、理论贡献

基于 fsQCA 方法的研究，不同于传统的多元统计回归。本研究采用 fsQCA

方法开展异质性团队影响创业绩效的研究，不仅是一次视角的转换，也具有较好的理论贡献。具体而言其理论贡献主要有以下几点。

第一，现有团队异质性与创业绩效关系的研究中，学术界基本都采用了以多元统计回归为主的研究方法，只考察了团队异质性的单个或部分因素对创业绩效的影响。导致研究的碎片化，只知道单个因素对创业绩效有影响，却不知道多个单独因素共同发生作用时是否依然有效。本书采用 fsQCA 方法将多个团队异质性因素同时纳入研究中，从组态视角考察了多个团队异质性因素对创业绩效的影响。研究结果对理解团队异质性与创业绩效关系提供了新的视角，推动了两者间关系研究的深化。

第二，有助于对团队异质性与创业绩效关系的争议提供新的注解。关于团队异质性与创业绩效关系的研究一直存在不同甚至冲突的观点。研究结论的不统一除了团队异质性与创业绩效间存在倒“U”型关系（如前研究）之外，可能的另一个解释是，基于多元统计的研究没有考虑多个因素交织在一起、相互作用的后果。当多个团队异质性同时纳入研究并考虑其交互效应时，原本在多元统计下存在的研究关系就会出现变化。比如，在各种高绩效的组态中都存在某一、两个异质性特征变得不重要（存在与否不影响绩效），更有甚至某些异质性特征在不存在的情况下才会出现高创业绩效，这与基于多元统计研究方法的结果有着显著不同。这就为解释团队异质性与创业绩效关系的争议提供新的注解，即在多个因素交互的情况下，单个异质性特征对创业绩效的作用是不稳定的，而以往多元统计研究只关注了单个团队异质性的特征，出现研究结论不一致的现象也就不足为奇了。

三、研究不足与展望

基于 fsQCA 方法开展的研究虽然对理解创业团队异质性特征与创业绩效间关系提供了新的视角，并对理解两者间关系的争议提供了新的证据，但是依然存在以下四点不足。

（一）没有考察创业团队异质性组态与创业绩效关系的动态变化

在本书中，基于 fsQCA 方法对创业团队异质性与创业绩效关系的研究采用了截面数据，并没有考虑时间效应，这对理解因果关系是不够的。学术界普遍认为，对因果关系的考察必须要考虑时间效应，因此在今后的研究中，可以收集面板数据进行动态 QCA 研究，还可以在时间维度上对变量进行校准，更为准确科学地验证创业团队异质性与创业绩效间存在的因果关系。

（二）对创业团队异质性组态与创业绩效关系的情境特征缺乏研究

情境因素是多元统计研究方法中非常关注的变量之一（通常作为调节变量），同理在 QCA 方法中，也需要关注情境因素的作用，有学者就已经对在 QCA 方法中如何纳入情境变量进行了尝试。但是在本书中，由于条件限制，没有在 fsQCA 方法中引入情境因素，对深入揭示创业团队异质性影响创业绩效的机制是不利的。因此在未来的研究中，可以关注情境因素的作用，将情境因素纳入到研究中，更加精确地探究异质性团队组态在何种情境下会产生高创业绩效。这样的研究将会极大地提高研究结果的实践指导价值。

（三）团队异质性特征组态影响创业绩效机理不清楚

基于 fsQCA 的研究发现了 15 个引致高创业绩效关系的团队异质性组态，为创业绩效的提升提供了指导。但是存在的一个问题是，团队异质性组态是如何影响创业绩效的？其机理与过程并不能从 fsQCA 研究中得到足够的解释。在同一绩效结果中，存在不同组态，甚至组态中构成要素互相冲突，导致了在理论上不能很好地解释其机理，同时也无法展现出影响过程，团队异质性组态与创业绩效的关系似乎又成了一个“黑箱”。当然，要不要打开这一“黑箱”，如何打开这一“黑箱”还有许多争议。但笔者认为，在今后的研究中应当结合其他研究方法，比如扎根理论、案例研究深入剖析团队异质性组态影响创业绩效的机理与过程，打开两者间关系的黑箱。这样不仅能在理论层面更加深入、清晰地解释两者的关系，同时也为创业实践提供有价值的指导。

（四）低异质性团队的绩效需要引起关注

基于 fsQCA 方法的研究表明，在引发高创业绩效的组态中，高异质性基本都是核心条件，说明了团队高异质性对创业绩效有积极作用。但是基于组态的思想，并不能简单认为低异质性会导致低绩效。特别考虑到团队低异质性构成的独特性，即团队低异质性可以进一步划分为高水平的低异质性和低水平的低异质性。高水平的低异质性，即团队成员在经验、知识、教育等方面都具有丰富经历和高的教育水平，即团队里都是专家型的创业者。低水平的低异质性，即团队成员在经验、知识、教育等方面都不具有丰富经历和高的教育水平，即创业团队成员都是小白型的创业者。那么这两种团队结构在创业绩效方面会有什么样的差别？令人遗憾的是，纵观现有团队异质性的研究，对这两种低异质性都未作深入剖析。今后在研究中可以对此问题给予关注，特别是高水平低异质性团队的创业绩效更值得研究。

第三节　基于案例研究的结论与讨论

一、研究发现

案例研究方法与多元统计、fsQCA 有所不同，通过案例研究方法得到了一些新的发现，与上述两种方法的研究结论互为补充，能够更好地揭示创业团队异质性与创业绩效的关系及其作用机制与路径。

（一）三条赋能路径

基于案例研究发现了三条拼凑行为通过赋能促进创业绩效的路径，分别是给产品赋能、市场赋能、经营赋能。案例中的创业者通过拼凑实现了提升产品品质、开发出更多的产品、让产品更有特色实现了对产品赋能。同样，利用所拥有的资源，创业者不断创造性地开展拼凑，通过销售方式创新、市场运营创新实现了对市场赋能。此外，案例中的创业者，通过利用各种资源，实现了合作方式创新、经营管理创新，实现了对经营赋能。拼凑活动从产品、市场、经营三个层面为创业赋能，最终实现了较好的业绩。

（二）两种拼凑策略

基于案例的研究主要发现了两种拼凑策略：一种是知识拼凑；另一种是资源拼凑。知识拼凑强调了创业者对知识的创造性运用。案例中的企业不仅利用基于正规教育所获得的知识，也利用自己观察、自学获得的知识开展拼凑。当拥有的知识不够时，创业者也会启动知识搜寻机制、向专家请教来获得知识。案例中的企业在知识拼凑方面非常普遍，通过知识拼凑开拓商机、解决遇到的难题、创新经营方式等，很好地促进了创业绩效。同时，案例企业对资源的拼凑使用也非常普遍，而且基于案例的研究表明，创业拼凑对创业成功起到了重要作用。案例企业中的创业者往往利用不起眼、闲置甚至遭人嫌弃的资源开始创业或者解决创业中的难题，赋能产品、市场、经营从而实现了创业成功。从案例企业来看，创业者对资源拼凑使用是一个不断尝试的过程，通过试验不断优化，最终实现了对闲置、不起眼资源的有效拼凑使用。

（三）三种绩效

基于案例企业的研究发现，创业企业的绩效可以分为三种：以创业幸福感为核心的个人绩效；与市场销量、市场覆盖为核心的市场绩效；与售价、销售额为核心的财务绩效。个人绩效（创业幸福感）的维度包括了得到认可、内心满足两个维度。从案例企业研究发现，创业者都无一例外得到了亲朋、家人的认可，而且也因为自己的创业中帮助了其他人甚至为当地产业发展做了贡献而获得了满足感，得到了诸多荣誉和社会认可。当下，创业幸福感是创业研究领域的重点之一，但是基于中国情境下对创业幸福感的构成维度的认知还较为缺乏。本书通过案例研究初步构建了两维度的创业幸福感，为后续推进创业幸福感的研究提供了参考。案例企业都体现出了较好的市场绩效，主要表现在产品受到顾客好评，大家抢着买，甚至有人“开车 400 多公里”来购买。产品不仅受到了顾客好评，而且还得到了经销商的追捧，不少经销商在“地头等货”。案例企业都取得了不俗的市场绩效，产品销售价格高。案例企业通过拼凑改善了产品品质，突出了产品特色，从而使得产品获得了市场欢迎，销售价格也比同类产品高出很多，而且每年的销售额都不错，很多案例企业的销售额在当地同行中都名列前茅。

（四）拼凑支持系统

基于案例的研究还发现，创业者在开展拼凑的过程中，拼凑效果与创业者的某些个人特质有关。这些个人特质构成了拼凑支持系统，具体包括创业者的工匠精神、战略意识、商业思维。这三种特质为创业者在拼凑中实现拼凑与市场运营结合、拼凑与顾客需要结合、拼凑与未来发展结合提供了支撑，为拼凑活动的开展提供了更为科学的指导。这一发现为开展拼凑提供了一定的参考。以往的研究中只关注了拼凑行为的后果，但是却忽略了拼凑行为的发生诱因。

本书关于创业拼凑支持系统的发现有助于理解拼凑的发生机理。

（五）理论模型

对13个案例综合分析后，可以发现，案例企业都普遍面临了资源不足的困境，其中尤以物质资源、知识资源缺乏为甚。但是案例企业通过资源拼凑、知识拼凑为产品、市场、经验赋能，从而获得不俗的创业绩效。同时，在拼凑活动开展中，以创业者工匠精神、战略意识、商业思维构成的拼凑支撑系统发挥了重要作用。即案例企业面临资源匮乏时，主要通过资源拼凑、知识拼凑，来提升、改造、丰富产品，实现销售方式、市场经营创新来获得创业绩效。在这一过程中，创业者的工匠精神、战略意识、商业思维为拼凑行为提供了重要支持，而且创业者获得绩效后会强化个人的工匠精神，激励其更加投入和不断探索，强化其战略意识、商业思维，为拼凑行为提供更好的支持。而且拼凑和赋能成功后，也会进一步激发创业者的工匠精神、商业思维、战略意识。综合案例发现，构建出如图9－1所示的理论模型，直观地展示了拼凑行为的发生及作用于创业绩效的过程。

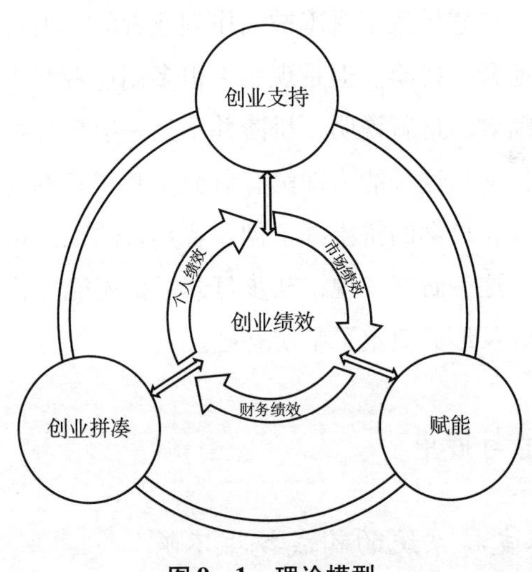

图9－1　理论模型

二、理论贡献

基于案例的研究，通过深入剖析创业拼凑作用于创业绩效的过程，提炼出赋能路径以及支持拼凑行为的创业者个人特征。较好地揭示了创业拼凑行为的作用过程和机理，具有一定的理论贡献，具体而言有以下两点贡献。

（一）揭示了创业拼凑作用于创业绩效的过程

创业拼凑是新创企业利用资源的一种方式，学术界对其进行了大量的研究，普遍认同拼凑能够对创业绩效产生积极效应。但是目前对创业拼凑是如何作用于创业绩效的却知之甚少。基于案例的研究发现，创业拼凑（本书中是知识拼凑、资源拼凑）是通过对产品、市场、经营赋能三条路径对创业绩效产生影响。创业者利用拼凑提高了产品品质、市场开拓能力、创新经营管理，从而促进了创业绩效。这一研究发现揭示了创业拼凑作用于创业绩效的路径和过程，为理解创业拼凑如何作用于创业绩效提供了经验证据。

（二）为打开创业拼凑能力的黑箱奠定了初步基础

虽然目前关于创业拼凑作用的研究较为丰富，但是鲜有研究关注拼凑能力是如何构成的，这一缺憾导致了拼凑被当作创业者的一项自带技能，似乎每一位创业者都能很好地开展拼凑。但是现实中很多创业者并不能很好地利用资源开展拼凑提升创业绩效。这就说明，拼凑并不是一项自带技能，拼凑需要某种能力的支持。但是目前对这种能力却鲜有研究。基于案例的研究发现，创业者之所以能够开展有效、科学的拼凑源于创业者具备的工匠精神、战略意识、商业思维的共同作用。这一研究发现，初步打开了拼凑能力构成黑箱，为进一步研究拼凑能力的构成及形成奠定了坚实基础。

三、研究不足与展望

（一）对拼凑支持系统的构成挖掘不够

基于案例的研究只从创业者个体特质方面挖掘了对拼凑活动的支持因素，而缺乏对其他可能支持因素的挖掘。例如，创业者的认知能力、创新能力、学习能力是否对拼凑起到支持作用？再如，外部环境中的知识可得性、信息可得性、资源可得性是否对拼凑起到了支持作用？在今后的研究中可以扩展研究视角，从创业者个人与外部环境两个视角挖掘对创业拼凑的支持因素，从而为更好地开展拼凑活动提供理论指导。

（二）没有考虑情境因素对拼凑效果的影响

在多元统计研究中对情境因素作用的研究较为普遍，通常采用计算交互效应的方式进行研究。在多案例研究中也可以考察情境因素的作用，即探寻是否存在情境因素起到调节效应。但是由于本书的案例都来自中央电视台《致富经》栏目，所能获取的情境因素资料有限，因此本案例研究中未能对是否存在情境因素对拼凑与创业绩效关系产生调节效应进行研究。未来可以选择在多案例研究的同时收集相关情境因素，通过差异化复制来考察是否存在情境因素及其调节效应，以便更深入剖析创业拼凑对创业绩效的影响。

第四节　管理启示与研究反思

一、管理启示

本书的研究成果除了具有一定的理论价值之外还同时具有较强的实践价值。由于创业具有较高的风险，因此团队创业成为了主要的创业形式。但是摆在创业团队面前的一道难题是如何选择团队成员组成创业团队，这就需要深入研究什么样的创业团队能够有利于创业成功。本书的研究较好地回答了这个问题。通过利用多元统计、fsQCA 方法、案例研究，基本厘清了创业团队特征作用于创业绩效的过程及机制，为新创企业应当组成什么样的创业团队提供了指导。

首先，团队成员要有一定的差异性。基于研究成果，新创企业在组建团队时，团队成员在年龄、性别、受教育程度、创业经验、行业经验、职能经验方面应当保持合理的异质性。即创业团队成员在年龄、性别、受教育程度、创业经验、行业经验、职能经验不能过于趋同，也不能差异太大。当团队成员在上述六个特性方面高度趋同时，虽然彼此间由于相似的经历易于保持较好的沟通，并且容易达成彼此的认同，但是高度趋同的特征容易滋生同质化思维，不利于新思维的形成。而创业是一个不断创新的过程，需要创业者不断创新，因此团队成员应当具有差异性。同时，创业团队成员在上述六个特性方面的差异也不能过大。成员间过大的差异虽然有利于团队成员从各自独特的视角来分析创业中遇到的问题，形成具有较大差异化的观点或解决方法，但是过高的差异容易导致团队断层、割裂，导致团队缺乏共识、凝聚力，不利于团队的稳定和合力的形成。因此，团队在选择成员时需要考虑让团队成员保持一定的异质性。恰当的异质性可以让团队成员间有一定的差异，从而有利于团队中不同观点的形成，促进团队创新能力，同时将差异控制在一定范围内，还有利于团队成员彼此的认同和凝聚力的形成。

其次，团队要考虑异质性特征的组合。在团队组建中除了考虑团队成员在上述特性方面要保持一定的差异性外，还要考虑哪些差异特征及其组合对创业有利，这对团队的组建也具有重要的意义。因为通常对一个创业团队来说很难在团队组建中兼顾上述六个特性，因此突出部分异质性特性对团队而言更具有现实意义。本书基于模糊集定性比较的成果较好地解决了这一问题，为创业团队在组建团队时如何突出特征组合提供了有意义的指导。从研究结果来看，创业成长绩效、创新绩效、财务绩效受到不同异质性特征组态的影响，这样就能为追求不同绩效的创业团队在团队特征组态方面提供指导。比如，追求成长绩效、创新绩效、财务绩效的新创企业可以参考基于 fsQCA 的研究成果，组建具有对应组态特征的团队。

最后，异质性团队要注重有效沟通并提高创新氛围。当创业团队具有较高的异质性时能够丰富团队的技能组合、易于形成多样创新的观点、获得多样的信息，但是同时也会带来团队成员间沟通的困难，不利于团队凝聚力的形成，这不利于创业绩效。因此，在高异质性团队中要尽可能地提升团队成员间的有效沟通，促进团队成员间沟通交流。同时，新创企业由于天生弱小，在创业初期缺乏资源，因而创业拼凑成为其提升绩效的独特行为。但是如何塑造有利于拼凑行为的环境、提升创业团队拼凑能力的研究却不多。研究结果表明，在良好的团队创新氛围下，成员通过积极有效的创新实践能够提升拼凑行为，进而有利于创业绩效。因此，对于创业团队而言应当积极营造创新氛围来鼓励成员间开展创新实践，提升创业拼凑活力。具体而言，创业团队可以通过举行定期交流会议、头脑风暴、制定鼓励创新的制度、形成包容的文化等提升创新氛围，实现对创业拼凑的鼓励，从而达到提高创业绩效的目的。

二、研究反思

（一）研究结果的稳健性

创业团队异质性对创业绩效的影响是学术界长期研究和争议的话题，多种研究结论长期并存。这种混乱的现象对进一步开展理论研究和指导创业实践都产生了不良的影响。为了更加全面、更加科学地解释创业团队异质性影响创业绩效的机理及其过程，本书从创业拼凑视角开展研究，并且在研究中采用了多元统计、fsQCA、案例研究三种方法以求能够更为全面、科学地解释这一现象。将上述三种方法同时运用于研究中是本书的创新之一，同时也是一个巨大的挑战。

为了验证统计计量方法研究结果的稳健性，本书用其他方式检验了主要结果。首先，用巴罗凯尼（Baron & Kenny，1986）的方法进行了中介的再一次检验，结果支持了中介效应的存在。其次，对倒“U”型效应采用阿萨夫等（Assaf et al.，2019）的方法再次进行了检验，结果表明倒“U”型关系存在。最后，对调节中介效应我们采用对调节变量在25%、75%分位取值再进行检验，结果表明调节效应大都存在。采用不同方法的检验结果都支持了基于统计计量方法的研究假设，表明基于统计计量研究方法得到的结论具有一定的稳健性。同样，基于模糊集定性比较方法的研究都采用了提高阈值、检验因果对称性的方法检验了稳健性，结果都表明具有一定的稳健性。案例研究基于多数据来源展开，并且进行了理论饱和度检验，保障了研究结果的可靠性。

（二）如何理解不同研究方法形成的结论

本书采用了三种方法开展研究，基于每种方法形成了各自的研究结论。对此在理解和认知中应当注意以下几点。

首先，研究结论并不能简单进行对比。由于三种方法研究目的、解决的问题有所不同，因此在研究中就各有所侧重，所得结论也存在差异。比如，基于多元统计的研究，证实了团队性别、年龄、教育、创业经验、行业经验、职能经验异质性与创业绩效有着倒“U”型关系，但是在模糊集定性比较中，所形成的组态中部分异质性特征为核心条件、部分异质性特征却是边缘条件，甚至部分条件不出现时才有高创业绩效。对此不能简单地比较或作为彼此质疑的理由。这只是因为研究方法和研究目的不同而形成的结论差异。

其次，不同方法形成的结论应当互补看待。采用三种方法开展研究的目的之一就是从不同的视角来揭示创业团队异质性作用于创业绩效的过程。因此，对三种方法形成的结论应当互补看待和理解。如前所述，三种方法各有优缺点，每一种研究方法都为理解创业团队异质性作用于创业绩效提供了独特视角。因此，研究结论虽然有所差异，但是都从一个视角揭示了作用过程，为理解两者间的关系提供了帮助。而且将三种方法形成的结论结合起来就能够更好地理解创业团队异质性作用于创业绩效的过程及机制。

在今后的研究中还可以继续对结论间不一致的原因进行深入探究，以期为理解创业团队异质性作用于创业绩效的过程提供更为深入、科学的解释。

（三）三种研究方法的关系

创业团队异质性与创业绩效关系的研究中，主流的方法是采用基于大样本数据的统计计量。这种方法能够较为精确地检验两个变量间的关系，同时在引入控制变量的情况下，能够分析自变量与因变量的关系。这种方法虽然得到了学术界的普遍认可，但是随着研究的深入，统计计量方法在管理学问题研究中的弊端也日益显现。

首先，管理学中的现象往往具有因果复杂性，一个现象的发生很可能是受到多个因素共同作用的结果。比如，创业绩效是一个受到多因素影响的结果，但是统计计量方法只考虑了一个因素的作用，即便是引入了控制变量，看似考虑了多个变量的作用，但是却没有考虑多个变量间共同作用的“化合”效应，难以真实有效地反映变量的因果关系，特别是现象发生的影响因素。随着定性比较研究方法的发展，为研究某一现象发生的影响因素提供了新的视角。基于此，本书还采用模糊集定性比较的研究方法，从组态视角研究了创业团队异质性特征，研究发现了引致新创企业成长绩效、创新绩效、财务绩效的多条不同路径（组态），这不仅为研究创业团队异质性与创业绩效间的关系提供了新的视角，也较好地弥补了传统计量方法的不足。

其次，多元统计方法、模糊集定性比较研究方法都不能对变量间作用过程进行深入描画，不能解释“how”“why”问题。具体到本书的研究，揭示创业团队异质性作用于创业绩效的过程是核心目的之一。因此，在本书中还采用了案例研究方法。通过案例研究方法深入剖析了创业团队异质性作用于创业绩效的过程，揭示了创业团队异质性作用于创业绩效的中间过程及其发生机制。为理解创业团队异质性如何以及为何影响创业绩效提供了经验证据。

综合而言，三种方法的结合较好地揭示了创业团队异质性影响创业绩效的过程机制，但三种方法各有优缺点，并没有高低之分。在研究中采用三种研究方法只是为了实现研究的互补，并不是为了比较三种方法的优劣。

（四）创业研究方法的选择

相较于战略管理、组织行为等成熟学科而言，创业学是一门还很年轻的学科，研究方法还不够丰富，还有很大的拓展空间。同时，由于创业情境的多样化，要求研究方法的多样化。近些年来，创业研究方法也得到了极大的发展。综合国内外学者的研究，参考杨俊、朱沆和于晓宇（2023）的观点，创业研究的方法主要包括以下几种：（1）以传统的多元回归为主的定量研究方法。这种方法以计量经济学、统计学方法为基础，主要利用回归方法开展创业研究。数据可以采用截面数据，也可以采用时序数据（面板）。（2）定性方法。主要包括案例研究、扎根理论、民族志、内容分析。这类方法以访谈、文献资料为主要数据，通过归纳方法开展研究。（3）结合定量与定性特点的混合研究方法。由于单一研究方法的局限性，因此学者们在研究中开始采用两种方法的结合，希望利用两种方法的优点，提升研究质量。本书采用了定量（多元回归）与定性（案例）相结合的研究方法。（4）基于 QCA 方法的研究。QCA 方法经过多年的发展已经较为成熟，已在多个学科得到应用。该方法自从被国内学者杜运周引入后，在工商管理学科得到了快速发展，在创业领域也得到了应用。本书中也使用了该方法。（5）创业叙事研究方法。自 20 世纪 80 年代起，“语言转向”的兴起对实证主义研究一直采用的“镜子逻辑”提出了挑战，逐渐形成了叙事研究（narrative inquiry）方法，该方法是经验的再现与反思，也是意义生成的途径。目前叙事研究方法在社会学、心理学、组织学、教育学得到了发展并形成了自己的特点和内涵。自 20 世纪 90 年代起，创业领域也开始引入叙事研究，之后得到国内学者的重视，并被认为“某种程度上，叙事研究方法可以为国内创业研究带来可能的突破（王辉，2015）”。（6）内容分析法。由于叙事研究的兴起和发展，研究中需要处理大量文本资料，如企业年报、新闻报道、访谈文本、档案资料，这就引发了内容分析法（content analysis）的广泛传播。内容分析法有着悠久的历史，贝尔森（Berelson，1952）认为内容分析法是“一种对显性传播内容进行客观、系统、定量描述的研究方法”。核心方式是记录词语出现的频次，通过频次实现对文本资料显性内容的量化分析（金伯莉·纽恩多夫，2020）。近年来，内容分析法在国内创业研究领域也得到了发展，特别是在计算机辅助下利用软件进行的内容分析研究越来越多。（7）实验方法。利用传统的统计方法进行创业研究，不可避免地存在内生性问题，即便可以采用控制其他变量的方式来削弱可能存在的内生性问题（Reeb et al.，2012），但无法提高内部效度。而且问卷得到的数据难以避免主观主义、回忆偏差以及“修正主义”的影响（Golden，1992）。因此，在组织行为学、心理学以及实验经济学中被广泛应用的实验研究方法被引入创业研究。虽然，目前来看基于实验方法的创业研究在国内还比较缺乏，但是由于其自身的优点，这一方法在未来的创业研究中应当有其一席之地。（8）大数据与机器学习方法。随着大数据、人工智能技术（artificial intelligence）的发展，以及算力与算法的提高，利用大数据、人工智能开展创业领域的研究已经成为可能，其热度也正在不断上升。人工智能和机器学习可以分析大量数据背后的关联关系，可以用于理论构建，虽然无法遵循逻辑推理的要求，但是可以按照规划的模型分析数据的联系，而且还可以利用大数据与人工智能实现有效的因果分析。因此，基于大数据与机器学习，结合人工智能被看作是未来创业研究的重要方法之一。

时至今日，创业研究引入了不同的研究方法来应对不同情境下的研究需要，这极大地提高了研究的科学性与可靠性。但是一个不容忽视的问题是，在众多的创业研究方法中，是否存在一个主流的创业研究的方法？还是说创业研究不得不在丰富的情境下选取不同的研究方法开展研究？如果是后者，那么对创业研究而言其学习成本将大幅提高，同时也会存在研究结果难以比较的问题，而这是需要创业研究领域的学者思考和解答的关键问题之一。

（五）创业研究如何指导创业实践

近年来工商管理研究受到了学界的质疑与批评，核心问题是基于传统多元统计研究方法得出的研究结果无法对工商企业的实践进行指导。工商管理的研究被当作是少数学术圈内人员的研究游戏，与工商企业的实践活动也越来越割裂。同样的问题也发生在创业研究中，大量缺乏现实价值甚至在现实中难以找到的现象却成为了创业研究学者潜心研究的课题，因此引发了创业研究能否指导创业实践的疑问。创业本是一项实践性非常强的活动，其研究成果也应当体现出对实践的指导能力。创业研究要想打破能否指导创业实践的疑问，发挥指导实践的价值与作用，就必须深入到创业实践中，了解正在发生的创业现象，以中国情境为依托，提炼出能够适用的创业理论，方能实现对创业实践的指导。一方面，在研究选题上要贴合实践，将创业实践中正在发生的、需要理论指导的问题作为研究对象；另一方面，在研究方法上应当采用能为创业者接受和认同的方法，让创业者能够看懂、理解研究结论。只有以实践中的问题为研究对象，以创业者能够理解和认可的方法得到的研究结论，才能实现对创业实践的指导，才是“有用”的研究。

附　　录

附录1　多元统计研究假设实证检验结果

研究假设	是否支持
H5-1：创业团队性别异质性与新创企业成长绩效存在倒“U”型关系	是
H5-2：创业团队教育异质性与新创企业成长绩效存在倒“U”型关系	是
H5-3：创业团队年龄异质性与新创企业成长绩效存在倒“U”型关系	是
H5-4：创业团队创业经验异质性与新创企业成长绩效存在倒“U”型关系	是
H5-5：创业团队行业经验异质性与新创企业成长绩效存在倒“U”型关系	是
H5-6：创业团队职能经验异质性与新创企业成长绩效存在倒“U”型关系	是
H5-7：创业团队性别异质性与新创企业创新绩效存在倒“U”型关系	是
H5-8：创业团队教育异质性与新创企业创新绩效存在倒“U”型关系	是
H5-9：创业团队年龄异质性与新创企业创新绩效存在倒“U”型关系	是
H5-10：创业团队创业经验异质性与新创企业创新绩效存在倒“U”型关系	是
H5-11：创业团队行业经验异质性与新创企业创新绩效存在倒“U”型关系	是
H5-12：创业团队职能经验异质性与新创企业创新绩效存在倒“U”型关系	是
H5-13：创业团队性别异质性与新创企业财务绩效存在倒“U”型关系	是
H5-14：创业团队教育异质性与新创企业财务绩效存在倒“U”型关系	是
H5-15：创业团队年龄异质性与新创企业财务绩效存在倒“U”型关系	是
H5-16：创业团队创业经验异质性与新创企业财务绩效存在倒“U”型关系	是
H5-17：创业团队行业经验异质性与新创企业财务绩效存在倒“U”型关系	是
H5-18：创业团队职能经验异质性与新创企业财务绩效存在倒“U”型关系	是
H5-19：创业团队性别异质性与创业拼凑存在倒“U”型关系	是
H5-20：创业团队教育异质性与创业拼凑存在倒“U”型关系	是
H5-21：创业团队年龄异质性与创业拼凑存在倒“U”型关系	是
H5-22：创业团队创业经验异质性与创业拼凑存在倒“U”型关系	是
H5-23：创业团队行业经验异质性与创业拼凑存在倒“U”型关系	是

续表

研究假设	是否支持
H5－24：创业团队职能经验异质性与创业拼凑存在倒“U”型关系	是
H5－25：创业拼凑中介了创业团队性别异质性对新创企业成长绩效的影响	是
H5－26：创业拼凑中介了创业团队教育异质性对新创企业成长绩效的影响	是
H5－27：创业拼凑中介了创业团队年龄异质性对新创企业成长绩效的影响	是
H5－28：创业拼凑中介了创业团队创业经验异质性对新创企业成长绩效的影响	是
H5－29：创业拼凑中介了创业团队行业经验异质性对新创企业成长绩效的影响	是
H5－30：创业拼凑中介了创业团队职能经验异质性对新创企业成长绩效的影响	是
H5－31：创业拼凑中介了创业团队性别异质性对新创企业创新绩效的影响	是
H5－32：创业拼凑中介了创业团队教育异质性对新创企业创新绩效的影响	是
H5－33：创业拼凑中介了创业团队年龄异质性对新创企业创新绩效的影响	是
H5－34：创业拼凑中介了创业团队创业经验异质性对新创企业创新绩效的影响	是
H5－35：创业拼凑中介了创业团队行业经验异质性对新创企业创新绩效的影响	是
H5－36：创业拼凑中介了创业团队职能经验异质性对新创企业创新绩效的影响	是
H5－37：创业拼凑中介了创业团队性别异质性对新创企业财务绩效的影响	是
H5－38：创业拼凑中介了创业团队教育异质性对新创企业财务绩效的影响	是
H5－39：创业拼凑中介了创业团队年龄异质性对新创企业财务绩效的影响	是
H5－40：创业拼凑中介了创业团队创业经验异质性对新创企业财务绩效的影响	是
H5－41：创业拼凑中介了创业团队行业经验异质性对新创企业财务绩效的影响	是
H5－42：创业拼凑中介了创业团队职能经验异质性对新创企业财务绩效的影响	是
H5－43：创新氛围对创业团队年龄异质性与创业拼凑之间关系起到正向调节作用	是
H5－44：创新氛围对创业团队性别异质性与创业拼凑之间关系起到正向调节作用	是
H5－45：创新氛围对创业团队教育异质性与创业拼凑之间关系起到正向调节作用	是
H5－46：创新氛围对创业团队创业经验异质性与创业拼凑之间关系起到正向调节作用	是
H5－47：创新氛围对创业团队行业经验异质性与创业拼凑之间关系起到正向调节作用	是
H5－48：创新氛围对创业团队职能经验异质性与创业拼凑之间关系起到正向调节作用	是
H5－49：创业团队性别异质性与创新氛围的交互效应经由创业拼凑对新创企业成长绩效产生积极影响	否
H5－50：创业团队年龄异质性与创新氛围的交互效应经由创业拼凑对新创企业成长绩效产生积极影响	是
H5－51：创业团队教育异质性与创新氛围的交互效应经由创业拼凑对新创企业成长绩效产生积极影响	是

续表

研究假设	是否支持
H5－52：创业团队创业经验异质性与创新氛围的交互效应经由创业拼凑对新创企业成长绩效产生积极影响	否
H5－53：创业团队行业经验异质性与创新氛围的交互效应经由创业拼凑对新创企业成长绩效产生积极影响	是
H5－54：创业团队职能经验异质性与创新氛围的交互效应经由创业拼凑对新创企业成长绩效产生积极影响	是
H5－55：创业团队性别异质性与创新氛围的交互效应经由创业拼凑对新创企业创新绩效产生积极影响	否
H5－56：创业团队年龄异质性与创新氛围的交互效应经由创业拼凑对新创企业创新绩效产生积极影响	是
H5－57：创业团队教育异质性与创新氛围的交互效应经由创业拼凑对新创企业创新绩效产生积极影响	是
H5－58：创业团队创业经验异质性与创新氛围的交互效应经由创业拼凑对新创企业创新绩效产生积极影响	否
H5－59：创业团队行业经验异质性与创新氛围的交互效应经由创业拼凑对新创企业创新绩效产生积极影响	是
H5－60：创业团队职能经验异质性与创新氛围的交互效应经由创业拼凑对新创企业创新绩效产生积极影响	是
H5－61：创业团队性别异质性与创新氛围的交互效应经由创业拼凑对新创企业财务绩效产生积极影响	否
H5－62：创业团队年龄异质性与创新氛围的交互效应经由创业拼凑对新创企业财务绩效产生积极影响	是
H5－63：创业团队教育异质性与创新氛围的交互效应经由创业拼凑对新创企业财务绩效产生积极影响	是
H5－64：创业团队创业经验异质性与创新氛围的交互效应经由创业拼凑对新创企业财务绩效产生积极影响	否
H5－65：创业团队行业经验异质性与创新氛围的交互效应经由创业拼凑对新创企业财务绩效产生积极影响	是
H5－66：创业团队职能经验异质性与创新氛围的交互效应经由创业拼凑对新创企业财务绩效产生积极影响	是

附录2　调查问卷

创业团队特征与新创企业绩效问卷

您好，本问卷用于学术研究，所有结果都是保密的。请您放心作答，您的回答对研究成果的科学性有重要意义。

注意：1. 本问卷只限公司创立8年以内（含8年）的新创公司填写，公司创立8年以上请勿填写。

2. 本问卷中团队成员是指贵公司全职工作的核心成员，通常是副总及以上成员。

1. 贵公司成立有几年?（请填具体数字）

____

2. 贵公司所属的行业为（请勾选）

○制造业　○农业　○餐饮　○科技　○文化　○金融　○教育　○体育　○电商　○零售　○其他

3. 贵公司有多少员工?（请填写具体人数）

____

4. 贵公司团队成员

有__________人，其中女性有__________人（请填具体数字）

5. 团队成员的年龄分别是多少岁?

____________________（请按团队成员数分别填写具体数字）

6. 团队成员中曾经（请填具体数字）

有创业经验的有几人? ____________________

没有创业经验的有几人? ____________________

7. 创业团队成员学历情况（以最高学历为准，请填具体数字）

研究生有几人? ____________________

本科学历有几人? ____________________

大专学历有几人? ____________________

大专以下学历有几人? ____________________

8. 团队成员中曾经（请填具体数字）

从事过经营管理工作的有几人？____________________

从事过营销工作的有几人？____________________

从事过技术工作的有几人？____________________

从事过财务工作的有几人？____________________

从事过生产管理工作的有几人？____________________

9. 团队成员在现行业从业的年限分别是多少？（请按团队人数分别填写具体数字）

____

10. 你是否同意下列对贵公司物资使用行为的描述？（请勾选）

描述	完全不同意	不同意	一般同意	同意	完全同意
“将就”使用各种物资在公司很常见	○	○	○	○	○
善于为各种物资找到更好的用途	○	○	○	○	○
常常利用廉价物资促进公司发展	○	○	○	○	○

11. 你是否同意下列对贵公司知识资源使用行为的描述？（请勾选）

描述	完全不同意	不同意	一般同意	同意	完全同意
常常自学各种知识、技能来解决问题	○	○	○	○	○
利用一些简单的知识、技能解决了很多问题	○	○	○	○	○
通过整合利用公司现有的各类知识来解决遇到的问题	○	○	○	○	○
遇到问题总是寻求外部专业人士的帮助	○	○	○	○	○

12. 你是否同意下列对贵公司人际资源利用行为的描述？（请勾选）

描述	完全不同意	不同意	一般同意	同意	完全同意
善于开发现有人际资源的新价值	○	○	○	○	○
经常整合公司内外的人际资源来解决问题	○	○	○	○	○
善于利用公司现有的人际资源来解决问题	○	○	○	○	○

13. 你是否同意下列对贵公司财务绩效的描述？（请勾选）

描述	完全不同意	不同意	一般同意	同意	完全同意
利润率比去年高	○	○	○	○	○
市场份额比去年大	○	○	○	○	○
净利润比去年多	○	○	○	○	○

14. 你是否同意下列对贵公司创新绩效的描述？（请勾选）

描述	完全不同意	不同意	一般同意	同意	完全同意
新产品产值占总产值的比重快速提高	○	○	○	○	○
新产品开发速度快于竞争对手	○	○	○	○	○
申请的专利数多于竞争对手	○	○	○	○	○

15. 请选择贵公司业务的增速。（请勾选）

描述	10%以下	10% ~ 20%	20%以上 ~ 40%	40%以上 ~ 60%	60%以上 ~ 80%	80%以上 ~ 100%	100%以上
销售额增长速度	○	○	○	○	○	○	○
净利润增速	○	○	○	○	○	○	○
员工数量增速	○	○	○	○	○	○	○

16. 你是否同意下列对团队目标的描述？（请勾选）

描述	完全不同意	不同意	一般同意	同意	完全同意
团队成员都认同团队目标	○	○	○	○	○
团队成员都清楚地了解团队目标	○	○	○	○	○
团队目标是完全可以实现的	○	○	○	○	○
团队目标对整个组织具有重要意义					

17. 你是否同意下列对团队创新情况的描述？（请勾选）

描述	完全不同意	不同意	一般同意	同意	完全同意
团队总是探索新的解决方案	○	○	○	○	○
团队有激励新思维产生的机制	○	○	○	○	○
团队成员在发展应用新创意上通力合作	○	○	○	○	○
团队允许成员在寻找新创意上花费时间					

18. 你是否同意下列对团队工作状况的描述？（请勾选）

描述	10%以下	10%～20%	20%以上～40%	40%以上～60%	60%以上～80%	80%以上～100%	100%以上
我的同事竭尽所能帮我提高工作绩效	○	○	○	○	○	○	○
同事之间经常正向交流工作观点	○	○	○	○	○	○	○
团队非常重视每个人的工作贡献	○	○	○	○	○	○	○

19. 你是否同意下列对团队关系的描述？（请勾选）

描述	完全不同意	不同意	一般同意	同意	完全同意
团队成员之间能够彼此理解和相互认可	○	○	○	○	○
我感觉我所在的团队是一个整体	○	○	○	○	○
团队成员能够定期或随时交换想法	○	○	○	○	○
团队新方案即使未能达到预期效果，成员也不会受到影响					

附录3 访谈提纲*

1. 请问你们创办这家公司有几年了？目前主营业务是什么？有多少员工？您目前的工作职位是？您加入公司有几年了？

2. 公司营业收入情况如何？利润情况如何？

3. 现在的创业团队成员的教育层次，年龄分布如何？男女比例是？所学专业差异是否较大？创业经历、职业经历、行业经历如何？

4. 在创业中成功解决了哪些遇到的困难？怎么解决的？为什么能成功解决？

5. 在创业中有哪些困难没有得到很好的解决？为什么？

6. 公司有哪些好的创新、创造、创意？是如何形成的？

7. 能否介绍一下公司在管理方法、开发新产品、开拓新市场时有什么妙招？是如何想出来的？

8. 团队成员在讨论公司问题时能否自由表达自己的意见？如果对自由表达的程度分1~10级，你打多少分？

9. 团队成员是否都会参与到公司发展问题的交流讨论？彼此间观点差异大不大，有没有争论？请举几个例子。

10. 这种差异化的观点或争论对公司决策、发展是有利还是不利？

11. 团队成员在解决问题的方式上或发展理念上是否有冲突？如果有冲突会怎样处理？团队成员如何看待冲突，冲突是好事还是坏事？

12. 公司是否有明确的发展战略？是否经常讨论战略问题？团队成员是否清楚知晓公司的愿景、发展目标？是否认同愿景、目标？

13. 资源匮乏是新企业遇到的通病，你们是否面临过资源短缺的问题？是如何解决的？

14. 新创公司会通过改造利用一些不起眼的资源创造出新的产品或满足一定的需求。比如：酒吧老板为了降低成本，常用啤酒瓶盖做装饰墙。你们公司

* 本访谈提纲仅用于初期对拟研究问题的梳理，只访谈了三家企业，且访谈数据未用于后期案例数据分析。

是否存在这种利用闲置、不起眼资源的现象？能不能举几个例子？

14.1 利用不起眼的小资源、将就、凑合解决问题会不会带来一些发展的隐患，损害长远利益？

14.2 如果与长远利益有冲突会怎么处理，是先解决问题再想法弥补长远利益，还是直接放弃方案？

15. 团队成员有哪些不一样知识、技能？对公司发展起到了什么作用？是否遇到知识、技能不足的问题，是怎么解决的？能不能举几个例子？

16. 在利用人际资源帮助公司发展方面有什么好的做法？能不能举几个例子？

附录 4　案例分析数据编码部分示例（Nvivo）

1. 创业拼凑与创业绩效（见附图 1）。

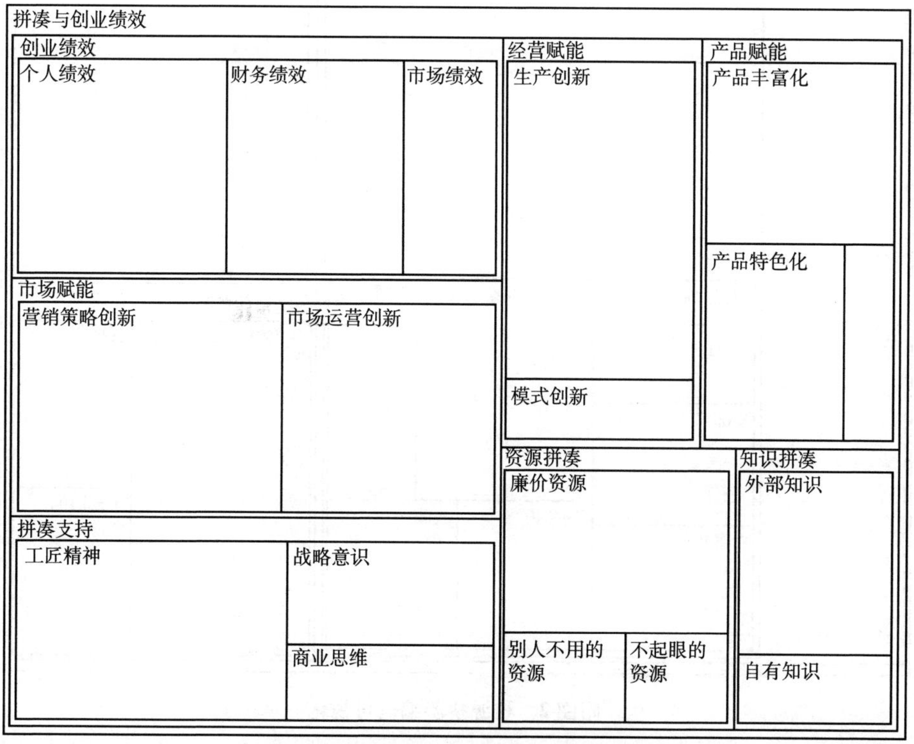

拼凑与创业绩效
创业绩效
个人绩效
财务绩效
市场绩效
经营赋能
生产创新
模式创新
产品赋能
产品丰富化
产品特色化
市场赋能
营销策略创新
市场运营创新
资源拼凑
廉价资源
别人不用的资源
不起眼的资源
知识拼凑
外部知识
自有知识
拼凑支持
工匠精神
战略意识
商业思维

附图 1　创业拼凑与创业绩效整体编码可视化

2. 资源拼凑（见附图2）。

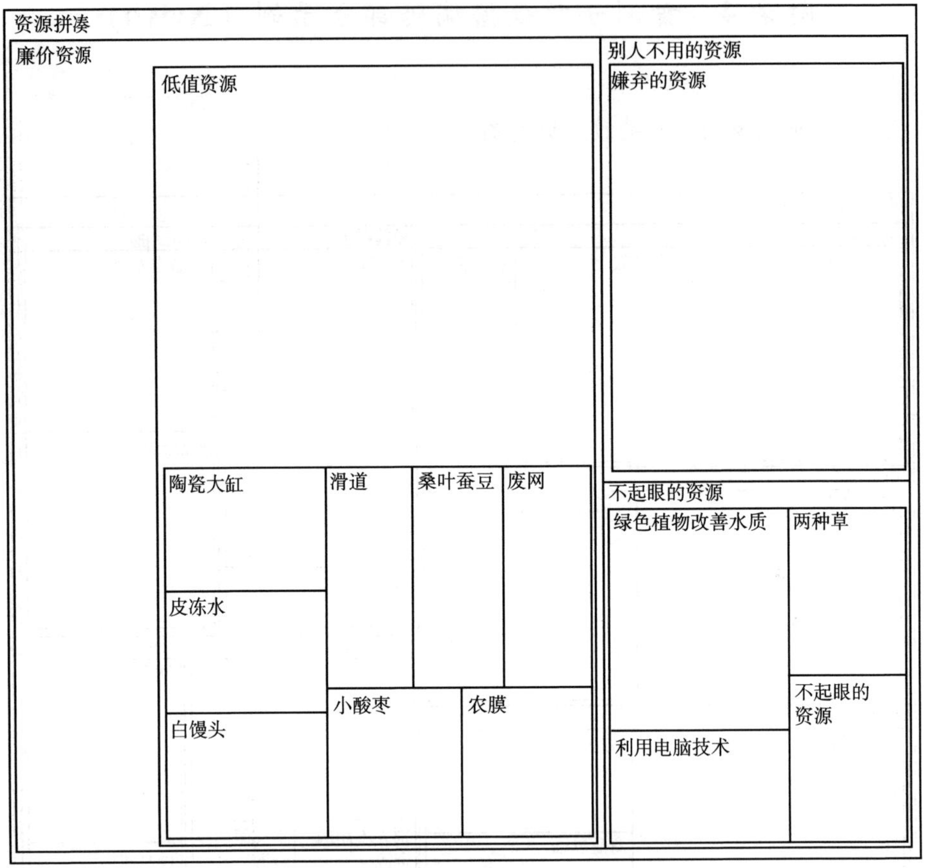

资源拼凑
廉价资源
低值资源
陶瓷大缸
皮冻水
白馒头
滑道
桑叶蚕豆
废网
小酸枣
农膜
别人不用的资源
嫌弃的资源
不起眼的资源
绿色植物改善水质
利用电脑技术
两种草
不起眼的资源

附图2　资源拼凑编码可视化

3. 知识拼凑（见附图3）。

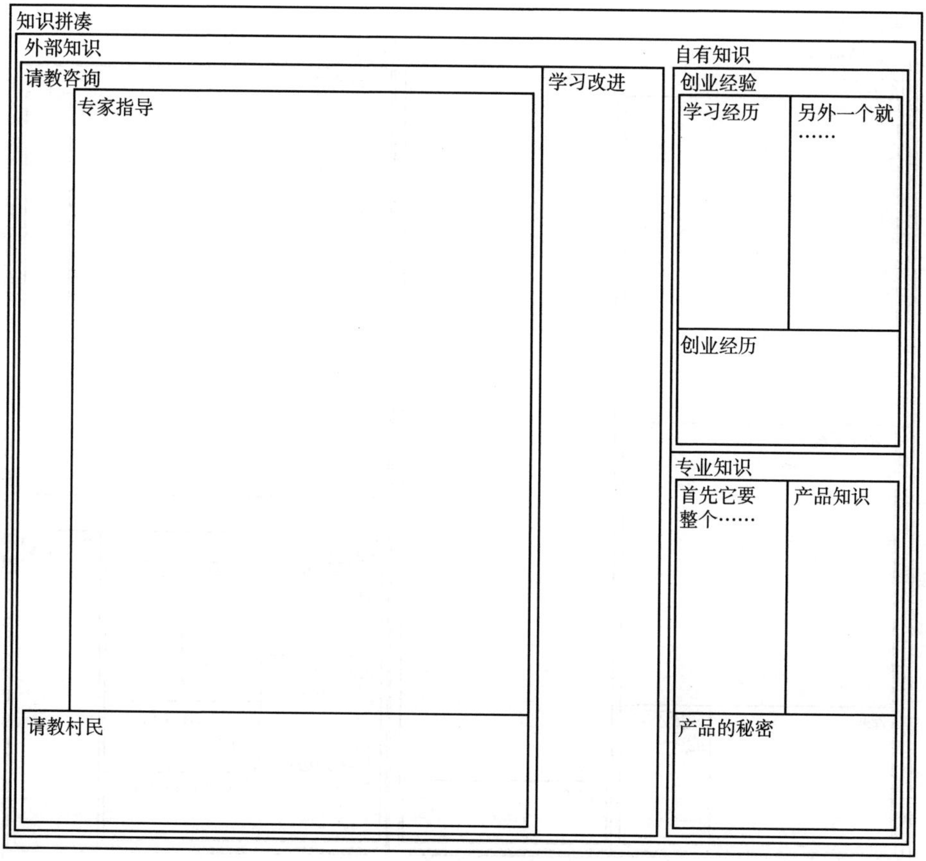

附图3　知识拼凑编码可视化

4. 拼凑支持（见附图4）。

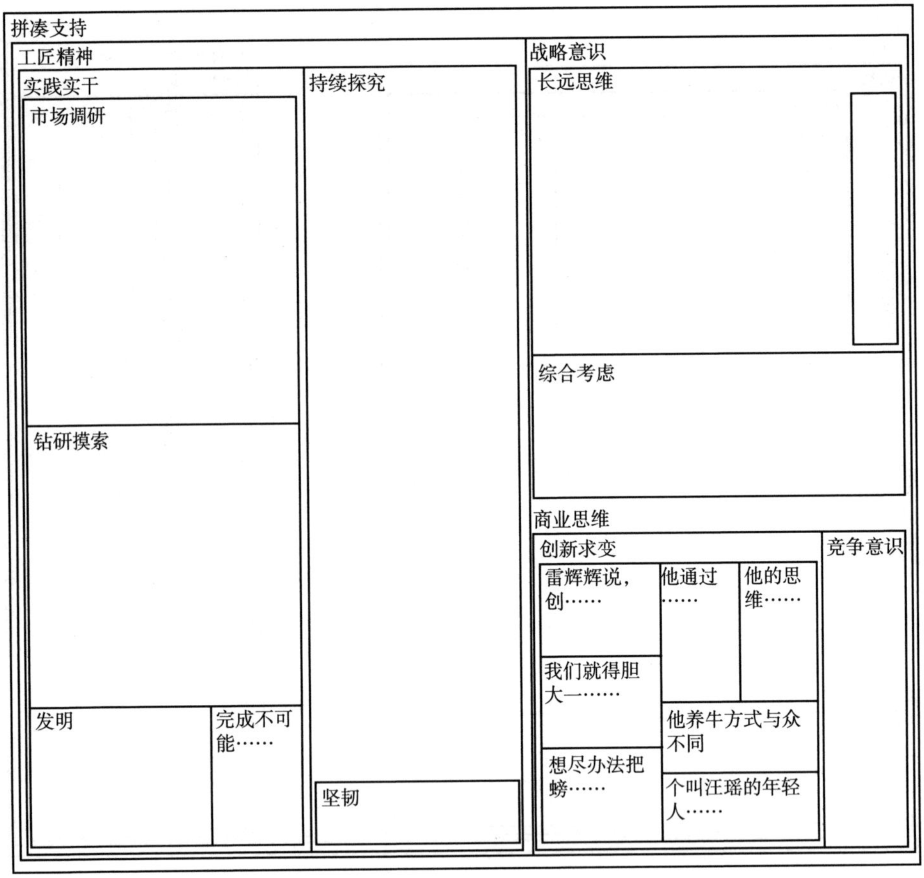

拼凑支持
工匠精神
实践实干
市场调研
钻研摸索
发明
完成不可能……
持续探究
坚韧
战略意识
长远思维
综合考虑
商业思维
创新求变
雷辉辉说，创……
我们就得胆大一……
想尽办法把蟒……
他通过……
他的思维……
他养牛方式与众不同
个叫汪瑶的年轻人……
竞争意识

附图4　拼凑支持编码可视化

5. 创业绩效（见附图 5）。

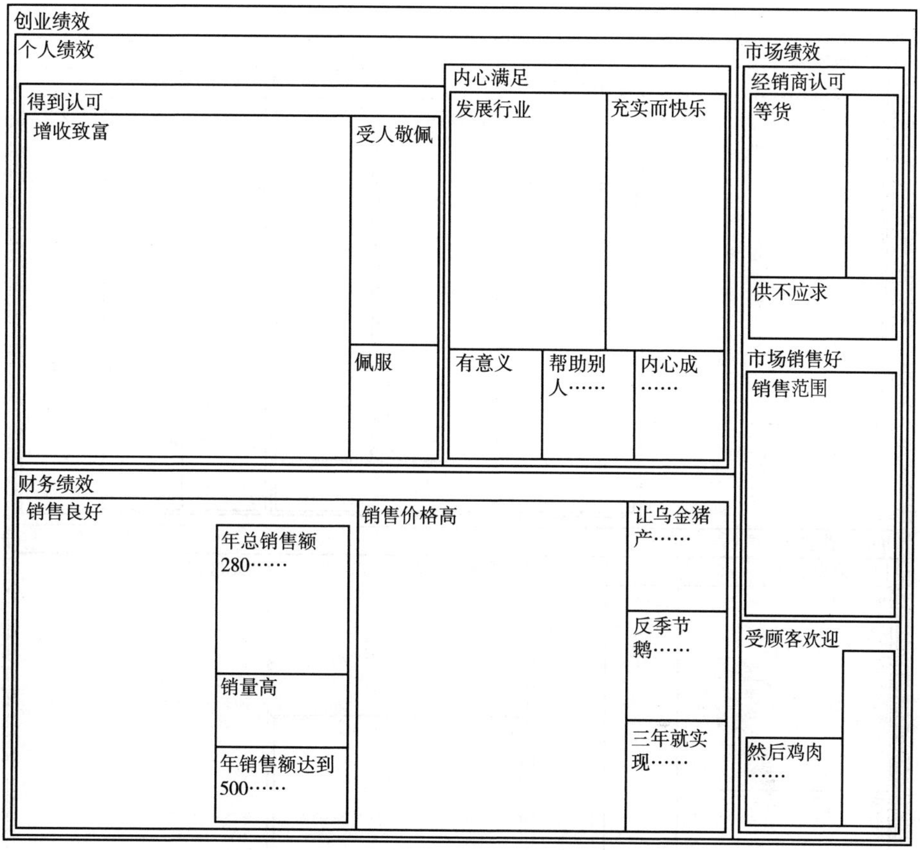

创业绩效
个人绩效
得到认可
增收致富
受人敬佩
佩服
内心满足
发展行业
充实而快乐
有意义
帮助别人……
内心成……
财务绩效
销售良好
年总销售额280……
销量高
年销售额达到500……
销售价格高
让乌金猪产……
反季节鹅……
三年就实现……
市场绩效
经销商认可
等货
供不应求
市场销售好
销售范围
受顾客欢迎
然后鸡肉……

附图 5　创业绩效编码可视化

6. 市场赋能（见附图6）。

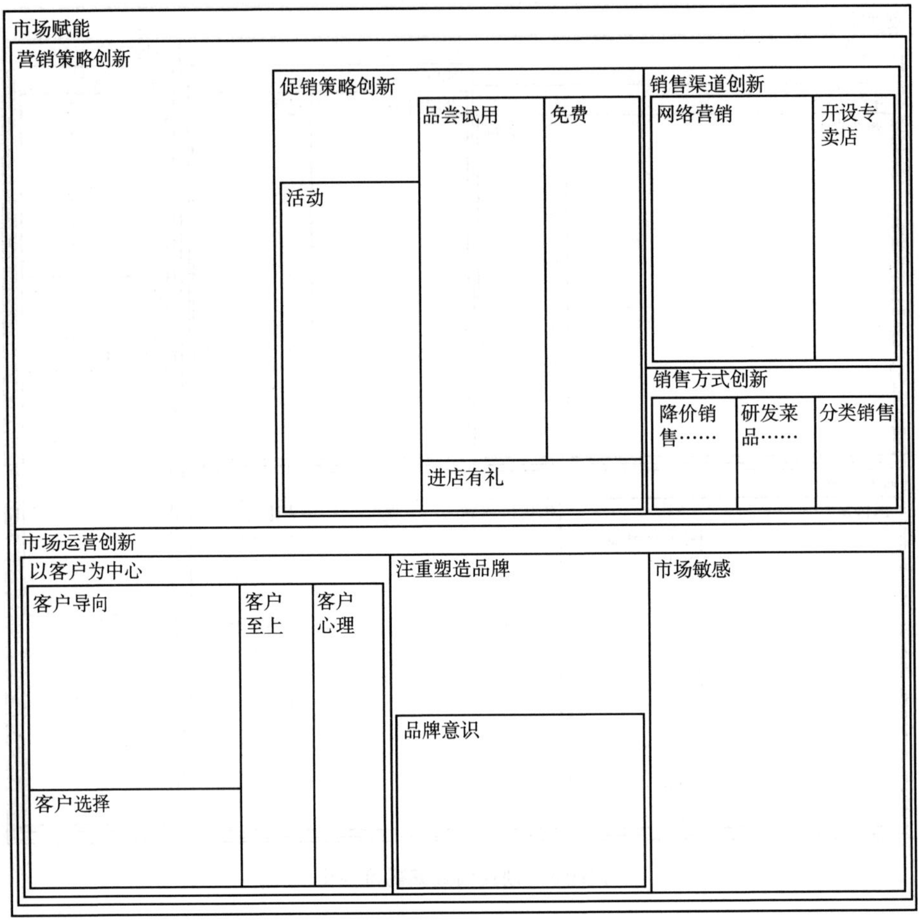

市场赋能
营销策略创新
促销策略创新
活动
品尝试用
免费
进店有礼
销售渠道创新
网络营销
开设专卖店
销售方式创新
降价销售……
研发菜品……
分类销售
市场运营创新
以客户为中心
客户导向
客户选择
客户至上
客户心理
注重塑造品牌
品牌意识
市场敏感

附图6　市场赋能编码可视化

7. 产品赋能（见附图 7）。

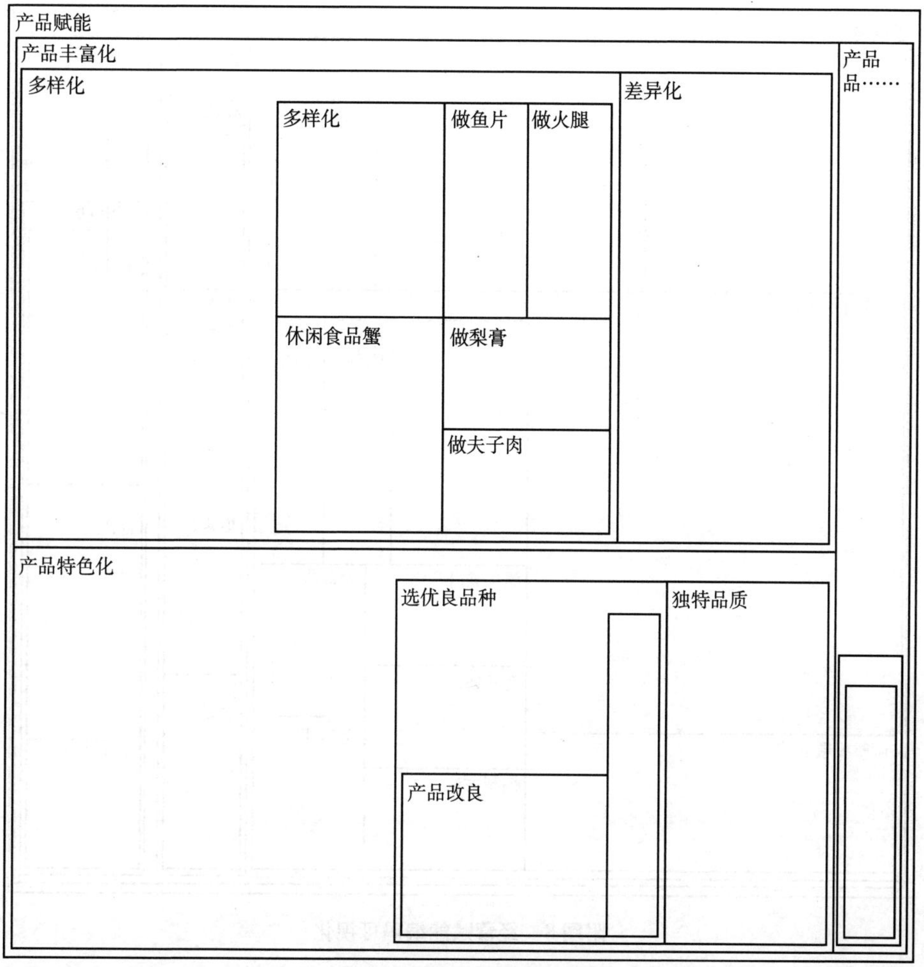

产品赋能
产品丰富化
多样化
多样化
做鱼片
做火腿
休闲食品蟹
做梨膏
做夫子肉
差异化
产品品……
产品特色化
选优良品种
产品改良
独特品质

附图 7　产品赋能编码可视化

8. 经营赋能（见附图8）。

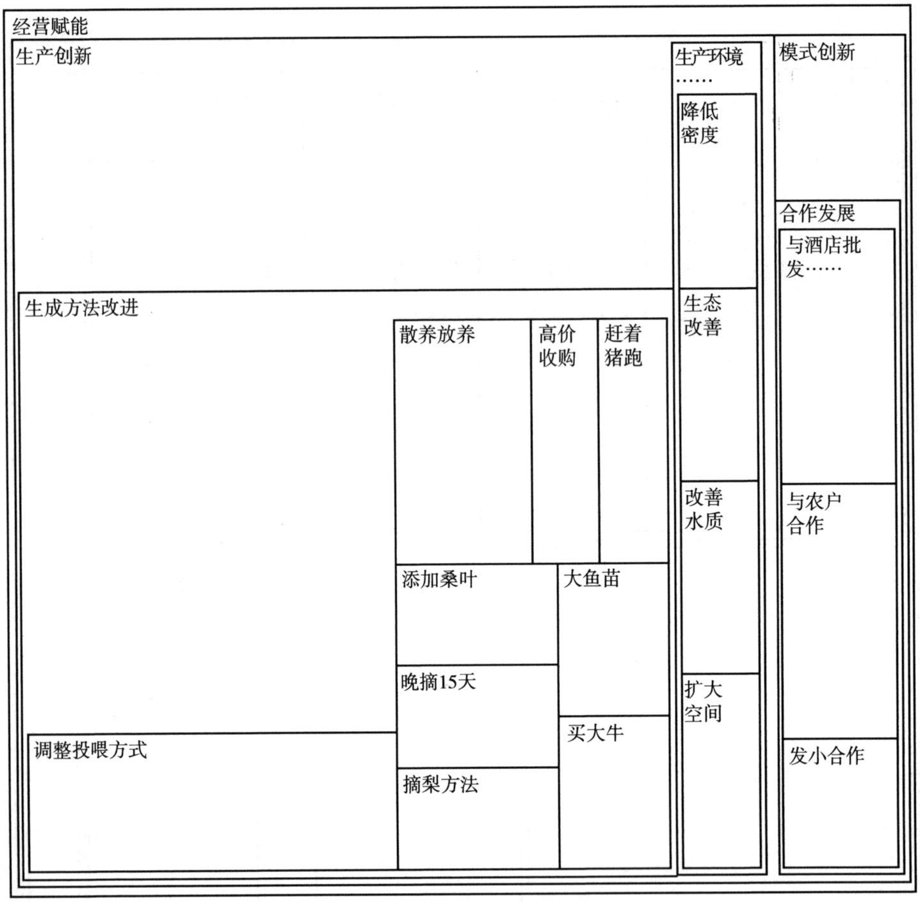

经营赋能
生产创新
生产环境……
降低密度
生态改善
改善水质
扩大空间
模式创新
合作发展
与酒店批发……
与农户合作
发小合作
生成方法改进
散养放养
高价收购
赶着猪跑
添加桑叶
大鱼苗
晚摘15天
买大牛
调整投喂方式
摘梨方法

附图8　经营赋能编码可视化

参 考 文 献

［1］白景坤，李红艳，屈玲霞．动态环境下上市公司高管团队的异质性如何影响战略变革——基于沪深两市中小企业板上市公司数据的实证分析［J］．宏观经济研究，2017（2）：157－168.

［2］伯努瓦·里豪克斯，查尔斯·C. 拉金．QCA 设计原理与应用：超越定性与定量研究的新方法［M］．杜运周，李永发，等译．北京：机械工业出版社，2017.

［3］蔡莉，张玉利，路江涌．创新与创业管理［J］．科学观察，2019，14（1）：58－60.

［4］陈文婷，李新春．中国企业创业学习：维度与检验［J］．经济管理，2010（8）：71－80.

［5］陈向明．扎根理论的思路和方法［J］．教育研究与实验，1999（4）：58－63.

［6］崔连广，邓舒婷，孟繁强，等．创业幸福感：概念内涵、知识框架与研究展望［J］．南开管理评论，2022，25（5）：203－216.

［7］崔淼，肖咪咪，王淑娟．组织创新氛围研究的元分析［J］．南开管理评论，2019，22（1）：98－110.

［8］崔小雨，陈春花，苏涛．高管团队异质性与组织绩效的关系研究：一项 Meta 分析的检验［J］．管理评论，2018，30（9）：152－163.

［9］单标安，蔡莉，鲁喜凤，等．创业学习的内涵、维度及其测量［J］．科学学研究，2014（12）：1867－1875.

［10］邓巍，梁巧转，范培华．创业拼凑研究脉络梳理与未来展望［J］．研究与发展管理，2018，30（3）：145－156.

［11］邓新明，罗欢，龙贤义，等．高管团队异质性、竞争策略组合与市场绩效——来自中国家电行业的实证检验［J］．南开管理评论，2021，24

(4): 103-117.

[12] 杜海东. 创业团队经验异质性对进入战略创新的影响: 创业学习的调节作用 [J]. 科学学与科学技术管理, 2014 (1): 132-139.

[13] 杜运周, 马鸿佳. 复杂性背景下的创新创业研究: 基于 QCA 方法 [J]. 研究与发展管理, 2022, 34 (3): 1-9.

[14] 段锦云, 王娟娟, 朱月龙. 组织氛围研究: 概念测量、理论基础及评价展望 [J]. 心理科学进展, 2014, 22 (12): 1964-1974.

[15] 段锦云, 肖君宜, 夏晓彤. 变革型领导、团队建言氛围和团队绩效: 创新氛围的调节作用 [J]. 科研管理, 2017, 38 (4): 76-83.

[16] 樊传浩, 王济干. 创业团队异质性与团队效能的关系研究 [J]. 科研管理, 2013 (8): 35-41.

[17] 费小冬. 扎根理论研究方法论: 要素、研究程序和评判标准 [J]. 公共行政评论, 2008 (3): 23-43.

[18] 付颖. 高管团队异质性对高新技术上市公司突破性创新影响的实证研究 [D]. 郑州: 郑州航空工业管理学院, 2019.

[19] 古家军, 王行思. 企业高管团队内部社会资本、团队行为整合与战略决策速度的关系研究 [J]. 科研管理, 2016, 37 (8): 123-129.

[20] 谷盟, 弋亚群, 王栋晗. 高管团队冲突与战略变化速度——CEO 领导风格的差异化作用 [J]. 软科学, 2020, 34 (4): 133-139.

[21] 顾远东, 彭纪生. 组织创新氛围对员工创新行为的影响: 创新自我效能感的中介作用 [J]. 南开管理评论, 2010, 13 (1): 32-43.

[22] 郭葆春, 刘艳. 高管团队垂直对异质性与 R&D 投资行为研究——基于生物医药行业的实证分析 [J]. 科技管理研究, 2015, 35 (21): 35-40.

[23] 韩立丰, 王重鸣. 群体断层强度测量指标的构建与检验: 一个整合的视角 [J]. 心理学报, 2010, 42 (11): 1082-1096.

[24] 郝静琳. 科技型企业高管团队异质性与技术创新关系的实证研究 [D]. 沈阳: 辽宁大学, 2016.

[25] 何明钦. 高管团队职能背景、创新投资与企业绩效 [J]. 工业技术经济, 2020, 39 (8): 3-12.

[26] 贺小刚, 李新春, 方海鹰. 动态能力的测量与功效: 基于中国经验的实证研究 [J]. 管理世界, 2006 (3): 94-103.

[27] 贺远琼，杨文，陈昀，等. 基于Meta分析的高管团队特征与企业绩效关系研究 [J]. 软科学，2009，23 (1)：12 – 16.

[28] 胡望斌，张玉利，杨俊. 同质性还是异质性：创业导向对技术创业团队与新企业绩效关系的调节作用研究 [J]. 管理世界，2014 (6)：92 – 109.

[29] 胡文安，罗瑾琏. 双元领导如何激发新员工创新行为？一项中国情境下基于认知——情感复合视角的模型构建 [J]. 科学学与科学技术管理，2020，41 (1)：99 – 113.

[30] 黄秋风，唐宁玉. 变革型领导与交易型领导对员工创新行为影响的元分析研究 [J]. 软科学，2016，30 (3)：60 – 64.

[31] 黄昱方，秦明青. 创业团队异质性研究综述 [J]. 科技管理研究，2010，30 (16)：142 – 145.

[32] 霍生平，刘海. 返乡创客社会网络异质性、知识隐默性与利用式创新研究——创业拼凑的中介作用 [J]. 软科学，2020，34 (4)：83 – 89.

[33] 贾旭东，谭新辉. 经典扎根理论及其精神对中国管理研究的现实价值 [J]. 管理学报，2010，7 (5)：656 – 665.

[34] 姜付秀，朱冰，唐凝. CEO和CFO任期交错是否可以降低盈余管理？[J]. 管理世界，2013 (1)：158 – 167.

[35] 金伯莉·纽恩多夫. 内容分析法导论 [M]. 李武，译. 重庆：重庆大学出版社，2020.

[36] 黎情，佐斌，胡聚平. 群体交叉分类效应的代数模型及其潜在加工过程 [J]. 心理科学进展，2009，17 (4)：863 – 869.

[37] 李倩，焦豪. 高管团队内薪酬差距与企业绩效——顾客需求不确定性与企业成长性的双重视角 [J]. 经济管理，2021，43 (6)：53 – 68.

[38] 李晓翔，霍国庆. 资源匮乏、拼凑策略与中小企业产品创新关系研究 [J]. 商业经济与管理，2015 (3)：41 – 55.

[39] 刘凤朝，默佳鑫，马荣康. 高管团队海外背景对企业创新绩效的影响研究 [J]. 管理评论，2017，29 (7)：135 – 147.

[40] 刘刚，李超，吴彦俊. 创业团队异质性与新企业绩效关系的路径：基于动态能力的视角 [J]. 系统管理学报，2017 (4)：655 – 662.

[41] 刘人怀，王娅男. 创业拼凑对创业学习的影响研究——基于创业导向的调节作用 [J]. 科学学与科学技术管理，2017 (10)：135 – 146.

[42] 刘婷，杨琦芳．“她力量”崛起：女性高管参与对企业创新战略的影响 [J]. 经济理论与经济管理，2019 (8)：75 -90.

[43] 龙静，郑松，王乐．创业团队异质性与创新：战略共识和凝聚力的调节 [J]. 科研管理，2020，41 (12)：238 -245.

[44] 马连福，张燕，高塬．董事会断裂带与公司创新战略决策——基于技术密集型上市公司的经验数据 [J]. 预测，2018，37 (2)：37 -43.

[45] 毛基业，陈诚．案例研究的理论构建：艾森哈特的新洞见——第十届“中国企业管理案例与质性研究论坛 (2016)”会议综述 [J]. 管理世界，2017 (2)：135 -141.

[46] 毛基业，李亮．管理学质性研究的回顾、反思与展望 [J]. 南开管理评论，2018，21 (6)：12 -16.

[47] 梅其君，韩赫明，陈凡．中国传统工匠精神：基本内涵、文化特征与本质 [J]. 科学技术哲学研究，2022，39 (6)：120 -125.

[48] 牛芳，张玉利，杨俊．创业团队异质性与新企业绩效：领导者乐观心理的调节作用 [J]. 管理评论，2011，23 (11)：110 -119.

[49] 潘泽泉．社会分类与群体符号边界　以农民工社会分类问题为例 [J]. 社会，2007 (4)：48 -67.

[50] 秦剑．基于创业管理视角的创业拼凑理论发展及其实证应用研究 [J]. 管理评论，2012 (9)：94 -102.

[51] 权小锋，醋卫华，尹洪英．高管从军经历、管理风格与公司创新 [J]. 南开管理评论，2019，22 (6)：140 -151.

[52] 郄海拓，綦萌，李晓意，等．和而不同：高管团队职能背景异质性对企业跨界技术并购绩效的影响 [J]. 科技进步与对策，2021，38 (21)：83 -91.

[53] 任华亮，杨东涛，彭征安．创新氛围和工作自主性的调节作用下能力与成长工作值观对创新行为的影响研究 [J]. 管理学报，2015，12 (10)：1450 -1456.

[54] 任迎伟，毛竹，张碧倩．创业团队异质性对创新绩效的影响机制研究：战略柔性和制度环境的作用 [J]. 四川大学学报 (哲学社会科学版)，2019 (6)：176 -185.

[55] 石书德，张帏，高建．影响新创企业绩效的创业团队因素研究 [J]. 管理工程学报，2011，25 (4)：44 -51.

[56] 孙海法，姚振华，严茂胜．高管团队人口统计特征对纺织和信息技术公司经营绩效的影响 [J]．南开管理评论，2006 (6)：63 – 69.

[57] 孙红霞，马鸿佳．机会开发、资源拼凑与团队融合——基于 Timmons 模型 [J]．科研管理，2016 (7)：97 – 106.

[58] 孙凯，刘祥，谢波．高管团队特征、薪酬差距与创业企业绩效 [J]．科研管理，2019，40 (2)：116 – 125.

[59] 孙锐，石金涛，王庆燕．基于提升企业创新能力的组织创新气氛研究分析与展望 [J]．科学学与科学技术管理，2007 (4)：71 – 74.

[60] 孙圣兰，吕洁．授权型领导对员工创造力的影响：基于整合视角的分析 [J]．研究与发展管理，2016，28 (4)：117 – 125.

[61] 汪罗娜．高层管理团队人口统计学特征对企业绩效关系研究 [D]．成都：西南财经大学，2014.

[62] 王辉．创业叙事研究：内涵、特征与方法——与实证研究的比较 [J]．上海对外经贸大学学报，2015，22 (1)：68 – 78.

[63] 王玲，蔡莉，彭秀青，等．机会——资源一体化创业行为的理论模型构建——基于国企背景的新能源汽车新企业的案例研究 [J]．科学学研究，2017 (12)：1854 – 1863.

[64] 王倩楠，葛玉辉．新创企业高管团队的团队过程与战略决策绩效——认知的调节作用 [J]．管理工程学报，2021，35 (2)：12 – 25.

[65] 王雪莉，马琳，王艳丽．高管团队职能背景对企业绩效的影响：以中国信息技术行业上市公司为例 [J]．南开管理评论，2013，16 (4)：80 – 93.

[66] 王永跃，王慧娟，王晓辰．内部人身份感知对员工创新行为的影响——创新自我效能感和遵从权威的作用 [J]．心理科学，2015，38 (4)：188 – 193.

[67] 王兆群，胡海青，张丹，等．环境动态性下创业拼凑与新创企业合法性研究 [J]．华东经济管理，2017 (10)：36 – 42.

[68] 卫武，易志伟．高管团队异质性、断层线与创新战略——注意力配置的调节作用 [J]．技术经济，2017，36 (1)：35 – 40.

[69] 温芳芳，佐斌．最简群体范式的操作、心理机制及新应用 [J]．心理科学，2018，41 (3)：713 – 719.

[70] 吴亮，赵兴庐，张建琦．以资源拼凑为中介过程的双元创新与企业绩效的关系研究 [J]．管理学报，2016 (3)：425 – 431.

[71] 吴岩. 创业团队的知识异质性对创业绩效的影响研究 [J]. 科研管理, 2014, 35 (7): 84-90.

[72] 夏晗. 创业团队异质性对科技型新创企业绩效的影响——一个双调节模型 [J]. 科技进步与对策, 2018, 35 (13): 145-152.

[73] 谢军, 周南. 创业者的先前工作经验对获得风险投资的影响 [J]. 科学学与科学技术管理, 2015 (9): 173-180.

[74] 徐万里, 孙海法, 王志伟, 等. 中国企业战略执行力维度结构及测量 [J]. 中国工业经济, 2008 (10): 97-108.

[75] 闫佳祺, 罗瑾琏, 贾建锋. 组织情境因素联动效应对双元领导的影响——一项基于 QCA 技术的研究 [J]. 科学学与科学技术管理, 2018, 39 (4): 150-160.

[76] 严磊, 佐斌, 张艳红, 等. 交叉分类及其对刻板印象的影响 [J]. 心理科学进展, 2018, 26 (7): 1272-1283.

[77] 杨百寅, 连欣, 马月婷. 中国企业组织创新氛围的结构和测量 [J]. 科学学与科学技术管理, 2013, 34 (8): 43-55.

[78] 杨俊, 田莉, 张玉利, 等. 创新还是模仿: 创业团队经验异质性与冲突特征的角色 [J]. 管理世界, 2010 (3): 84-96.

[79] 杨林, 顾红芳, 李书亮. 高管团队经验与企业跨界成长战略: 管理自主权的调节效应 [J]. 科学学与科学技术管理, 2018, 39 (9): 103-121.

[80] 杨林, 和欣, 顾红芳. 高管团队经验、动态能力与企业战略突变: 管理自主权的调节效应 [J]. 管理世界, 2020, 36 (6): 168-188.

[81] 杨林. 创业型企业高管团队垂直对差异与创业战略导向: 产业环境和企业所有制的调节效应 [J]. 南开管理评论, 2014, 17 (1): 134-144.

[82] 杨齐, 乔婷. 基于中国情境的创业拼凑测量研究 [J]. 长春大学学报, 2021, 31 (5): 5.

[83] 姚冰湜, 马琳, 王雪莉, 等. 高管团队职能异质性对企业绩效的影响: CEO 权力的调节作用 [J]. 中国软科学, 2015 (2): 117-126.

[84] 于晓宇, 陈颖颖, 蔺楠, 等. 冗余资源、创业拼凑和企业绩效 [J]. 东南大学学报 (哲学社会科学版), 2017 (4): 52-62.

[85] 于晓宇, 李雅洁, 陶向明. 创业拼凑研究综述与未来展望 [J]. 管理学报, 2017, 14 (2): 306-316.

[86] 俞明传，顾琴轩，朱爱武．员工实际介入与组织关系视角下的内部人身份感知对创新行为的影响研究 [J]. 管理学报，2014，11 (6)：836 – 843.

[87] 曾楚宏，李敏瑜．创业团队异质性对创业绩效的影响：团队治理的中介作用 [J]. 科技进步与对策，2021：1 – 10.

[88] 曾楚宏，叶冬秀，朱仁宏．创业团队研究：理论框架与观点评述 [J]. 财经科学，2015 (2)：89 – 99.

[89] 张宝建，孙国强，裴梦丹，等．网络能力、网络结构与创业绩效——基于中国孵化产业的实证研究 [J]. 南开管理评论，2015 (2)：39 – 50.

[90] 张驰，郑晓杰，王凤彬．定性比较分析法在管理学构型研究中的应用：述评与展望 [J]. 外国经济与管理，2017，39 (4)：68 – 83.

[91] 张春雨，郭韬，王旺志．高管团队异质性对技术创业企业绩效的影响——基于扎根理论的研究 [J]. 科技进步与对策，2018，35 (13)：131 – 136.

[92] 张建琦，吴亮，赵兴庐．企业拼凑模式选择对创新结果的影响——基于领域双元的研究视角 [J]. 科技进步与对策，2015 (11)：61 – 66.

[93] 张丽，王艳平．基于层次回归模型的员工创造力、创新绩效与创新氛围关系研究 [J]. 哈尔滨商业大学学报 (社会科学版)，2018 (2)：65 – 73.

[94] 张维迎．理性思考中国改革 [J]. 财经界，2006 (6)：72 – 79.

[95] 张秀娥，孙中博，王冰．创业团队异质性对创业绩效的影响——基于对七省市 264 家创业企业的调研分析 [J]. 华东经济管理，2013，27 (7)：112 – 115.

[96] 张秀娥，赵敏慧．创业成功的内涵、维度及其测量 [J]. 科学学研究，2018，36 (3)：474 – 483.

[97] 张莹瑞，佐斌．社会认同理论及其发展 [J]. 心理科学进展，2006 (3)：475 – 480.

[98] 张玉利，谢巍．改革开放、创业与企业家精神 [J]. 南开管理评论，2018，21 (5)：4 – 9.

[99] 张玉利，杨俊，戴燕丽．中国情境下的创业研究现状探析与未来研究建议 [J]. 外国经济与管理，2012 (1)：1 – 9.

[100] 张兆国，曹丹婷，张弛．高管团队稳定性会影响企业技术创新绩效吗——基于薪酬激励和社会关系的调节作用研究 [J]. 会计研究，2018 (12)：48 – 55.

[101] 张振刚，余传鹏，李云健．主动性人格、知识分享与员工创新行为关系研究 [J]. 管理评论，2016，28（4）：123－133.

[102] 赵文红，薛朝阳．创业团队异质性、认知合法性与资源获取关系研究 [J]. 管理学报，2017（4）：537－544.

[103] 赵兴庐，张建琦，刘衡．能力建构视角下资源拼凑对新创企业绩效的影响过程研究 [J]. 管理学报，2016（10）：1518－1524.

[104] 赵兴庐，张建琦．资源拼凑与企业绩效——组织结构和文化的权变影响 [J]. 经济管理，2016（5）：165－175.

[105] 赵志裕，温静，谭俭邦．社会认同的基本心理历程——香港回归中国的研究范例 [J]. 社会学研究，2005（5）：202－227.

[106] 郑建君，金盛华，马国义．组织创新气氛的测量及其在员工创新能力与创新绩效关系中的调节效应 [J]. 心理学报，2009，41（12）：1203－1214.

[107] 钟熙，付晔，王甜．包容性领导、内部人身份认知与员工知识共享——组织创新氛围的调节作用 [J]. 研究与发展管理，2019，31（3）：109－120.

[108] 朱仁宏，曾楚宏，代吉林．创业团队研究述评与展望 [J]. 外国经济与管理，2012，34（11）：11－18.

[109] 朱秀梅，鲍明旭，方琦．变革领导力与创业拼凑：员工建言与刻意练习的权变作用研究 [J]. 南方经济，2018（6）：102－119.

[110] 祝振铎，李非．创业拼凑、关系信任与新企业绩效实证研究 [J]. 科研管理，2017（7）：108－116.

[111] 祝振铎，李新春．新创企业成长战略：资源拼凑的研究综述与展望 [J]. 外国经济与管理，2016，38（11）：71－82.

[112] 祝振铎．创业导向、创业拼凑与新企业绩效：一个调节效应模型的实证研究 [J]. 管理评论，2015，27（11）：57－65.

[113] 左莉，周建林．认知柔性、创业拼凑与新企业绩效的关系研究——基于环境动态性的调节作用 [J]. 预测，2017（2）：17－23.

[114] 佐斌，温芳芳，宋静静，等．社会分类的特性、维度及心理效应 [J]. 心理科学进展，2019，27（1）：141－148.

[115] Abrams D，Hogg M A. Comments on the Motivational Status of Self－Esteem in Social Identity and Intergroup Discrimination [J]. European Journal of Social Psychology，1988，18（4）：317－334.

[116] Al Beraidi A, Rickards T. Creative Team Climate in an International Accounting Office: An Exploratory Study in Saudi Arabia [J]. Managerial Auditing Journal, 2003, 18 (1): 7 – 18.

[117] Alexiev A S, Jansen J J P, et al. Top Management Team Advice Seeking and Exploratory Innovation: The Moderating Role of Tmt Heterogeneity [J]. 2010, 47 (7): 1343 – 1364.

[118] Ali, Kazemi. Conceptualizing and Measuring Occupational Social Well – Being: A Validation Study [J]. International Journal of Organizational Analysis, 2017, 25 (1): 45 – 61.

[119] Allen C, et al. The Effects of Top Management Team Size and Interaction Norms On Cognitive and Affective Conflict [J]. Journal of Management, 1997.

[120] Amason A C, Shrader R C, et al. Newness and Novelty: Relating Top Management Team Composition to New Venture Performance [J]. Journal of Business Venturing, 2006, 21 (1): 125 – 148.

[121] An W, Zhao X, et al. How Bricolage Drives Corporate Entrepreneurship: The Roles of Opportunity Identification and Learning Orientation [J]. Journal of Product Innovation Management, 2018, 35 (1): 49 – 65.

[122] Ancona D G, Caldwell D F. Demography and Design: Predictors of New Product Team Performance [J]. Organization Science, 1992, 3 (3): 321 – 341.

[123] Anderson N R, West M A. Measuring Climate for Work Group Innovation: Development and Validation of the Team Climate Inventory [J]. Journal of Organizational Behavior, 1998, 19 (3): 235 – 258.

[124] Andrevski G, Richard O C, et al. Racial Diversity and Firm Performance: The Mediating Role of Competitive Intensity [J]. Journal of Management, 2011, 40 (40): 820 – 844.

[125] Ashforth B E, Mael F. Social Identity Theory and the Organization [J]. Academy of Management Review, 1989, 14 (1): 20 – 39.

[126] Assaf A G, Tsionas M G. Revisiting Shape and Moderation Effects in Curvilinear Models [J]. Tourism Management, 2019, 75: 216 – 230.

[127] Axtell C M, Holman D J, et al. Shopfloor Innovation: Facilitating the Suggestion and Implementation of Ideas [J]. Journal of Occupational and Organiza-

tional Psychology, 2000, 73 (3): 265 -285.

[128] Baker T, Miner A S, et al. Improvising Firms: Bricolage, Account Giving and Improvisational Competencies in the Founding Process [J]. Research Policy, 2003, 32 (2): 255 -276.

[129] Baker T, Nelson R E. Creating Something From Nothing: Resource Construction through Entrepreneurial Bricolage [J]. Administrative Science Quarterly, 2005, 50 (3): 329 -366.

[130] Baker T, Reed E N. Making that Which is Old New Again: Entrepreneurial Bricolage [J]. Social Science Electronic Publishing, 2011: 331 -343.

[131] Baker T. Resources in Play: Bricolage in the Toy Store (Y) [J]. Journal of Business Venturing, 2007, 22 (5): 694 -711.

[132] Banerjee P M, Campbell B A. Inventor Bricolage and Firm Technology Research and Development [J]. R & D Management, 2009, 39 (5): 473 -487.

[133] Bantel K, Jackson S. Top Management and Innovations in Banking: Does the Composition of the Top Team Make a Difference? [J]. Strategic Management Journal, 1989, 10: 107 -124.

[134] Baron R M, Kenny D A. The Moderator Mediator Variable Distinction in Social Psychological - Research - Conceptual, Strategic, and Statistical Considerations [J]. Journal of Personality and Social Psychology, 1986, 51 (6): 1173 -1182.

[135] Barsade, Sigal, et al. To Your Heart's Content: A Model of Affective Diversity in Top Management Teams. [J]. Administrative Science Quarterly, 2000.

[136] Bell R G, Filatotchev I, et al. Corporate Governance and Investors' Perceptions of Foreign Ipo Value: An Institutional Perspective [J]. Academy of Management Journal, 2013, 57 (1): 301 -320.

[137] Berelson B B. Content Analysis in Communication Research [J]. American Political Science Association, 1952, 46 (3): 869.

[138] Blau P M. Inequality and Heterogeneity: A Primitive Theory of Social Structure [M]. New York: Free Press, 1977.

[139] Bradley S W, Wiklund J, et al. Swinging a Double - Edged Sword: The Effect of Slack on Entrepreneurial Management and Growth [J]. Journal of Business Venturing, 2011, 26 (5): 537 -554.

[140] Brewer M B. Social Identity, Distinctiveness, and in – Group Homogeneity [J]. Social Cognition, 1993, 11 (1): 150 – 164.

[141] Brewer, M. B. The Social Self: On Being the Same and Different at the Same Time [J]. Personality & Social Psychology Bulletin, 1991, 17 (5): 475 – 482.

[142] Bussey K, Bandura A. Social Cognitive Theory of Gender Development and Differentiation. [J]. Psychological Review, 1999, 106 (4): 676 – 713.

[143] Byrne D E. The Attraction Paradigm [M]. Academic Press, 1971.

[144] Camelo Ordaz C, Hernάndez Lara A B, et al. The Relationship Between Top Management Teams and Innovative Capacity in Companies [J]. Journal of Management Development, 2005, 24 (8): 683 – 705.

[145] Cannon – Bowers J A, Salas E, et al. Shared Mental Models in Expert Team Decision Making [M]//Jr. Castellan. Individual and group decision making. N. J.: Lawrence Erlbaum Associates, Inc, 1993: 221 – 246.

[146] Cannonbowers J A, Salas E, et al. Shared Mental Models in Expert Team Decision Making [J]. Individual and Group Decision Making, 2001: 221 – 246.

[147] Carpenter, Mason, et al. The Implications of Strategy and Social Context for the Relationship Between Top Team Management Heterogeneity and Firm Performance. [J]. Strategic Management Journal, 2002.

[148] Castro M D, Delgado – Verde M, et al. Linking Human, Technological, and Relational Assets to Technological Innovation: Exploring a New Approach [J]. Knowledge Management Research & Practice, 2013, 11 (2): 123 – 132.

[149] Certo S T, Lester R H, et al. Top Management Teams, Strategy and Financial Performance: A Meta – Analytic Examination [J]. Journal of Management Studies, 2006, 43 (4): 813 – 839.

[150] Chandler G N, Hanks S H. Measuring the Performance of Emerging Businesses: A Validation Study [J]. Journal of Business Venturing, 1993, 8 (5): 391 – 408.

[151] Chowdhury S. Demographic Diversity for Building an Effective Entrepreneurial Team: Is It Important? [J]. Journal of Business Venturing, 2005, 20 (6): 727 – 746.

[152] Chrisman J J, Bauerschmidt A, et al. The Determinants of New Ven-

ture Performance: An Extended Model [J]. Entrepreneurship Theory & Practice, 1998, 23.

[153] Cooney T M. What is an Entrepreneurial Team? [J]. International Small Business Journal, 2005, 23 (3): 226-235.

[154] Craik K J W. The Nature of Explanation [M]. London: Cambridge University Press, 1950.

[155] Crisp R J, Hewstone M. Differential Evaluation of Crossed Category Groups: Patterns, Processes, and Reducing Intergroup Bias [J]. Group Processes & Intergroup Relations, 1999, 2 (4): 307-333.

[156] Crisp R J, Hewstone M. Multiple Social Categorization [J]. Advances in Experimental Social Psychology, 2007, 39: 163-254.

[157] Daft R L, Bettenhausen K R, et al. Implications of Top Managers' Communication Choices for Strategic Decisions [J]. 1993.

[158] Davidsson P, Baker T, et al. A Measure of Entrepreneurial Bricolage Behavior [J]. International Journal of Entrepreneurial Behavior & Research, 2017, 23 (1): 114-135.

[159] Denison D R. What is the Difference Between Organizational Culture and Organizational Climate? A Native's Point of View On a Decade of Paradigm Wars [J]. Academy of Management Review, 1996, 21 (3): 619-654.

[160] Desa G, Basu S. Optimization Or Bricolage? Overcoming Resource Constraints in Global Social Entrepreneurship [J]. Strategic Entrepreneurship Journal, 2013, 7 (1SI): 26-49.

[161] Di Domenico M, Haugh H, et al. Social Bricolage: Theorizing Social Value Creation in Social Enterprises [J]. Entrepreneurship Theory and Practice, 2010, 34 (4): 681-703.

[162] Diesendruck G, Goldfein - Elbaz R. Cross - Cultural Differences in Children's Beliefs About the Objectivity of Social Categories [J]. Child Development, 2013, 84 (6): 1906-1917.

[163] Dovidio J F, Gaertner S. Handbook of Social Psychology [M]. Hoboken, NJ: John Wiley & Sons, Inc., 2010.

[164] Duchesneau D A, Gartner W B. A Profile of New Venture Success and

Failure in an Emerging Industry [J]. Journal of Business Venturing, 2005, 5 (5): 297 -312.

[165] Dufays F, Huybrechts B. Where Do Hybrids Come From? Entrepreneurial Team Heterogeneity as an Avenue for the Emergence of Hybrid Organizations [J]. International Small Business Journal, 2016, 34 (6): 24 -27.

[166] Eagly A H. Female Leadership Advantage and Disadvantage: Resolving the Contradictions [J]. Psychology of Women Quarterly, 2007, 31 (1): 1 -12.

[167] Edmondson A. Psychological Safety and Learning Behavior in Work Teams [J]. Administrative Science Quarterly, 1999, 44 (2): 350 -383.

[168] Eisenhardt K M, Graebner M E. Theory Building From Cases: Opportunities and Challenges [J]. Academy of Management Journal, 2007, 50 (1): 25 -32.

[169] Eisenhardt K M. Building Theories From Case Study Research [J]. The Academy of Management Review, 1989, 14 (4): 532 -550.

[170] Ensley M D, Carland J C, et al. The Effect of Entrepreneurial Team Skill Heterogeneity and Functional Diversity on New Venture Performance [Z]. 1998: 10.

[171] Ensley M D, Pearson A W, et al. Understanding the Dynamics of New Venture Top Management Teams: Cohesion, Conflict, and New Venture Performance [J]. Journal of Business Venturing, 2002, 17 (4): 365 -386.

[172] Ensley M D, Pearson A W. An Exploratory Comparison of the Behavioral Dynamics of Top Management Teams in Family and Nonfamily New Ventures: Cohesion, Conflict, Potency, and Consensus [J]. Entrepreneurship Theory & Practice, 2005, 29 (3): 267 -284.

[173] Ferneley E, Bell F. Using Bricolage to Integrate Business and Information Technology Innovation in Smes [J]. Technovation, 2006, 26 (2): 232 -241.

[174] Festinger, L. A Theory of Social Comparison Processes [J]. Human Relations, 1954, 7 (2): 117 -140.

[175] Fiet J O, Busenitz L W, et al. Complementary Theoretical Perspectives on the Dismissal of New Venture Team Members [J]. Journal of Business Venturing, 1997, 12 (5): 347 -366.

[176] Finkelstein S, Hambrick D C. Top – Management – Team Tenure and Organizational Outcomes: The Moderating Role of Managerial Discretion [J]. Administrative Science Quarterly, 1990, 35 (3) .

[177] FISS P C. Building Better Causal Theories: A Fuzzy Set Approach to Typologies in Organization Research [J]. Academy of Management Journal, 2011, 54 (2): 393 – 420.

[178] Flynn F J, Spataro J A C A. Getting to Know You: The Influence of Personality on Impressions and Performance of Demographically Different People in Organizations [J]. Administrative Science Quarterly, 2001, 46 (3): 414 – 442.

[179] Ganter A, Hecker A. Configurational Paths to Organizational Innovation: Qualitative Comparative Analyses of Antecedents and Contingencies [J]. Journal of Business Research, 2014, 67 (6): 1285 – 1292.

[180] Golden B R. The Past is the Past—Or is It? The Use of Retrospective Accounts as Indicators of Past Strategy [J]. Academy of Management Journal Academy of Management, 1992, 35 (4): 848 – 860.

[181] Graebner E M E. Theory Building From Cases: Opportunities and Challenges [J]. Academy of Management Journal, 2007, 50 (1): 25 – 32.

[182] Guo H, Su Z, et al. Business Model Innovation: The Effects of Exploratory Orientation, Opportunity Recognition, and Entrepreneurial Bricolage in an Emerging Economy [J]. Asia Pacific Journal of Management, 2016, 33 (2): 533 – 549.

[183] Haans R F J, Pieters C, et al. Thinking About U: Theorizing and Testing U – And Inverted U – Shaped Relationships in Strategy Research [J]. Strategic Management Journal, 2015, 37 (7): 1177 – 1195.

[184] Haiyang L, Yan Z. The Role of Managers' Political Networking and Functional Experience in New Venture Performance: Evidence From China's Transition Economy [J]. Strategic Management Journal, 2007, 28 (8): 791 – 804.

[185] Hambrick D C, Chen C M J. The Influence of Top Management Team Heterogeneity on Firms' Competitive Moves [J]. Administrative Science Quarterly, 1996, 41 (4): 659 – 684.

[186] Hambrick D C, Cho T S, et al. The Influence of Top Management Team Heterogeneity on Firms' Competitive Moves [J]. Administrative Science Quar-

terly, 1996, 41 (4): 659 -684.

[187] Hambrick D C, Finkelstein S, et al. Executive Job Demands: New Insights for Explaining Strategic Decisions and Leader Behaviors [J]. Academy of Management Review, 2005, 30 (3): 472 -491.

[188] Hambrick D C, Finkelstein S. Managerial Discretion: A Bridge Between Polar Views of Organizational Outcomes [J]. Research in Organizational Behavior, 1987, 9 (4): 369 -406.

[189] Hambrick D C, Humphrey S E, et al. Structural Interdependence within Top Management Teams: A Key Moderator of Upper Echelons Predictions [J]. Strategic Management Journal, 2015, 36 (3): 449 -461.

[190] Hambrick D C, Mason P A. The Organization as a Reflection of Its Top Managers. [J]. Academy of Management Proceedings, 1982, 1982 (1): 12 -16.

[191] Hambrick D C, Mason P A. Upper Echelons: The Organization as a Reflection of its Top Managers [J]. Social Science Electronic Publishing, 1984, 9 (2): 193 -206.

[192] Hambrick D C. Fragmentation and the Other Problems Ceos Have with Their Top Management Teams [J]. California Management Review, 1995, 37 (3): 110 -127.

[193] Hambrick D C. Top Management Groups: A Conceptual Integration and Reconsideration of the "Team" Label [M] //Staw B M, Cummings L L. Research in Organizational Behavior. Greenwich, CT: JAI Press., 1994: 171 -214.

[194] Hambrick D C. Upper Echelons Theory: An Update [J]. Academy of Management Review, 2007, 32 (2): 334 -343.

[195] Hampton J A. Inheritance of Attributes in Natural Concept Conjunctions [J]. Memory & Cognition, 1987, 15 (1): 55 -71.

[196] Harper D A. Towards a Theory of Entrepreneurial Teams [J]. Journal of Business Venturing, 2008, 23 (6): 613 -626.

[197] Harrison D A, Klein K J. What's the Difference? Diversity Constructs as Separation, Variety, or Disparity in Organizations [J]. Academy of Management Review, 2007, 32 (4): 1199 -1228.

[198] Harrison D, Price K, et al. Time, Teams, and Task Performance: A

Longitudinal Study of the Changing Effects of Diversity on Group Functioning. [J]. Academy of Management Proceedings, 2000, 2000: C1 - C6.

[199] Hay D A, Morris D. Industrial Economics: Theory and Evidence. [J]. Economic Journal, 1979, 89 (356): 965.

[200] Heavey C, Simsek Z. Transactive Memory Systems and Firm Performance: An Upper Echelons Perspective [M]. INFORMS, 2015.

[201] Hendry, Harborne. Changing the View of Wind Power Development: More than "Bricolage" [J]. Research Policy, 2011, 40 (5): 770 - 789.

[202] Hewstone M, Rubin M, et al. Intergroup Bias [J]. Annual Review of Psychology, 2002, 53 (1): 575 - 604.

[203] Heyden M L M, van Doorn S, et al. Perceived Environmental Dynamism, Relative Competitive Performance, and Top Management Team Heterogeneity [J]. Organization Studies, 2013, 34 (9): 1327 - 1356.

[204] Hinkin T R. A Review of Scale Development Practices in the Study of Organizations [J]. Journal of Management, 1995, 21 (5): 967 - 988.

[205] Hogg M A, Mullin B A. Social Identity and Social Congnition [M]. UK: Blackwell, 1999.

[206] Horwitz S K, Horwitz I B. The Effects of Team Diversity on Team Outcomes: A Meta - Analytic Review of Team Demography [J]. Journal of Management Official Journal of the Southern Management Association, 2007, 33 (6): 987 - 1015.

[207] Horwitz S R, Shutts K. Social Class Differences Produce Social Group Preferences [J]. Developmental Science, 2014, 17 (6): 991 - 1002.

[208] Hülsheger U R, Anderson N, et al. Team - Level Predictors of Innovation at Work: A Comprehensive Meta - Analysis Spanning Three Decades of Research. [J]. Journal of Applied Psychology, 2009, 94 (5): 1128 - 1145.

[209] Jackson S E, Joshi A, et al. Recent Research on Team and Organizational Diversity: Swot Analysis and Implications [J]. Journal of Management, 2003, 29 (6): 801 - 830.

[210] Jehn K A, Neale N. Why Differences Make a Difference: A Field Study of Diversity, Conflict, and Performance in Workgroups [J]. Administrative Science Quarterly, 1999, 44 (4): 741 - 763.

[211] Jehn K A, Northcraft G B, et al. Why Differences Make a Difference: A Field Study of Diversity, Conflict, and Performance in Workgroups [J]. Administrative Science Quarterly, 1999, 44 (4): 741 –763.

[212] Jehn K A. Diversity, Conflict, and Team Performances Summary of Program of Research [J]. Performance Improvement Quarterly, 1999, 12 (1): 6 – 19.

[213] Johnson – Laird. Mental Models [M]. Cambridge. England: Cambridge University Press, 1983.

[214] Joshi A, Roh H. The Role of Context in Work Team Diversity Research: A Meta – Analytic Review [J]. Academy of Management Journal, 2009, 52 (3): 599 –627.

[215] Jr A A C, Lee H U. Top Management Team Functional Background Diversity and Firm Performance: Examining the Roles of Team Member Colocation and Environmental Uncertainty [J]. Academy of Management Journal, 2008, 51 (4): 768 –784.

[216] Judge W Q, Fainshmidt S, et al. Which Model of Capitalism Best Delivers Both Wealth and Equality? [J]. Journal of International Business Studies, 2014, 45 (4): 363 –386.

[217] Kamm J B, Shuman J C, et al. Entrepreneurial Teams in New Venture Creation: A Research Agenda. [J]. Entrepreneurship Theory and Practice, 1990, 14 (4): 7 –17.

[218] Kang S K, Chasteen A. Beyond the Double – Jeopardy Hypothesis: Assessing Emotion on the Faces of Multiply – Categorizable Targets of Prejudice [J]. Journal of Experimental Social Psychology, 2009, 45 (6): 1281 –1285.

[219] Kimberly J R, Evanisko M J. Organizational Innovation: The Influence of Individual, Organizational, and Contextual Factors on Hospital Adoption of Technological and Administrative Innovations [J]. Acad Manage J, 1981, 24 (4): 689 –713.

[220] Kinzler K D, Shutts K. Accent Trumps Race in Guiding Children's Social Preferences [J]. Social Cognition, 2009, 27 (4): 623 –634.

[221] Kinzler K D, Shutts K. Priorities in Social Categories [J]. European

Journal of Social Psychology, 2010, 40 (4): 581 -592.

[222] Klein S B, Loftus J, et al. Two Self - Reference Effects: The Importance of Distinguishing Between Self - Descriptiveness Judgments and Autobiographical Retrieval in Self - Referent Encoding. [J]. Journal of Personality & Social Psychology, 1989, 56 (6): 853 -865.

[223] Klimoski R, Mohammed S. Team Mental Model: Construct or Metaphor? [J]. Journal of Management, 1994, 20 (2): 403 -437.

[224] Kristina, B. , et al. Team Diversity and Information Use [J]. 2005.

[225] Kwong C, Tasavori M, et al. Bricolage, Collaboration and Mission Drift in Social Enterprises [J]. Entrepreneurship & Regional Development, 2017, 29 (7 -8).

[226] Langan - Fox J, Code S, et al. Team Mental Models: Techniques, Methods, and Analytic Approaches [J]. Human Factors, 2000, 42 (2): 242 -271.

[227] Lechler T. Social Interaction: A Determinant of Entrepreneurial Team Venture Success [J]. Small Business Economics, 2001, 16 (4): 263 -278.

[228] Leonard R L. Cognitive Complexity and the Similarity—Attraction Paradigm [J]. Journal of Research in Personality, 1976, 10 (1): 83 -88.

[229] Li H, Atuahene - Gima K. Product Innovation Strategy and the Performance of New Technology Ventures in China [J]. Academy of Management Journal, 2001, 44 (6): 1123 -1134.

[230] Linnehan F, Konrad D C A A. Diversity Attitudes and Norms: The Role of Ethnic Identity and Relational Demography [J]. Journal of Organizational Behavior, 2006, 27 (4): 419 -442.

[231] Lévi - Strauss C. The Savage Mind [J]. Nature of Human Society, 1966, 35 (2): 157 -178.

[232] Mael F, Ashforth B E. Alumni and Their Alma Mater: A Partial Test of the Reformulated Model of Organizational Identification [J]. Journal of Organizational Behavior, 1992, 13 (2): 103 -123.

[233] Mathieu J E, Heffner T S, et al. The Influence of Shared Mental Models on Team Process and Performance. [J]. Journal of Applied Psychology, 2000, 85 (2): 273 -283.

[234] Migdal M J, Hewstone M, et al. The Effects of Crossed Categorization on Intergroup Evaluations: A Meta – Analysis [J]. British Journal of Social Psychology, 1998, 37: 303 –324.

[235] Miner A S, Bassoff P, et al. Organizational Improvisation and Learning: A Field Study [J]. Administrative Science Quarterly, 2001, 46 (2): 304 –337.

[236] Montoya R M, Horton R S, et al. Is Actual Similarity Necessary for Attraction? A Meta – Analysis of Actual and Perceived Similarity [J]. Journal of Social & Personal Relationships, 2008, 25 (6): 889 –922.

[237] Orser B, Hogarth – Scott S. Opting for Growth: Gender Dimensions of Choosing Enterprise Development [J]. Canadian Journal of Administrative Sciences, 2002, 19 (3): 284 –300.

[238] Otten, Sabine. The Minimal Group Paradigm and Its Maximal Impact in Research on Social Categorization [J]. Current Opinion in Psychology, 2016, 11: 85 –89.

[239] O'reilly Iii C A, Williams K Y, et al. Group Demography and Innovation: Does Diversity Help? [M]//Gruenfeld D H. Research on Managing Groups and Teams. Greenwich, CT: JAI Press, 1998: 183 –207.

[240] PARK J, et al. Top Management Team Functional Background Diversity and Firm Performance: Examining the Roles of Team Member Colocation and Environmental Uncertainty [J]. Academy of Management Journal, 2008, 51 (4): 768 –784.

[241] Patrick S, Charles K, et al. A Probabilistic Model of Cross – Categorization [J]. Cognition, 2011, 120 (1) .

[242] Peter, Hart, et al. Management Youth and Company Growth: A Correlation? [J]. Management Decision, 1970.

[243] Pfeffer J, Salancik G R. Administrator Effectiveness: The Effects of Advocacy and Information on Achieving Outcomes in an Organizational Context. [J]. Human Relations, 1977, 30 (7): 641 –656.

[244] Philogène G E. Understanding Social Categories: An Epistemological Journey [M]//S. Wiley G P T A. Social Categories in Everyday Experience. Washington, DC: American Psychological Association. , 2012: 31 –43.

[245] Powell E E. Weathering the Gale: Toward a Theory of Entrepreneurial

Resourcefulness and Resilience [J]. Dissertations & Theses - Gradworks, 2011.

[246] Prasad B, Junni P. Understanding Top Management Team Conflict, Environmental Uncertainty and Firm Innovativeness [J]. International Journal of Conflict Management, 2017, 28 (1): 122-143.

[247] Qian C, Cao Q, et al. Top Management Team Functional Diversity and Organizational Innovation in China: The Moderating Effects of Environment [J]. Strategic Management Journal, 2013, 34 (1): 110-120.

[248] Ragin C C. The Comparative Method: Moving Beyond Qualitative and Quantitative Strategies [J]. Social Forces, 1987, 67 (3): 123-129.

[249] Ragin, Fiss P C. Net Effects Analysis Versus Configurational Analysis: An Empirical Demonstration[M]//Ragin C C. Redesigning Social Inquiry: Fuzzy Set and Beyond. Chicago: University of Chicago Press, 2008: 190-212.

[250] Reeb D, Sakakibara M, et al. From the Editors: Endogeneity in International Business Research [J]. Journal of International Business Studies, 2012, 43 (3): 197-210.

[251] Ren F, Zhang J. Job Stressors, Organizational Innovation Climate, and Employees' Innovative Behavior [J]. Creativity Research Journal, 2015, 27 (1): 16-23.

[252] Rice R E, Rogers E M. Reinvention in the Innovation Process [J]. Science Communication, 1980, 1 (1): 499-514.

[253] Rouse W B, Morris N M. On Looking Into the Black Box: Prospects and Limits in the Search for Mental Models. [J]. Psychological Bulletin, 1986, 100 (3): 349-363.

[254] Rubin M, Hewstone M. Social Identity Theory's Self-Esteem Hypothesis: A Review and Some Suggestions for Clarification [J]. Personality and Social Psyhology Review, 1998, 2 (1): 40-62.

[255] Rule N O, Sutherland S. Social Categorization from Faces: Evidence from Obvious and Ambiguous Groups [J]. Current Directions in Psychological Science, 2017, 26 (3): 231-236.

[256] Ryff C D. Entrepreneurship and Eudaimonic Well-Being: Five Venues for New Science [J]. Journal of Business Venturing, 2018, 34 (4): 646-663.

[257] Rönkkö M, Peltonen J, et al. Selective or Parallel? Toward Measuring the Domains of Entrepreneurial Bricolage [J]. Advances in Entrepreneurship, Firm Emergence and Growth, 2013, 15 (3): 43 -61.

[258] Salunke S, Weerawardena J, et al. Competing through Service Innovation: The Role of Bricolage and Entrepreneurship in Project – Oriented Firms [J]. Journal of Business Research, 2013, 66 (8): 1085 -1097.

[259] Schjoedt L, Schjoedt L, et al. Entrepreneurial Teams: Definition and Performance Factors [J]. Management Research News, 2009, 32 (6): 513 -524.

[260] Senyard J M, Baker T, et al. Entrepreneurial Bricolage and Firm Performance: Moderating Effects of Firm Change and Innovativeness: 2010 Annual Meeting of the Academy Management, Montreal, 2010 [C].

[261] Senyard J M, Baker T, et al. Entrepreneurial Bricolage: Towards Systematic Empirical Testing [J]. Thin – Walled Structures, 2009, 49 (4): 502 -512.

[262] Senyard J, Baker T, et al. Bricolage as a Path to Innovativeness for Resource – Constrained New Firms [J]. Journal of Product Innovation Management, 2014, 31 (2): 211 -230.

[263] Senyard J, Baker T, et al. Entrepreneurial Bricolage: Towards Systematic Empirical Testing [J]. Frontiers of Entrepreneurship Research, 2009, 29 (5): 1 -15.

[264] Senyard J, Davidsson P, et al. The Role of Bricolage and Resource Constraints in High Potential Sustainability Ventures [J]. Bcerc, 2010: 10 -12.

[265] Shrader R C, Oviatt B M, et al. How New Ventures Exploit Trade – Offs Among International Risk Factors: Lessons for the Accelerated Internationization of the 21st Century [J]. Academy of Management Journal, 2000, 43 (6): 1227 -1247.

[266] Siggelkow N. Persuasion with Case Studies [J]. Academy of Management Journal, 2007, 50 (1): 20 -24.

[267] Simons T, Pelled L H, et al. Making Use of Difference: Diversity, Debate, and Decision Comprehensiveness in Top Management Teams [J]. Academy of Management Journal, 1999, 42 (6): 662 -673.

[268] Simons, L. T. Behavioral Integrity as a Critical Ingredient for Transformational Leadership [J]. Journal of Organizational Change Management, 1999, 12

(2): 89 - 104.

[269] Smith K G, Smith K A, et al. Top Management Team Demography and Process: The Role of Social Integration and Communication [J]. Administrative Science Quarterly, 1994, 39 (3): 412.

[270] Solesvik M, Westhead P. Opportunity Effectuation and Bricolage in a Resource - Constrained Environment [J]. Durham University Business School Working Paper Series, 2012, 2 (11): 20 - 29.

[271] Srivastava A, Lee H. Predicting Order and Timing of New Product Moves: The Role of Top Management in Corporate Entrepreneurship [J]. Journal of Business Venturing, 2005, 20 (4): 481.

[272] Steffens P R, Baker T, et al. Betting on the Underdog: Bricolage as an Engine of Resource Advantage: Proceedings of Annual Meeting of the Academy of Management, Canada: Montreal, 2010 [C].

[273] Stephan, Ute. Entrepreneurs' Mental Health and Well - Being: A Review and Research Agenda [J]. The Academy of Management Perspectives, 2018.

[274] Stevens J M, Beyer J M, et al. Assessing Personal, Role, and Organizational Predictors of Managerial Commitment [J]. Acad Manage J, 1978, 21 (3): 380 - 396.

[275] Stewart G L, Barrick M R. Team Structure and Performance: Assessing the Mediating Role of Intrateam Process and the Moderating Role of Task Type [J]. Academy of Management Journal, 2000, 43 (2): 135 - 148.

[276] Tajfel H E. Differentiation Between Social Groups: Studies in the Social Psychology of Intergroup Relations [J]. 1978.

[277] Tajfel H T J C. An Integrative Theory of Intergroup Conflict [J]. The Social Psychology of Intergroup Relations, 1979, 47 (33): 79 - 90.

[278] Tajfel H, Billig M G, et al. Social Categorization and Intergroup Behaviour [J]. European Journal of Social Psychology, 1971, 1 (2): 149 - 178.

[279] Tajfel H, Turnel J C. An Integrative Theory of Intergroup Conflict [J]. The Social Psychology of Intergroup Relations, 1979, 47 (33): 79 - 90.

[280] Talke K, Salomo S, et al. How Top Management Team Diversity Affects Innovativeness and Performance Via the Strategic Choice to Focus on Innovation

Fields [J]. Research Policy, 2010, 39 (7): 907 -918.

[281] Teachman J. Analysis of Population Diversity: Measures of Qualitative Diversity. [J]. Sociological Methods & Research, 1980, 8 (3): 341 -362.

[282] Tschanz B T, Rhodewalt F. Autobiography, Reputation, and the Self: On the Role of Evaluative Valence and Self - Consistency of the Self - Relevant Information [J]. Journal of Experimental Social Psychology, 2001, 37 (1): 48.

[283] Tskhay K O, Rule N. Accuracy in Categorizing Perceptually Ambiguous Groups: A Review and Meta - Analysis [J]. Personality and Social Psychology Review, 2013, 17 (1): 72 -86.

[284] Turner J C. Social Comparison and Social Identity: Some Prospect for Intergroup Behavior [J]. European Journal of Social Psychology, 1975, 5 (1): 1 -34.

[285] Tajfel H. Social Psychology of Intergroup Relations [J]. Annual Review of Psychology, 1982.

[286] Ughetto E. Growth of Born Globals: The Role of the Entrepreneur's Personal Factors and Venture Capital [J]. International Entrepreneurship & Management Journal, 2015, 12: 1 -19.

[287] Van Knippenberg D, De Dreu C K W, et al. Work Group Diversity and Group Performance: An Integrative Model and Research Agenda. [J]. Journal of Applied Psychology, 2004, 89 (6): 1008 -1022.

[288] Van Knippenberg D, Dreu C D, et al. Work Group Diversity and Group Performance: An Integrative Model and Research Agenda. [J]. Journal of Applied Psychology, 2004, 89 (6): 1008 -1022.

[289] Weisman K, Johnson M V. Young Children's Automatic Encoding of Social Categories [J]. Developmental Science, 2015, 18 (6): 1036 -1043.

[290] Welch C, Piekkari R, et al. Theorising From Case Studies: Towards a Pluralist Future for International Business Research [J]. Journal of International Business Studies, 2011, 42 (5): 740 -762.

[291] West M A. Sparkling Fountains or Stagnant Ponds: An Integrative Model of Creativity and Innovation Implementation in Work Groups. [J]. Applied Psychology, 2002, 51 (3): 355 -387.

[292] West M A. The Social Psychology of Innovation in Groups. [M]//West M A, Farr J L. Innovation and creativity at Work: Psychological and Organizational Strategies. John Wiley & Sons, 1990: 309 - 333.

[293] Wiersema M F, Bantel K A. Top Management Team Demography and Corporate Strategic Change, 1992 [C].

[294] Wiersema M, Bantel K. Top Management Team Demography and Corporate Change [J]. Academy of Management Journal, 1992, 35 (1): 91 - 121.

[295] Wiklund J, Nikolaev B, et al. Entrepreneurship and Well - Being: Past, Present, and Future [J]. Journal of Business Venturing, 2019.

[296] Williams K Y, O'Reilly C A. Demography and Diversity in Organizations: A Review of 40 Years of Research [J]. Research in Organizational Behavior, 1998, 20 (3): 77 - 140.

[297] Williams M. Being Trusted: How Team Generational Age Diversity Promotes and Undermines Trust in Cross - Boundary Relationships [J]. Journal of Organizational Behavior, 2016, 37 (3): 346 - 373.

[298] Yang Q, Liu M. Ethical Leadership, Organizational Identification and Employee Voice: Examining Moderated Mediation Process in the Chinese Insurance Industry [J]. Asia Pacific Business Review, 2014, 20 (2): 231 - 248.

[299] Yin R K. Case Study Research: Design and Methods [J]. Journal of Advanced Nursing, 2010, 44 (1): 108.

[300] Zenger T R, Lawrence B S. Organizational Demography: The Differential Effects of Age and Tenure Distributions on Technical Communication [J]. Academy of Management Journal, 1989, 32 (2): 353 - 376.

[301] Zhou, Rosini W, et al. Entrepreneurial Team Diversity and Performance: Toward an Integrated Model [J]. Entrepreneurship Research Journal, 2014, 5 (1): 31 - 60.